think oya

Shelley Sacks und Hildegard Kurt – Die rote Blume
Ästhetische Praxis in Zeiten des Wandels
Mit einem Vorwort von Wolfgang Sachs

thinkOya ist ein Imprint der Drachen Verlag GmbH, Klein Jasedow

Umschlaggestaltung: Marlena Sang
Fotos: Markus Altmann (Titel); Rudi Lurz (H. K.); privat (S. S.)
Layout, Satz und Herstellung: www.humantouch.de
Druck und Bindung: Finidr, s.r.o., Český Těšin
Printed in Czech Republic

ISBN 978-3927369-77-1

www.think-oya.de

SHELLEY SACKS

HILDEGARD KURT

DIE ROTE BLUME

Ästhetische Praxis in Zeiten des Wandels

Mit einem Vorwort von Wolfgang Sachs

think oya

Der Geist ist wie ein Fallschirm.
Er funktioniert nur, wenn man ihn öffnet.
Albert Einstein

INHALT

DANKSAGUNG

S.S. Jede Person, die ich auf meinem Weg getroffen habe, jede Situation, in der ich mich befand, hat eine Stimme, ein Bedürfnis, eine Frage. Und es sind diese Tausende von Stimmen und Fragen, denen ich als Mitarbeiter danke, so herausfordernd viele davon auch waren. Meine Arbeit an diesem Buch ist allen Menschen gewidmet, die nie aufgeben mit dem Versuch, die Dinge zu ändern, sowie allen, die noch nicht erkennen, welch eine erstaunliche Welt dies ist. Darüber hinaus widme ich meine Arbeit an diesem Buch meiner geliebten Familie, meinen Lehrern, meinem Vater Maurice, meiner Mutter Naomi und meiner anderen Mutter, Grace, die sich alle auf verschiedene Weisen nach Freiheit sehnten.

H.K. Als Erstes danke ich meiner Familie, einschließlich der Lieben, die diese Erde bereits verlassen haben. Sie sind ein unverzichtbarer Beistand. Ebenso danke ich allen Lebewesen, mit denen mir wirkliche Begegnungen zuteil wurden, sei es ein Mensch, ein Tier, eine Pflanze, ein Fluss oder die Erde selbst. Denn daraus erwächst Kraft, dem Lebendigen auf der Spur zu bleiben. Auch all den Suchenden, Wissenden und Entdeckenden, mit denen ich auf den verschiedensten Terrains »den Garten bestellen« durfte und darf, sei gedankt. Ein besonderer Dank gilt der Altner-Combecher-Stiftung für Ökologie und Frieden, die dieses Projekt mit einem Forschungsstipendium gefördert hat.

Gemeinsam danken wir unseren Kolleginnen und Kollegen an der Oxford Brookes University, insbesondere Prof. Paul Whitty, für ihre vielfältige Unterstützung. Und schließlich sei den Akteuren der Verlagsedition thinkOya, Johannes Heimrath, Matthias Fersterer und Lara Mallien für den Weitblick, die Großzügigkeit und die Sorgfalt gedankt, mit der sie das Entstehen dieses Buchs begleitet und mit ermöglicht haben.

Zahlen und Erzählen – Der Stoff, aus dem der Wandel ist

Vorwort von Wolfgang Sachs

Wie kann geschehen, was geschehen muss? Denn es pfeifen die Spatzen von allen Dächern, dass etwas getan werden muss. Man weiß ja, dass das 21. Jahrhundert turmhohe Gefährdungen bereithält: Weltweit verändert sich das Klima, Schuldenberge lassen wirtschaftliches Wachstum zum Trugbild werden, allerorten öffnet sich die Schere zwischen Arm und Reich. Auf Regierungsebene hingegen ist Verdrängung Trumpf, nirgendwo hat man das Gefühl, dass die tonangebenden Klassen die Zeichen der Zeit erkannt haben. Doch der Wandel, schleichend und subversiv, ist im Gang.

Er wartet nicht auf Parteitagsbeschlüsse und EU-Richtlinien, er greift Platz durch große wie kleine Initiativen vielerorts in der Gesellschaft. Gewiss, die Mehrheit der Gesellschaft ist daran noch nicht beteiligt. Aber Geschichte ist selten von Mehrheiten, sondern von Minderheiten gemacht worden. Zwar haben Minderheiten nicht die Macht, aber sie haben Einfluss. Sie reagieren früh auf sich anbahnende Umbrüche, sie verkörpern neue Sensibilitäten, sie bringen dringende Forderungen zur Sprache und realisieren neue Lösungen. So hat in den letzten Jahrzehnten quer über den Globus eine »Bewegung ohne Namen« (Paul Hawken) Aufschwung genommen, vom Biolandbau zum Fairhandel, von Null-Energie-Häusern zur Solarindustrie, von Stadtteil-Initiativen zu internationalen Netzwerken für sozial veranwortete Forschung. Die Bewegung ohne Namen hat keinen Kopf und kein Zentrum, aber sie ist vielgestaltig und global. Umweltschutz, soziale Gerechtigkeit und – größtenteils außerhalb Europas – die Rechte indigener Völker sind allenthalben ihre Leitmotive, und bei aller Verschiedenheit vereint sie ein Grundgedanke: Die Rechte der Menschen und das Lebensnetz der Natur sind wichtiger als Güter und Geld.

Es ist kein Zufall, dass für diese Neue Internationale weder die Sichel noch der Hammer als Symbol in Frage kommen, sondern allenfalls das Internet. Im Gegensatz zu Bauern- oder Arbeiterbewegungen rührt ihre Stärke weniger von der Mobilisierung der Massen, sondern vom Wandel der Mentalitäten sowie von schlaueren Lösungen her. Sie operiert mehr durch die Verbreitung konkreter Utopien als durch die Zusammenballung von Kräften; in ihrer Wirkungsweise folgt sie dem epidemiologischen Modell der Ansteckung und nicht dem mechanistischen der Kräftekonzentration. Das kann auch nicht anders sein, steht doch vor allem ein Zivilisationswandel, nicht bloß ein Machtwechsel an.

Hildegard Kurt und Shelley Sacks beleuchten diesen Transformationsprozess von einem eher ungewöhnlichen Blickwinkel aus. Sie interessieren sich kaum für Ziele und Ergebnisse von Initiativen, welche die Zukunftsfähigkeit zum Programm gemacht haben. Es geht ihnen vielmehr um eine Aufhebung der Grenze zwischen innerer und äußerer Arbeit. Ein wichtiger Beitrag dieses Buchs ist, dass der oftmals stark nach außen gerichtete Blick vieler Nachhaltigkeitsinitiativen um den inneren Raum erweitert wird. Denn darüber darf man sich nicht hinwegtäuschen: Die Projektplanung und -durchführung ist die eine Sache, der Binnenbereich der Gedanken, Gefühle und Entschlusskräfte die andere. Hier entscheidet sich, ob die Projektteilnehmer ermutigt nach Hause gehen oder demotiviert, ob die gemeinsame Arbeit Wärme ausstrahlt oder Kälte abgibt, und ob die Gruppe vom kollektiven Impuls, die eigene Imagination in Bewegung zu setzen, erfasst ist oder allenthalben Flaute herrscht. Manche Vorhaben scheitern an diesen Bewusstseinsklippen, während andere sie umschiffen und daraus gestärkt hervorgehen. Den inneren und äußeren Raum zu entdecken und zu verändern ist keine rein persönliche Bemühung, sondern eine Schnittstelle individueller und gesellschaftlicher Arbeit. Ohne dieses Umdenken werden Projekte für Zukunftsfähigkeit nicht zu machen sein.

Anders ausgedrückt, es geht – auch wenn der Begriff hier niemals fällt – um das Überwinden der *acedia*. Von alters her hatten Theologen und Ethiker an der Apathie und Lustlosigkeit ihrer Herde schwer zu tragen gehabt. Zu den Feinden der Tugend gehört die »Acedia«, nämlich die Trägheit des Herzens, die Kleinmütigkeit des Handelns und die Gleichgültigkeit des Verstands, die nach scholastischer Lehre zu den sieben Hauptlastern zählt. Man darf die Autorinnen auch dahin verstehen, dass sie der Acedia den Kampf ansagen, um der Hoffnung *(spes)* – auch dies ein scholastischer Begriff – eine Bresche zu schlagen.

Wer nun psychologische oder gruppendynamische Handreichungen erwartet, wird angenehm enttäuscht. Stattdessen orientieren sich Shelley Sacks und Hildegard Kurt am erweiterten Kunstbegriff nach Joseph Beuys. Mit seinem Slogan »Jeder Mensch ein Künstler« hat Beuys an die schöpferische Kraft jeder und jedes Einzelnen appelliert, sich überlegt und gestalterisch auf die Welt einzulassen. Die Arbeit einer Künstlerin ist durchaus zu vergleichen mit der eines *change agent*: Ein Agent des Wandels nimmt die Welt umfassend wahr, wird in seiner Person angerührt und formt mit der Kraft der Imagination die Wirklichkeit ein Stück weit um. So spricht vor allem Shelley Sacks von der Sozialen Plastik und meint damit die Kunst, den inneren Raum bewusst zu machen und zu modellieren. Ihre Formel »Nachhaltigkeit ohne Ich-Sinn ist Unsinn« beginnt bei aller Rätselhaftigkeit zu leuchten.

Gemeinsam ist den vielen Facetten der namenlosen Bewegung das Suchbild: die zukunftsfähige Gesellschaft. Doch die Autorinnen wandeln die Bedeutung von *sustainable* absichtsvoll ab, entsprechend ihrer Devise, dem »inneren Auge« nicht weniger Prominenz als dem äußeren Raum zu geben. Weit davon entfernt, Zukunftsfähigkeit mit einer Vielzahl von Prognosen und Grafiken, Verbrauchsgrößen und Reduktionszielen zu beschreiben, sind sie eher an den Subjekten – also uns – interessiert. Im Mittelpunkt steht die Fähigkeit, Phänomene nicht nur auf Grundlage bisheriger Erfahrung, sondern auch in ihrer Potenzialität – dem, was sie noch nicht sind – wahrzunehmen. Zukunftsfähig heißt, empfänglich werden für solche Möglichkeitsräume, dynamischer noch: für solche »Werdekräfte der Welt«, von denen Hildegard Kurt schreibt. »Die rote Blume« ist voll von Erzählungen und Praktiken, welche die Zukunftsfähigkeit in diesem Sinn befördern können. Wie macht man aus bloßen Zuschauern Engagierte? Gibt es eine innere Energie, aus der gelungene Aktion sich speist? Aus ihrer breiten Seminar- und Vortragserfahrung halten die Autorinnen eine Fülle von Prozesstechniken bereit, die Hörer in Zuhörer, Teilnehmende in Anteilnehmende verwandeln. Da spielen »aktives Zuhören« eine Rolle und ein Tuch, das die Einbildungskraft herausfordert, vor allem aber die »aktive Stille« und die Ruhe des Betrachtens.

Damit dies gelingt, muss sich die Rede von der Zukunftsfähigkeit ändern. Abstraktion und Empathie dürfen sich dabei nicht ausschließen: Zahlen und Erzählen lautet die Devise. Nachhaltigkeitsstudien strotzen vor Verbrauchszahlen, Schwundraten, Emissionsgrenzen. Doch Zahlen allein informieren höchsten, begeistern aber nicht. Neugierde, Experimentierlust und Engagement kommen dann ins Spiel, wenn unser Möglichkeitssinn geschärft ist. Denn die Zahl motiviert kaum und beflügelt nicht, dazu braucht es Erzählungen, welche für das geistige Auge Vorstellungsbilder zeichnen. Gewiss, Tabellen und Diagramme, die

Bilderschrift aus Kurven, Balken, Säulen und Torten, führt dem Leser Zahlenverhältnisse übersichtlich, rasch lesbar und einprägsam vor Augen, doch sie fordern nur seine Merkfähigkeit, nicht seine Anteilnahme. Es gibt keinen Weg, in objektivistischer Manier über Bedürfnisse oder Ideale, Geschmack oder Weisheit, Interessen oder Verdrängung, Geschichte oder Zukunft, Ängste oder Utopien zu sprechen; das aber ist der Stoff, aus dem ein Wandel gemacht ist.

Mehr noch. In vielen wissenschaftlichen Darstellungen wird die Natur auf Umwelt reduziert: Tiere und Pflanzen, Wasser und Steine kommen darin nur als objektive Daten vor, sind nicht »Mitwelt« – um einer Formel von Klaus Michael Meyer-Abich zu folgen. Die Überraschungen und die Merkwürdigkeiten der Natur, ihre Laute, Farben und Formen kommen in der Diskussion von Verbrauchsgrößen nicht zur Sprache. Die so repräsentierte Natur vermag Empfindungen nur schwer anzurühren. Die Suche nach objektiven Daten erinnert an das klassische naturwissenschaftliche Ideal, Wissen jenseits von verwirrendem Streit der Meinungen zu erzeugen. Bekanntlich war der Preis für diese Leistung, jede Verbindungslinie zwischen betrachtendem Subjekt und betrachtetem Naturwesen zu kappen und insbesondere die Anwandlung auszuschließen, dass sich beide als Lebewesen begegnen. Im Gegenzug zum mechanistischen Weltbild hatte die Romantik immer wieder herausgehoben, dass nicht nur der Mensch an der Natur handelt, sondern auch die Natur sich dem Menschen mitteilt. Sich ihren Eindrücken zu öffnen, ihre Stimme zu hören und ihre Intentionalität zu spüren erfordert eine spezielle Wahrnehmung. Dabei spielen die Sinne und die Imaginationskraft eine besondere Rolle, um das innere Selbst mit Erlebnissen zu speisen und mit Erfahrungen aufzubauen.

Gegen Ende erzählt Shelley Sacks von der mobilen »University of the Trees«. Zum Auftakt bringen die Teilnehmer an einem Baum ein schmales Band an, damit die beteiligten Menschen und Bäume sich gegenseitig identifizieren und ein Bewusstseinsfeld herstellen können. Als sehr große Pflanzenwesen vermitteln Bäume den Eindruck, dass die lebendige Welt zu uns Menschen sprechen kann. Die Natur zur Sprache zu bringen, an der Natur die Lebendigkeit abzulauschen, die uns Menschen so oft abgeht, das ist auch ein Programm der Zukunftsfähigkeit. In dieser Perspektive zeigt sich freilich schnell, um mit den Worten Georg Pichtas, des »Vaters« der Bildungsreform der sechziger Jahre, zu sprechen, »dass die Wiederentdeckung und Pflege der Schätze an religiöser, kultureller, ethischer und nicht zuletzt ästhetischer Überlieferung, die wir besitzen, ökologisch ebenso wichtig ist wie die Erhaltung der Wälder, der Tier- und Pflanzenarten, der Gewässer und Böden«.

Berlin, im August 2013

EINFÜHRUNG: DAS TERRAIN ERKUNDEN

Dieses Buch ist aus einer Reihe von Dialogen zwischen uns, den Autorinnen, hervorgegangen. Und nun laden wir Sie, liebe Leserin und lieber Leser, ein, den Austausch mit uns aufzunehmen.

Unserem Verständnis nach ist der Dialog ein Weg hin zu einem gemeinsamen Denken. Denn im griechischen *dialogos* steckt *logos*, was »das Wort« oder auch »Wortbedeutung, Wortsinn« heißt. Und *dia* bedeutet nicht etwa »zwei«, sondern »hindurch«.[1] Ein Dialog kann also zwischen vielen Menschen stattfinden – als ein Gespräch, bei dem die Beteiligten versuchen, durch Oberflächen, durch das oft so dichte Gespinst von Meinungen, Positionen, Vorurteilen oder Denkgewohnheiten hindurch zu Bedeutung und Sinn zu gelangen. Zu Ein-sichten, die es davor nicht gab, die mithin etwas Neues in die Welt bringen. Das ist ein kreatives Arbeiten.

So beinhaltet der dialogische Ansatz dieses Buchs bereits in sich selbst eine der kreativen Strategien, die wir hier gemeinsam mit Ihnen anschauen, erkunden und praktizieren möchten. Indem wir unsere Stimmen identifizieren, wird jeweils Eigenes in unseren Zugängen zum großen, weltweiten Feld des Wandels deutlich. Bedeutsamer als das aber dürfte sein: Im Dialog mit zwei erkennbaren Partnern kann ein Raum entstehen, in dem auch Ihre Stimme in Ihnen selbst verstärkt Resonanz findet. Der Prozess gemeinsamen Suchens, Fragens, Denkens kann in einem inneren Dialog weiter an Tiefe gewinnen.

In diesem Sinn sind Sie von Anfang an bei den hier vorgelegten Erkundungen mit dabei gewesen. Und nun dürfen wir Sie persönlich begrüßen – als Agentinnen und Agenten des Wandels,[2] auf deren Engagement und Einsichten es ankommt.

Vielleicht sind Sie in einer zivilgesellschaftlichen Initiative tätig, vielleicht in der Wissenschaft, der Bildung, der Politik, der Wirtschaft, der Kunst, im Sozialen. Oder ihr primäres Arbeitsfeld ist das Gestalten des Alltags. Wir stellen uns vor, dass Sie wie wir den umfassenden Paradigmenwechsel spüren, der jetzt nicht mehr »nur« notwendig ist, sondern in Reichweite scheint, sich vielerorts in komplexen, oft widerspruchsvollen, oft schmerzhaften Prozessen vollzieht. Und wahrscheinlich beschäftigt auch Sie die Frage: Mit welchen Formen von Praxis lässt sich der Wandel in der großen Welt, aber auch im eigenen Umfeld nicht nur erleiden, bestaunen und kommentieren, sondern in lebensfördernde Richtungen mit voranbringen?

Genau diese Frage nach dem Wie, nach der Praxis steht im Zentrum des vorliegenden Buchs. Wobei wir hier ein Verständnis von Praxis vorschlagen, das den »inneren Arbeitsraum« einbezieht und mit den Fragen beginnt: Wie nehmen wir wahr? Wie denken wir? Wie tauschen wir uns aus – mit uns selbst, miteinander, mit den anderen Lebewesen, mit der Welt? Wie lernen wir? Wie wissen wir wirklich?

Das »Wie« in bezug auf das Denken führt in die Erkenntnistheorie, das »Wie« in bezug auf die Wahrnehmung zunächst auf das Feld der Ästhetik und von da aus ebenfalls in die Erkenntnistheorie. Diese beiden Sphären – Ästhetik und Erkenntnistheorie – neu für ein Mitgestalten des not-wendigen Wandels zu erschließen: Das dürfte den hier entfalteten Ansatz charakterisieren. Eine Ressource dafür stellt nicht zuletzt jenes erweiterte Verständnis von Kunst, wofür Joseph Beuys die ebenso berühmte wie rätselhafte Formel »Jeder Mensch ein Künstler« prägte. Auch der Begriff »Soziale Plastik« bringt dieses nach wie vor neue Verständnis von Kunst zum Ausdruck.[3]

Ästhetische Praxis in Zeiten des Wandels. In diesem ersten Kapitel tragen wir aus verschiedenen Sphären Facetten zusammen, die eine Grundlage und einen Rahmen für die nachfolgenden Dialoge schaffen. Auch verbinden wir hier »Die rote Blume« mit Kontexten, in denen das vorliegende Buch – so hoffen wir – einen relevanten Beitrag leisten kann.

Bei der Arbeit an der Einführung, die ja gegen Ende eines Schreibprozesses stattfindet, hat sich uns noch einmal gezeigt, wie jeweils spezifisch akzentuiert unser beider Herangehen an das gemeinsame Feld ist. Wir halten das für einen spannenden Aspekt. Wird doch auch hieran deutlich, dass Individualität und Gemeinsamkeit auf dem Feld des Wandels einander nicht schmälern müssen, sondern sich im Gegenteil wechselseitig beflügeln können. Auf dieses Geheimnis werden die nachfolgenden Erkundungen mehrfach stoßen.

Auch hat der Gedanke des »Beflügelns« uns bewogen, den jetzt folgenden Teil der Einführung aus zwei Flügeln zu komponieren, entfaltet jeweils durch eine von uns. Damit wird Ihnen die vorhandene Vielfalt vielleicht am meisten zugute kommen. Sie werden, so stellen wir uns vor, mit und zwischen den beiden Flügeln beginnen können, »Die rote Blume« wie eine Biene zu umkreisen, um schließlich Nektar aus ihr zu gewinnen.

Und, ja: Was es mit dieser roten Blume auf sich hat, verrät das dritte Kapitel.

Der eine Flügel
Shelley Sacks

Eine Art, dieses Terrain zu betreten, ist, sich unsere im Weltall kreisende Erde vorzustellen, voll schlafender und wacher Menschen inmitten aller anderen Lebensformen. Wenn der Morgen dämmert und wir nach draußen gehen, werden Formen sichtbar. Die Schönheit des Tags. Der Schock des Tags. Falls wir nicht zu hungrig oder gestresst, nicht von der Arbeit überfordert oder von Unterhaltung geblendet sind, können wir zahllose Formen sehen, die nicht funktionieren. Ein weiterer kritischer Tag auf dem Planeten. Wir hören zahllose Geräusche, die von Schmerz und Zerstörung sprechen. Doch wenn unser Herz offen und unser geistiges Auge klar ist, sehen wir vielleicht innere Bilder des großenteils unsichtbaren Klimachaos, des Wasserchaos, des Chaos für Lebewesen, das wir verursacht haben. Inmitten all dieser unstimmigen, entstellten Formen – einschließlich des Chaos und der Abwehrhaltung in uns selbst, zwischen Individuen, Kulturen und Nationen – ist es mitunter möglich, Alternativen zu sehen, die tragfähig anstatt zerstörerisch sind, und zu sehen, dass wir, wohl das komplizierteste Lebewesen der Erde, erst am Beginn unserer Entwicklung sind.

Anders als ein Baum, der weiß, wie es geht, ein Baum zu sein, wissen wir Menschen noch nicht, wie ganz Mensch zu sein. Doch hier betreten wir das »Terrain des Nie-Aufgebens«: Anstatt an diesem komplizierten Wesen – dem Menschen – zu verzweifeln, können wir die Herausforderung annehmen, inmitten all des Durcheinanders Gelegenheiten zu sehen. Unsere menschliche Erfindungsgabe zu nutzen, um an allen Stellen tragfähige Alternativen zu entwickeln – Perspektiven jenseits der Ära des selbstzentrierten Menschen! Sich dem, was ist, der drängenden Not und dem komplexen Horror, zuzuwenden – das ist das Terrain des Nie-Aufgebens.

Es ist auch das Terrain neuer Einsichten, neuer Fähigkeiten und neuer Ideen. Hierzu müssen wir ins Unbekannte gehen und uns selbst finden: unsere Probleme und Aufgaben, unsere Strategien und Schwächen, unsere Fehler und Begabungen. Zu diesem sorgfältigen Anschauen gehört auch, zu sich zu kommen. Nicht als schuldig und beschämt. Nicht als hilflos oder hoffnungslos. Sondern mit der –

wenn auch latenten – Fähigkeit, »ver-antwort-lich« zu werden! Aber was bedeutet das wirklich? Und wie entwickeln wir die Fähigkeit zu antworten?

»Verantwortung« bezieht sich gewöhnlich auf eine Pflicht oder ein Gebot: auf einen moralischen Imperativ von außen oder oben, der uns vorschreibt, wie wir handeln sollen. In früheren Zeiten waren Versionen dieses moralischen Codes auf Steintafeln graviert oder wurden täglich rezitiert, damit sie sich einprägten. Für viele Menschen wurden die Steintafeln, wenn nicht zerbrochen, so doch weggeworfen, und die Inschriften auf Tempeltüren, die uns an verantwortliches Handeln erinnern, werden jetzt von Fremdenführern für Touristen erläutert. In dieser Welt des Uranabbaus und des Fracking gilt das Gesetz der Priester oft nicht mehr. Und selbst wo religiöse Moral im Glauben von Menschen zentral ist, wird das alltägliche Handeln eher vom Code des globalen Kapitalismus bestimmt, der auf »Wachstum um jeden Preis« und auf Profitmaximierung zielt – was unvereinbar ist mit »Liebe deinen Nächsten wie dich selbst« oder mit dem Gelübde des Bodhisattva, unnötiges Leid zu überwinden.

Irgendwo in alldem gibt es »Freiheit« verschiedener Arten. Die Freiheit, die alle zu Recht wollen, die jedoch in ihrer derzeitigen Form alle Wesen auf dem Planeten zu zerstören oder ihnen schweren Schaden zuzufügen droht. Angesichts der gegenwärtigen Katastrophen – von denen einige umkehrbar sind, einige nicht – ist es wichtiger denn je, mit Hannah Arendt zu fragen: »Wie soll ich handeln?«[4] Wie sollen wir handeln? Was bedeutet »Freiheit«? Ist »Freiheit« per se das Gegenteil von Verantwortung?

Das viele Leid in der Welt spricht eine deutliche Sprache davon, dass wir nicht weitermachen können, ohne Verantwortung für den Planeten, füreinander und für alle Lebensformen zu übernehmen. Welche sozialen Formen, Systeme und Verfahren braucht es, um verantwortlich und zugleich frei zu sein? Und wie soll Motivation für eine verantwortliche Lebensweise entstehen, wenn man uns glauben macht, Freiheit und Verantwortung schlössen einander aus? An der Stelle kommt die Soziale Plastik ins Spiel – als ein Erkunden einer Freiheit, die Verantwortung nicht ausschließt.

Diese Verbindung zwischen Freiheit und Verantwortung ist nicht das einzige Geheimnisvolle, fast Rätselhafte auf dem Feld der Sozialen Plastik, einem Feld, das bei einigen Philosophen und Denkern, etwa bei Schiller, Nietzsche, später dann in Rudolf Steiners Ansätzen zu Bildung, Politik oder Wirtschaft in gewisser Weise bereits existierte, bevor Joseph Beuys, tief aus diesem Strom schöpfend, einen Begriff dafür prägte.

Die berühmte Formel »Jeder Mensch ein Künstler« entfaltet wie andere Beuys'sche Begriffe und Impulse – »Wärmearbeit«, »Parallelprozess«, »Sonnenstaat«, »Denken ist bereits Plastik« oder »Kunst = Kapital« – ihre geheimnisvolle Substanz in der Welt nur, wenn sie eingehend bearbeitet und dadurch so weit wie möglich erschlossen wird. Das klingt widersprüchlich, aber das Gegenteil ist der Fall. Das Geheimnis lebt in der Selbstentfaltung des Verständnisses. Doch wenn man Fragen nicht »umarmt«, wozu Rilke[5] uns aufgefordert hat, und sie nicht als Geschenke versteht, wird es immer schwieriger, sie mit sich zu tragen. Dann lähmt ihre unbearbeitete Substanz!

In den siebziger Jahren trug ich auf Beuys' Einladung hin meine eigenen brennenden Fragen zu ihm, aber anstatt der Antworten, die ich suchte, begegnete ich weiteren Fragen. So sah es zumindest in jener Zeit aus. Langsam habe ich gelernt, mit Fragen als Kräften zu arbeiten – ein starkes Element, das Beuys mir übermittelte und das auch explizit und implizit durch dieses Buch fließt. Wenn man erlebt hat, wie eine tiefe Auseinandersetzung mit Fragen in einen transformativen Dialog mit sich selbst führt, befindet man sich schon auf dem Feld der »unsichtbaren Materialien«, die für Beuys und das ganze Gebiet der Sozialen Plastik so grundlegend sind. Das korrespondiert mit dem Gedanken C. G. Jungs, wonach unsere Freiheit in der Art liegt, wie wir auf Herausforderungen antworten. In diesem Sinn war jede Schwierigkeit und jede Krise für Beuys ein wichtiges Arbeitsmoment, was unter anderem in dem von ihm gestalteten Button »Ich kenne kein Weekend« zum Ausdruck kam. Eine selbstmotivierte Antwort auf jede Herausforderung ist Teil dieses Freiheitsfelds, in dem es viele weitere Freiheitsfragen und -formen gibt, denen »Die rote Blume« nachgeht. Daher ist Soziale Plastik ein Erkunden von Freiheit: ist Philosophie, Wissenschaft und Praxis von Freiheit für alle Interessierten auf dem Weg hin zu einer zukunftsfähigen Welt. Wenn wir wirklich in diese Ideenkerne hineingehen, wird klar, dass Zukunft schaffende Gemeinschaftsformen nicht aus einer Verneinung des Individuums oder der mutwilligen Ausbeutung anderer Lebewesen und des Planeten hervorgehen können. Was jetzt gebraucht wird, sind neue gesellschaftliche und soziale Einsichten und Praktiken, die zur Herausbildung von direkter Demokratie, Selbstorganisation und Grundeinkommen beitragen sowie neue Wirtschaftsformen und Bildungspraktiken, die die Entfaltung des Menschen – eines anderen Menschseins – fördern. Praktiken, die uns befähigen, hinab auf die Ebene der Gewohnheiten zu gelangen; die uns befähigen, die fundamentale Beziehung zwischen innerer und äußerer Arbeit zu erleben. Allein durch Verordnungen und Gesetze lassen sich Verhaltensweisen nicht umgestalten, oft nicht einmal reformieren. Nein, Verantwortung muss von anderswo herrühren. Sie ist ein wirklicher Sinn, ein »Verantwortungssinn«, und eine Fähigkeit – die »Fähigkeit zu antworten«!

Seit ich in den siebziger Jahren bemerkte, dass es nichts bringt, auf jeden inspirierenden Ausspruch von Beuys einfach nur mit einem Nicken zu reagieren, habe ich – bald mit mehreren anderen – versucht, diese Anregungen wirklich zu verstehen. Das begann im Rahmen der Freien Internationalen Universität[6] in Südafrika. Dort erprobten wir auf der Grundlage des kleinen roten Buchs »Der dritte Weg«[7], das Beuys mich zu übersetzen gebeten hatte, neue Arbeitsformen mit arbeitslosen Jugendlichen, Aktivisten und Leuten, die einem Paradigmenwechsel bereits zustimmten. Beuys sprach oft von »zeichnen, um zu verstehen« anstatt eines Zeichnens mit dem Ziel, Kunstobjekte zu produzieren. Auf ähnliche Weise ermutigte er zum »Handeln, um zu verstehen« – um dadurch »die Geheimnisse produktiv zu machen«, anstatt sie genauer zu erklären. Von da aus entstand in den späten neunziger Jahren nach einer Reihe anderer Soziale-Plastik-Foren in Südafrika, Schottland und England die »Social Sculpture Research Unit« in Oxford als weltweit erste Einrichtung zur Erforschung der Sozialen Plastik. Dort haben wir einen Ort geschaffen, wo eine tiefe, präzise, dialogische Auseinandersetzung stattfindet – sowohl mit den Geheimnissen der Sozialen Plastik, die in Beuys' Arbeit verkörpert sind, als auch mit neuen, die aus unserer Arbeit hervorgehen. Obgleich an einer Universität verortet, tun wir etwas Besonderes. Im Rahmen eines intensiven Master- und Promotionsprogramms, aber auch mit eigenen Projekten erforschen wir die Beziehung zwischen solchen rätselhaften Ideen einerseits und Fragen wie der einer fairen Weltwirtschaft andererseits. Dieses Buch spiegelt manches davon wider.

Auf dem UNESCO-Gipfel für Kultur und Entwicklung 1998 in Stockholm in einer Veranstaltung mit dem Titel »Die Welt nach 2000« die Soziale Plastik vorzustellen – das war keine leichte Aufgabe. Wie konnte man vor einer so heterogenen und internationalen Zuhörerschaft in dreißig Minuten etwas über das Feld der Sozialen Plastik und das »erweiterte Verständnis von Kunst« sagen, woraus dessen Relevanz für die Arbeit hin zu einer zukunftsfähigen Welt deutlich würde? Eines ist gewiss gelungen: Aus jener Herausforderung ging eine Neudefinition von Ästhetik und deren Beziehung zu Verantwortung hervor – eine Definition, die sich seitdem auf vielen Arbeitsfeldern als nützliches Instrument erwiesen hat.[8]

Meist verwendet man »ästhetisch« für »geschmackvoll«, »stilvoll« oder auch »künstlerisch«. Im Ursprung aber meint das griechische *aisthetikos* »wahrnehmend«. Von dieser Bedeutung aus können wir Ästhetik neu verstehen und definieren als das Gegenteil von »Anästhesie« oder »Betäubung« – als etwas, das mit verlebendigtem Sein zu tun hat; mit Formen und Praktiken auf gleich welchem Gebiet, die Betäubung und Trennung überwinden. Damit lässt sich das Ästhetische aus dem begrenzten Bereich der Kunst herausholen und dem gesellschaftlichen Leben zuführen. Auch können wir mit dieser neuen Definition die Verbindung zwischen dem Ästhetischen und unserer *ability-to-respond*, unserer »Fähigkeit zu antworten«, herstellen: verbindende Ästhetik[9] und *response-ability*!

Verantwortung ist dann keine Pflicht, kein moralischer Imperativ von außen mehr, sondern etwas, das aus lebendigem Verbundensein entsteht. Hierzu muss ich mich ins Terrain des Nicht-Ich hineinleben. Um mit wirklichem Engagement und umsichtig auf etwas zu antworten, muss ich innerlich aktiviert und lebendig sein.

Im Feld der »Ver-antwort-ung« und der verbindenden Ästhetik ist jeder berufen, ein »Freiheitswesen« zu werden: ein ver-antwort-licher »Künstler«. Diese neue Künstlerin entwickelt Fähigkeiten, die ermöglichen wahrzunehmen, was belebt werden muss, und verbindende Formen zu gestalten – im eigenen Leben, in Beziehung zueinander und hinsichtlich der Art und Weise, wie wir diesen Planeten bewohnen. Das ist ein großes Unterfangen und ein gewaltiges »Kunstwerk«, für das die Lebendigkeit jedes einzelnen Menschen gebraucht wird und das nur gemeinsam geschaffen werden kann. Ein großes Kunstwerk, das wir als verbindende, ver-antwort-liche Künstlerinnen und Künstler gemeinsam erkunden und entwickeln! Und wir müssen irgendwo beginnen. Vielleicht ließe sich sogar sagen – wir müssen überall beginnen: »an Verdorbenem zu arbeiten«, über alte Formen hinauszuschauen und neue Lebensweisen zu gestalten!

In ästhetischen Praktiken, die Freiheit und Verantwortung aufeinander beziehen, wird die Verbindung zwischen innerer und äußerer Arbeit erfahrbar. Wenn wir uns vorstellen, wie Menschen mit unsichtbaren inneren Materialien – Denken, Austausch, Sprache – an ebenfalls unsichtbaren Formen – Gedanken, Wahrnehmungen, Haltungen, Werten, Annahmen – arbeiten, sehen wir einen Bereich, wo Gestaltung und damit Wandel möglich wird. Dieser innere Ort ist so wirklich wie jeder äußere Ort. Und obgleich wir es dort oft mit ziemlich fest verwurzelten und rigiden Formen – Vorurteile, vorgefasste Meinungen, Denkgewohnheiten – zu tun haben, können wir mit der Vorstellungskraft, dem Fühlen und dem Denken auf diese Ebene der Gewohnheiten gelangen. Beim Arbeiten mit den unsichtbaren Werkstoffen in uns beginnen wir zu verstehen, wie die innere und die äußere Welt einander durchdringen. Die angenommene Trennung zwischen Persönlichem und Sozialem, Ästhetischem und Praktischem löst sich auf. Nun schließt die Realität

»dort draußen« uns ein: unsere Ansichten, Werte, Ängste, unsere Gedanken. An den unsichtbaren Formen mit den unsichtbaren Werkzeugen der Imagination, des Austauschs und des Denkens arbeitend, werden wir zu Verwandlern. Das Feld, auf dem wir mit unsichtbaren Materialien und inneren Formen arbeiten, gehört zum größeren Feld des Wandels.

Auf diesem Feld für eine ökologische Zukunft jenseits der entfremdeten Formen des Kapitalismus zu arbeiten hat offenkundig mit Veränderungen im Bewusstsein zu tun: damit, neue Haltungen, Verhaltensweisen und Ideen zu entwickeln, die nicht entfremdet sind und nicht entfremden!

Große Veränderungen werden durch extreme äußere Umstände wie die Finanzkrise oder das Klimachaos ausgelöst. Beispiele dafür sind ein Kollaps des Bankenwesens, Migrationsbewegungen oder auch neue Formen gemeinschaftlichen Wirtschaftens. Zugleich aber hängen die meisten Veränderungen mit neuen Einsichten und Ideen zusammen, die einzeln betrachtet klein und unbedeutend erscheinen mögen. Wie viele Aktivisten erkannt haben, müssen wir radikalen Wandel als ein Spektrum sehen, das von großen Interventionen, der Schaffung autonomer Zonen über scheinbar kleine Veränderungen im Denken bis hin zu verbindenden Fähigkeiten reicht. Um die alten Orte dort draußen und in einem selbst zu okkupieren, ist das erforderlich, was Serge Latouche eine »Dekolonisierung unserer Gedankenwelt« nennt.[10]

In dieser Zeit extremer Krisen wird zunehmend klar, dass transformative Arbeit auf vielen wechselseitig verbundenen Ebenen stattfinden muss. Für den Wandel von fossilen zu erneuerbaren Energien, von einer ausbeuterischen Kultur zu einer Kultur des Respekts werden technische Lösungen allein nicht genügen. Es braucht bekannte Formen des Aktivismus, die den Widerstand gegen Zerstörerisches erhöhen, und zugleich eine Stärkung unserer Fähigkeiten verbindenden Denkens, der Selbstorganisation und Resilienz. Politische Veränderungen, herbeigeführt durch die Mobilisierung von Massen, bleiben unverzichtbar, doch hängen diese wiederum von einem Wandel im Herzen ab: von inneren Veränderungen, die im Wesentlichen kumulativ sind. Das griechische *metanoia*, gewöhnlich als »Buße« – mit deren eher negativem Beigeschmack – verstanden, ist in Wirklichkeit das »Gewinnen einer neuen Weltsicht«, was mit einem »Wandel im Herzen« zusammenhängt. In den letzten Jahren haben wir Soziale-Plastik-Prozesse entwickelt, die ein solches tiefes »Umdenken« beziehungsweise einen Wandel im Herzen auch in sehr heterogenen Gruppen in Gang bringen, was im vorliegenden Buch weiter erkundet wird.

Wenn diese ästhetischen Praktiken wirklich die Denkweise verändern, bringen sie innere und äußere Arbeit miteinander in Beziehung. Wie Bertolt Brecht wusste, bedarf äußeres Handeln der inneren Mobilisierung. Jede Bewegung in der äußeren Welt beginnt mit einer Bewegung in uns.

Aber auch »Handeln« denken wir in diesem Buch neu. Denn die Ansicht, Handeln finde allein in der äußeren Welt statt, greift zu kurz, wenn es um den Zusammenhang zwischen radikalem Wandel und kumulativen, mehrdimensionalen Veränderungen geht. Sobald Sie sorgfältig schauen, wo eine Aktion beginnt, und sie von ihrem Ursprung aus verfolgen, werden Sie sehen, dass sie in dem Raum in Ihnen anfängt: im Reich der Imagination, worin das Denken, Fühlen und Wollen einander durchdringen. Oft aber bleiben die Anfänge einer Aktion unbewusst, etwa weil sie verhüllt oder instinktiv sind.

Doch gibt es innerhalb der Bewegung für radikalen Wandel immer mehr Akteure,[11] die nicht nur diverse autonome Räume ermöglichen und Konsens-Prozesse integrieren, sondern auch Prozesse innerer Arbeit als elementar für den Wandel ansehen. Schon allein das ist eine Veränderung. Die überkommenen Kriterien für radikalen Wandel neigten dazu, solche Arenen für neue Sichtweisen und Methoden der Selbstorganisation zu unterschätzen. Im vorliegenden Buch untersuchen wir jenen Aktivismus, der um den Wert von innerer Arbeit und innerer Mobilisierung weiß. Der auch erkennt, dass ein Handeln, dem wirkliche innere Veränderungen zugrunde liegen, eine sich ihrer selbst bewusste Tatkraft stärkt.

Ausgehend von dem hier skizzierten Verständnis kumulativer Veränderungen und von der Verbindung der äußeren und inneren Welt erkundet »Die rote Blume«, was ästhetische Praktiken der Bewegung für radikalen Wandel bieten können: im Blick auf das Mobilisieren gegen den Status quo, auf das Stärken von Tatkraft und auf das Gestalten neuer Lebensformen in Zeiten eines zutiefst krisenhaften Wandels.

Südafrika war mein erster Lehrer. Auf der anderen Seite der hohen Zäune machten unbegreifliche Polizei-Transporter Jagd auf Leute, die nichts verbrochen zu haben schienen. In der Küche gab es unbegreifliche Geschehnisse: Die Leute, die unser Essen kochten, aßen aus Blechtellern. Wir saßen im Esszimmer und aßen von feinem Porzellan. Auf den Straßen gab es unbegreifliche Lastwagen, vollgestopft mit Männern, die an ihren Arbeitsplatz gefahren und dann entladen wurden. Später erfuhr ich von Lampenschirmen, die aus menschlicher Haut hergestellt waren. Und von Kriegen im Namen Gottes oder im Namen von Öl und von Land. Als ich älter wurde, verstand ich, dass die Weltwirtschaft wie ein gigantisches Konzentrationslager ist, und viele Jahre später schuf ich »Orte des Zuhörens« mit Bögen aus Bananenschalen, um uns näher an den Horror der Weltwirtschaft, aber auch an die verborgene und wirkliche Dimension des Sozialen zu bringen.[12]

Als Kind wurden meine Fragen an meine gütige, großzügige Mutter über die Situation in Südafrika stets mit Achselzucken und einem »So ist es nun mal«-Mantra der Resignation beantwortet, das bald ein Mantra des Widerstands und des Nie-Aufgebens in mir wachrief. Wie konnte jemand, der von Geburt jüdisch ist, inmitten der Gräuel des Apartheid-Südafrikas – mit so vielen Formen und Praktiken, die an Nazi-Deutschland erinnerten – derart passiv sein? Im Laufe der Jahre verstand ich allmählich, wie selbst die feinfühligsten Menschen eine solche gefährliche Passivität an den Tag legen können. Mitte der siebziger Jahre, nach meiner ersten Zeit mit Beuys in Deutschland, kehrte ich nach Südafrika zurück und begann, das Terrain des *empowerment* zu erkunden. Obgleich inflationär verwendet und dadurch in seiner Bedeutung geschmälert, dürfte »empowerment« ein Schlüssel für die Tatkraft sein, die es braucht, um aus dem Dulden herauszufinden. Mehrere Jahrzehnte später, und nachdem ich mit Tausenden von Menschen gearbeitet habe, kann ich mit Überzeugung sagen, dass das Überwinden der Passivität damit zusammenhängt, das eigene innere Feld wahrzunehmen und sich damit auseinanderzusetzen. Denn dadurch werden wir fähig zu sehen, was wir sehen. Zu reflektieren. Zu erkennen, dass wir Entscheidungen treffen und eine Verantwortung für das eigene Handeln haben. In diesem inneren Raum beginnen alle Änderungen des Bewusstseins.

Auch wurde im Laufe der Jahre klar, wie wichtig es ist, zwischen verschiedenen Arten des Leidens zu unterscheiden. Mit Levinas[13] sehe ich zwei Arten von Leiden: »notwendiges Leiden«, das der Entwicklung des eigenen Selbsts und den Herausforderungen des Lebens und Sterbens innewohnt, und »unnötiges Leiden«, das durch verzerrte, unangemessene Vorstellungen etwa von Fortschritt, Arbeit und Freizeit sowie durch institutionalisierte Gier, Selbstsucht, Eifersucht und Angst in die Welt gebracht wird.

Können verbindende Methoden, die uns zur Besinnung bringen, irgendetwas zur Überwindung solchen unnötigen Leidens beitragen? Können ästhetische Praktiken für ein verlebendigtes Sein – seien sie so einfach wie das urteilsfreie Zuhören während eines »Erdforum«-Prozesses – dazu beitragen, aus der epidemischen Nichtverbundenheit herauszufinden? Kann ein phänomenologischer Blick auf unser Sein und Tun in der Welt uns befähigen, etwas von dem komplexen Horror und den Auswirkung unseres Schweigens, unserer Passivität, unserer Verzweiflung zu erleben? Können ästhetische Praktiken, dank deren wir erfahren, dass Wandel möglich ist, uns die Kraft geben, uns niemals vom unnötigen Leiden in seinen zahllosen Formen abzuwenden? In Südafrika aufgewachsen, habe ich gelernt, dass sowohl im eigenen Umfeld als auch in der großen Welt ein »Wandel der Geisteshaltung« und ein »Wandel des Herzens« nicht einfach, aber immer möglich sind.

Die hier erkundeten ästhetischen Praktiken lassen sich mit ihrem Fokus auf Erfahrungswissen, Bewusstseinsänderung und darauf, was es bedeutet, Agentinnen und Agenten des Wandels zu werden, in der Bewegung freier Schulen und freier Universitäten verorten.

Diese Bewegung für Bildung, Selbstbildung und Gesellschaftsbildung im Geist von Freiheit, Kreativität und einer nichthierarchischen Gesellschaft bildet einen langen, tiefen Strom, der mit Sokrates und dessen partizipativen Lernmethoden begann, über Rousseau, Emerson, Fröbel und Dewey führt und auch die Ansätze einschließt, die die Genossenschaftsbewegungen im 19. und frühen 20. Jahrhundert im Blick auf die zunehmende Mechanisierung des Menschen durch die Industrialisierung entwickelten. Genährt wird der Strom auch von Schillers Erkenntnissen über ästhetische Erziehung, von dem Bildungsansatz, den Goethe alternativ zu Kant entwickelte, von der Reformpädagogik, aus der unter anderem das historische Bauhaus und Rudolf Steiners »Erziehungskunst« hervorgingen, von der politischen Pädagogik Paulo Freires und den Strategien aktiver Imagination von C. G. Jung und James Hillman; von John Holts »Bildung für Demokratie«, Ivan Illichs »Entschulungs-Gesellschaft«, Rabindranath Tagores Fokus darauf, die eigene »Stimme« zu finden, und nicht zuletzt von der durch Beuys initiierten Freien Internationalen Universität (FIU).

Zu den zeitgenössischen Erscheinungsformen jenes langen, tiefen Stroms zählt die »University of the Trees«, der wir uns im fünften Kapitel dieses Buchs widmen und in deren Programmen sich viele der hier nachfolgend beschriebenen ästhetischen Strategien wiederfinden.[14] Weitere aktuelle Manifestationen sind das Youth Initiative Programme in Schweden, das jedes Jahr Hunderte von Menschen versammelt, um neue Wege des Arbeitens in der Welt zu erkunden, oder die KaosPilots in Dänemark und das »Make a Difference«-Programm am Institute for Contemporary Culture in Hongkong, wo Agenten des Wandels ausgebildet werden. Rund um den Globus entfaltet sich derzeit ein vielfältiges Spektrum großer und kleiner Initiativen, in denen sich der rapide wachsende Bedarf nach demokratischem Lernen, nach Selbstorganisation und kreativem Befähigungsprozess *(capacity building)* spiegelt, und deren Klassenzimmer die Welt ist!

Die Kraft und Vielfalt der gegenwärtigen Bewegung autonomen Lernens zeugt vom immensen Engagement für eine »Bildung«, die befähigt, tragfähige Daseinsformen jenseits des Kapitalismus zu gestalten. Oft sucht dieser Impuls sich temporäre Heimstätten; besetzt aufgelassene Areale; ist selbstorganisierend; findet auf Gehsteigen statt; dringt wie ein Trojanisches Pferd in Institutionen ein; hat einen experimentellen und provisorischen Charakter; versammelt sich mit und ohne Zentrum; bildet Cluster; konstelliert sich in kleinen Gruppen; verbindet sich mit größeren Gruppen.

Und so weitet sich die globale Bewegung eines demokratischen Lernens für eine lebensfördernde Welt immer weiter aus: mit Farmern auf philippinischen Feldern, Aktivisten-Gruppen auf Landebahnen und in leerstehenden Gebäuden auf vielen Kontinenten, mit Netzwerken von Künstler-Aktivisten in Madrid, Rio und auf Straßen in Hongkong, wo »dritte Orte« ermöglicht werden, die weder privat noch institutionell sind, sondern von und für Bürgerinnen und Bürger geschaffene, autonome freie Zonen.

Diese Bewegung, deren Universitäten der Bäume, der Straßen, der Wälder und Felder oft um spezifische Bedürfnisse herum entstehen, befähigt Individuen und Gemeinschaften, wiederzuentdecken, zu widerstehen, umzudenken und wiederherzustellen – und sich ganzheitlichere Arten des Zusammenlebens auf diesem Planeten vorzustellen und diese zu entwickeln.

Es gibt einige Erfahrungen und »Lehren« über die Beziehung zwischen Transformation und Imagination, die mein Leben und meine Arbeit geformt haben. Eine davon vermittelt die Geschichte der roten Blume im dritten Kapitel. Andere finden sich in zwei kurzen Aussagen: in dem Satz »Denken ist bereits Plastik« von Beuys und in der stets lachend geäußerten Ermahnung des sokratisch-vedischen Philosophen Nisreyasananda: »Pass auf dein Denken auf!«

Wiewohl unsichtbar, formen die Gedanken, Denksysteme und die Art, wie wir »sehen«, unser Leben, von den immateriellen Haltungen und Entscheidungen bis hin zu den unzähligen festeren Formen, die wir fortwährend hervorbringen: Gebäude, Transportsysteme, Ausbildungsformen, Muster des Energieverbrauchs, Wirtschafts- und Staatsformen.

Wir können diese verdichteten Formen auf vielerlei Weisen auflösen und umgestalten – etwa indem wir neue Formen planen und entwickeln, Massenwiderstand ausüben oder Betonwände niederreißen. Aber vieles davon wird auch im immateriellen Feld getan. Wir überdenken, was ist, stellen uns vor, wie es anders sein könnte. Doch wenn wir, wie Einstein sagte, die Probleme mit demselben Denken lösen wollen, das sie verursacht hat, reproduzieren wir das Bestehende. Daher ist es nötig, in dieses immaterielle Terrain wie in einen Arbeitsraum hineinzugehen, um so der Struktur unseres Denkens zu begegnen: zu sehen, was wir sehen, unsere Annahmen und unsere Formen von Logik zu überdenken. Wie, wenn Entscheidungsträger, bevor sie Dekrete erlassen, einen solchen Prozess durchliefen – ihre Annahmen über die Welt, ihre Wahrnehmungen und Gefühle in den Blick nähmen und über die Linsen nachdächten, durch die sie schauen? Wie anders fielen dann wohl ihre Entscheidungen aus, und wie anders würden sie mit Fragen arbeiten? Womöglich würden sie dann sogar wahrnehmen, wie Denksysteme die Welt formen und auf welche Weise ihr eigenes persönliches Denken bereits eine »Tat« ist!

Vor einigen Jahrzehnten, als das östliche Denken sich im Westen verbreitete, gab es Lehrer, die erklärten, wenn ein Prozent der Weltbevölkerung regelmäßig über eine menschlichere Welt meditierte, würde dies maßgeblich zu positivem Wandel beitragen. Für diejenigen, die das Materielle und das Immaterielle als völlig voneinander getrennt ansehen, klingt eine solche Behauptung natürlich absurd – obwohl in der hörbaren Welt der Geräusche ähnliche Phänomene auftreten, wenn zwei Frequenzen sich »einkuppeln« und schließlich eine werden. Schwingung bewirkt Schwingung, und das Denken beeinflusst die Materie, auch wenn Letzteres sich nicht so leicht belegen lässt. Aber ganz gleich, ob wir die Parallele in der Sphäre des Denkens akzeptieren oder nicht, können wir doch die Verbindung zwischen Gedanken und Materie deutlich erleben, wenn wir unserem Denken in seinen verkörperten Formen begegnen.

Die Entwicklungen in der Wissenschaft, besonders seit der Quantenphysik, zeigen, dass die Nahtstelle zwischen materiell und immateriell ungemein fein ist, falls sie überhaupt existiert. Darin liegt in mehrfacher Hinsicht eine Bestätigung für das Arbeiten im Immateriellen. Denn diese Befunde helfen, unsere Vorstellung von »real« sowie von der Verbindung zwischen dem Nichtsichtbaren und dem Sichtbaren zu revidieren. Und sie verweisen auf eine Kontinuität zwischen Denken und Handeln, zwischen formenden Kräften und Form, was sich in der Verbindung zwischen innen und außen in unseren ästhetischen, transformativen Praktiken widerspiegelt.

Kennzeichnend für die Strategien der Sozialen Plastik, die nun leicht geteilt werden können, ist, wie sie das Kontinuum von Imagination – Denken – Transformation in einer gelebten Auseinandersetzung mit der Welt hervorheben. All diese Formen und Praktiken haben teilweise damit zu tun, unsere Arbeit als Agenten des

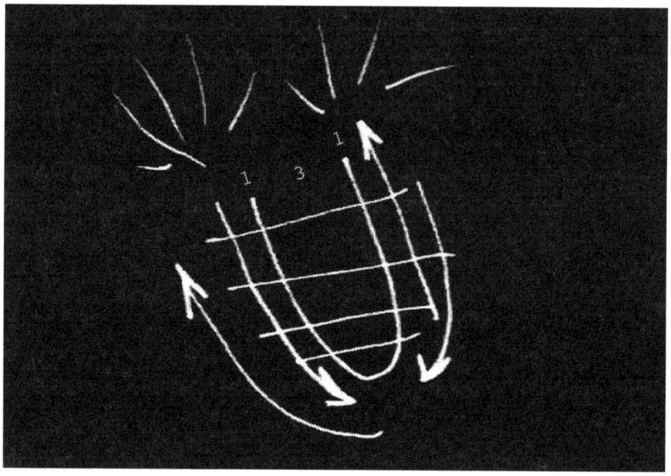

(En)lightening process.

1 Shelley Sacks, Zeichnung, 2011.

Wandels in diesem unsichtbaren, ätherischen Feld[15] zu verlebendigen. Und sie befähigen uns, zu erfahren, wie unsere immateriellen Gedanken, Werte und Haltungen in der verkörperten, dichteren Welt wirksam sind.

So wie unsere Sinne uns mit der physischen Welt verbinden, verbindet unser Denken uns mit der immateriellen Welt der formenden Kräfte. Ein Handeln im Materiellen oder auch im Sozialen, dem ein Wahrnehmen der formenden Kräfte – im Planeten, in uns, in allen Lebensformen – zugrunde liegt, wird wahrscheinlich mehr mit den Prinzipien des Lebendigen übereinstimmen: wissend um Wechselbeziehung, Konstellationen, dynamischen Austausch und um Felder. Eine gelebte Bewusstheit für diese formenden Kräfte sowohl in der Welt als auch in unserem Denken – und damit für die unsichtbaren Materialien der Imagination und des Denkens, mit denen wir arbeiten können – ist zentral auf dem Feld der Sozialen Plastik; zentral mithin auch in den ästhetischen Praktiken des vorliegenden Buchs, die darauf zielen, unsere Fähigkeiten als Agentinnen des Wandels zu stärken, zu entwickeln und ein wirksames verbindendes Handeln für eine lebensfördernde Welt zu ermöglichen.

Der andere Flügel
Hildegard Kurt

Ästhetische Praxis in Zeiten des Wandels. Für die Dimension des not-wendigen Wandels haben Vordenkerinnen und Vordenker aufschlussreiche Namen geprägt. Ervin Laszlo, Systemphilosoph und Gründer des Club of Budapest, diagnostiziert einen zivilisatorischen »Macroshift«, der gegenwärtig auf seine »Chaosphase« zusteuere. Die Tiefenökologin Joanna Macy arbeitet in ihren Seminaren mit dem Begriff des »Großen Wandels«, der für den Übergang von der industriellen Wachstumsgesellschaft hin zu gerechten und ökologischen Gesellschaftsformen steht. Der französische Soziologe und Philosoph Edgar Morin – wie Stéphane Hessel, Autor des Manifests »Empört euch!«, schon in der Résistance im Widerstand aktiv – schlägt die Denkfigur der »Metamorphose« vor: Wenn ein System, etwa das System Erde, an einen Punkt gelangt, wo sich die elementaren Probleme nicht mehr innerhalb der bestehenden Koordinaten lösen lassen, zerfällt es entweder, oder es ist in der Lage, ein Metasystem zur Lösung der Probleme hervorzubringen: Es metamorphosiert. Die wahrscheinliche Variante sei der Verfall. Die unwahrscheinliche, aber mögliche die der Metamorphose. Die Chance, dass die menschliche Zivilisation als Ganze eine Metamorphose zum Guten hin bewerkstellige, beziffert Johannes Heimrath in seinem Buch »Die Post-Kollaps-Gesellschaft« mit 0,01 Prozent. Denn was jetzt gebraucht werde, sei nichts weniger als ein »Quantensprung in der Evolution der Menschheit«.[16]

Angesichts des so deutlichen Schwellencharakters unserer Zeit hat sich bei der Arbeit an diesem Buch immer wieder das Bild jenes Kanarienvogels eingestellt, den die Bergleute einst in einem Käfig mit hinab in den Stollen nahmen. Wenn der Vogel starb, war dies ein Zeichen dafür, dass der Sauerstoff untertage knapp geworden war, man also schleunigst den Stollen verlassen musste. Heute häufen sich die Anzeichen dafür, dass uns hier auf der Erde »die Luft ausgeht«: Die großen Gleichgewichtssysteme – Boden, Wasser, Wald, Klima – sind im Begriff zu kippen. Wo im Stollen ein Kanarienvogel starb, spielt sich jetzt ein Artensterben ab, das der Biologe Andreas Weber als »biosphärische Katastrophe«, als »planetarische Krise allerersten Ausmaßes« einstuft.[17]

Die Bergleute konnten in einem solchen Stadium existenzieller Bedrohung aus dem Stollen nach oben fliehen. Wo aber sollen wir hin, wenn wir an die biophysischen Grenzen unseres Planeten geraten? Wo könnten wir hin? Gibt es denn für uns überhaupt noch einen Ort jenseits der »Todeszone« (Joseph Beuys)? Ein Ort, wo noch Lebendigkeit waltet – oder vielleicht gar neu hervorquellen kann?

Anders gefragt: Könnte es sein, dass in dieser Zeit des »Großen Wandels« eine große Entdeckung ansteht – oder schon begonnen hat? Eine epochale Öffnung, eine Entdeckung von Neuland, die in gewisser Weise mit der Entdeckung Amerikas vergleichbar ist, aber noch weitaus bedeutsamer, folgenreicher sein dürfte?

Zur Zeit von Kolumbus gab es – aus europäischer Sicht – drei Kontinente: Europa, Asien und Afrika. Dabei existierte ja der amerikanische Kontinent bereits!

Auch war er immer schon belebt und bewohnt! Nur befand sich all dies außerhalb des Horizonts der damals wissenschaftlich und politisch tonangebenden Welt. Was, wenn jetzt wieder ein solcher »neuer« Kontinent in Reichweite gerückt wäre? Wenn jetzt wieder eine ganz große Entdeckung anstünde, die aber nun nicht mehr durch Armeen und Nationen, mit Schiffen und Waffen erfolgte – sondern durch jede und jeden Einzelnen von uns, überall auf der Welt?

Der Philosoph Wolfgang Zumdick beschreibt das Terrain, um das es hier geht, als den »poetischen Kontinent«. Der Band »Atlas«, vor einigen Jahren von ihm gemeinsam mit Shelley Sacks vorgelegt, entwirft bereits eine Topografie dessen, was jetzt immer eingehender erschlossen werden möchte. In der geografischen Sprache bleibend, könnten wir diese Sphäre auch den »kosmischen« Kontinent nennen. Bezeichnet doch das griechische *kósmos*, »Ordnung«, jene »implizite Ordnung« (David Bohm), die allem Manifesten zugrunde liegt.

Dieser primäre, Zukunft schaffende, Lebendigkeit schaffende Raum ist immer schon da, seit Anbeginn der Welt. Und es gibt ihn in jedem Augenblick. Jetzt. Hier. Der Zugang zu ihm liegt in uns, erschließt sich aber erst auf Wegen eines offenen, umfassenden Austauschs. Der kosmische Kontinent ist in uns, so wie wir in ihm sind. Um heimisch auf ihm zu werden, braucht es eigene innere Aktivität und Individualität. Doch wird er nie jemandem gehören. Er ist das vielleicht größte Commons – die Innenseite der Welt, die auch das scheinbare Außen mitträgt und enthält.

Während der kosmische Kontinent seit je und überall da ist, sind wir es gewöhnlich nicht. Wir erkennen ihn nicht. Finden ihn nicht, suchen ihn vielleicht nicht einmal. Wir tragen einen immensen blinden Fleck auf unserer inneren Landkarte mit uns, oft ohne es auch nur zu bemerken. Allenfalls sporadisch in Momenten eines Ergriffenwerdens scheint da etwas auf – meist in einer Begegnung: mit einer blühenden Wiese, mit dem Leid eines Lebewesens, mit einem Sterben oder einer Geburt, mit dem nächtlichen Himmel, vielleicht mitten in einem aufgeheizten Konflikt oder in einer großen Frage, die einen nicht loslässt.

Wohl einzigartig an unserer Gegenwartssituation: Erstmals in der Geschichte der Menschheit dürfte es überlebenswichtig geworden sein, willentlich nach diesem primären Raum zu suchen, der in uns und zugleich kosmisch ist. Es scheint, als warte die Evolution unseres Bewusstseins geradezu darauf, individuell und vor allem auch gemeinschaftlich aktiv vorangebracht zu werden. Wo ein blinder Fleck war, soll jetzt ein primärer Arbeitsplatz entstehen; eine primäre Werkstatt, in der wir alle schöpferisch am »Großen Wandel« mitwirken. Auf diesem Weg tastet sich das vorliegende Buch voran, will es Entdeckerinnen und Entdecker begleiten.

Als eine weitere Orientierung für das, was die nachstehenden Kapitel entfalten, ließe sich sagen: Sie erkunden Wege von der Realität in die Wirklichkeit.

In »Realität« steckt das lateinische *res*, »Ding«, »Sache«. Realität bezeichnet mithin jene Ebene, auf der das, was ist, als objekthaft, objektivierbar, als Einzelnes und voneinander trennbar erscheint und wo der logisch-kausale Verstand herrscht: Die Dinge sind entweder dies oder das; sind sie dies, so sind sie nicht das. Auf der Ebene der Realität bleibt das Denken allzu leicht am Trennenden haften – wodurch es selbst Trennung und Negation produziert.

Die Wirklichkeit hingegen ist die energetische Ebene des Seins. Das lateinische *energia* bedeutet »wirkende Kraft«. Interessanterweise stellt Energie naturwissenschaftlich betrachtet keine in der Natur vorkommende Größe dar, sondern, wie der Physiker Carl Friedrich von Weizsäcker erklärt, eine »abstrakte Idee des menschlichen Geistes«. Die Physik kennt sieben unterschiedliche Energiearten – Wärme, chemische Energie, Lageenergie, Bewegungsenergie, elektromagnetische Energie, Strahlung und Kernenergie. Was aber Energie wirklich ist, bleibt undeutlich.[18] Wie bei der »Göttlichen Energie« seien bei der naturwissenschaftlichen Energie lediglich Wirkungen klar erkennbar.

Zu den Merkmalen der Wirklichkeit zählen das Sowohl-als-Auch, das Paradox, Allverbundenheit und Potenzialität. Welche Formen des Wahrnehmens, des Forschens, des Denkens, des Miteinanders braucht es, um von diesen Wirkkräften aus für eine zukunftsfähige Welt zu arbeiten? Um inmitten von Verdorbenem, Pervertiertem, Zerstörtem der »Lebendigkeit«, wie Andreas Weber die Sphäre der Wirklichkeit[19] nennt, auf der Spur zu bleiben oder neu auf die Spur zu kommen? Wie kann eine ästhetische Praxis konkret aussehen, die hilft, im Blick auf Wandel aus dem Lebendigen zu schöpfen?

Da »Die rote Blume« sich bei der Auseinandersetzung mit diesen Fragen immer wieder aus der Kunst inspiriert und selbst eine künstlerische Praxis – im mit Beuys erweiterten Sinn – beinhaltet, sei hier im Blick auf das Gegensatzpaar von Realität und Wirklichkeit eine Unterscheidung aufgegriffen, die wir dem Maler Paul Klee verdanken. In seinen Klassen am Bauhaus in Weimar, dann in Dessau, betonte Klee immer wieder, wie wichtig es sei, bei allen Gestaltungsaufgaben nicht an den »Form-Enden« anzusetzen – dort, wo alles fertig, fest und determiniert ist. Stattdessen gelte es, nach Wegen zu suchen, die es ermöglichen, sich den »formenden Kräften« zu nähern: dem Urgrund der Genesis, die nicht Vergangenheit, sondern anhaltende Gegenwart sei. In Klees Unterricht geschah dies etwa, indem man Blattränder nach den »Kraftfeldern« befragte, aus denen ihre Form hervorgegangen sein könnte. Man forschte – ein Begriffspaar aus der mittelalterlichen Scholastik aufgreifend – nach *natura naturans*, der »schaffenden Natur«, als Gegenpol zur *natura naturata*, der »geschaffenen Natur«.[20]

Die »formenden Kräfte« sind aus einem anderen Zusammenhang heraus bereits am Ende des ersten Flügels dieser Einführung zur Sprache gekommen. Darin wird augenfällig, wie wir, die Autorinnen, aus unterschiedlichen Richtungen ein gemeinsames Terrain – das Terrain einer ästhetisch transformativen Praxis – beleuchten. Und es lädt Sie, liebe Leserinnen und Leser, nochmals dazu ein, ihre eigenen Bezüge in das hier stattfindende Forschen einzubringen.

So grenzenlos die Wirklichkeit, so zahllos sind die Namen und Bilder für sie, die Wege zu ihr. Sie begegnet einem überall und unvermittelt – wie damals mir als Kind in jenem hochsommerlichen Kornfeld, das ich verbotenerweise betreten hatte. Wo ich nun reglos in einer goldenen Kathedrale aus Getreidehalmen mit einer blauen Himmelskuppel darüber saß. Gebannt vom Geruch des reifen Korns und der heißen Erde. Vom summenden Hin und Her der Insekten, dem emsigen Krabbeln am trockenen, mit Rissen durchzogenen Boden – von einer alles durchdringenden, vibrierenden, ungemein kraftvollen, magischen Lebendigkeit, in der alles zutiefst bedeutsam war und die mir plötzlich wichtiger als alles erschien, was ich bislang kannte. Und obwohl ich wusste, man würde mich bestrafen, wenn ich auf die suchenden, zunehmend sorgenvollen Rufe der Erwachsenen nicht antwortete, blieb ich stumm. Ohne dass es damals Worte dafür gegeben hätte: Dort draußen war die Realität mit all ihren scheinbaren Wichtigkeiten. Hier drinnen im Kornfeld das, worauf es wirklich ankommt.

Während die Menschheit sich seit je quer durch die Zeiten und Kulturen mit der Wirklichkeit – der Sphäre des Lebendigen – zu verbinden versucht, hat die Moderne mit aller Macht in den Bann der Realität gelockt.

Basierte doch die Leitinstanz unserer Epoche, die Wissenschaft, auf einer angenommenen fundamentalen Objektivierbarkeit der Welt. Erst die Erkenntnisse der Quantenphysik zu Beginn des vergangenen Jahrhunderts haben die Wirklichkeit als ernstzunehmendes, primäres Faktum unabweisbar in den wissenschaftlichen Horizont gehoben. Auf zutiefst verstörende Weise brachten jene rätselhaften Befunde etwas von der paradoxalen »impliziten Ordnung« zutage, die David Bohm auch den »Grund allen Seins« nennt. Doch ist der Paradigmenwechsel von der Realität zur Wirklichkeit, den die naturwissenschaftlichen Entdeckungen vor nahezu hundert Jahren an sich geradezu erzwingen, bis heute insgesamt ausgeblieben.

Obgleich erwiesenermaßen nicht haltbar, erweist sich das alte Denken der Moderne als überaus resistent.

Zusammen mit einem stetig wachsenden Spektrum verwandter Ansätze hält »Die rote Blume« dem entgegen. Wobei sie namentlich einem Pionier folgt, der bereits vor gut zweihundert Jahren einen erkenntnistheoretischen Gegenentwurf zum objektfixierten Bewusstsein entwickelte: Johann Wolfgang Goethe. Aus seiner Forschung auf den Gebieten der Farbenlehre, der Pflanzenkunde oder auch der Morphologie ging eine Methodik hervor, die darauf zielt, sich möglichst eng mit Natura naturans – der Wirklichkeit – in deren fortwährendem Bilden und Umbilden, ihrem kreativen Werden zu verbinden. Schon bei unserem Gang durch »tote Zonen« im nachfolgenden Kapitel werden wir versuchen, etwas von dieser »zarten Empirie« (Goethe) zu praktizieren.

Darüber hinaus sind hier interessanterweise immer wieder Physiker unsere Mitstreiter: Bohm beschreibt die Wirklichkeit als Feld, im dem die sichtbare Welt »eingefaltet« ist, bevor sie sich entfaltet. Alles Entfaltete sei nur ein Zeigen, ein Darbieten des Eingefalteten. Und jedwedes Manifeste falte sich früher oder später wieder ein.[21] Da alles aus diesem »Unbegrenzten« hervorgehe, habe alles Teil daran, einschließlich das Denken. Das Gehirn könne, so Bohm, »wie eine Antenne arbeiten, die solche Ebenen empfängt, statt nur der ›Initiator‹ von Handlungen zu sein.«[22] Ein dergestalt »partizipierendes«, empfangendes Bewusstsein brauche Aufmerksamkeit, innere Leere und Demut – alles Werkstoffe, denen wir uns hier im Folgenden widmen werden.

Auch der Physiker Arthur Zajonc betrachtet die Wirklichkeit als »Reich des Wandels«, das »sowohl frei als auch streng geregelt« sei.[23] Einst Mitinitiator der Mind-&-Life-Dialoge zwischen dem Dalai Lama, buddhistischen Gelehrten und führenden westlichen Wissenschaftlern, hat Zajonc unlängst mit seinem Buch »Aufbruch ins Unerwartete« eine Methodik für ein »kontemplatives Forschen« vorgelegt, die in mancherlei Hinsicht der hier entfalteten ästhetischen Praxis nahesteht.

Wie nun situiert sich »Die rote Blume« im Kontext der Nachhaltigkeit? Inwiefern beinhalten die hier unternommenen Erkundungen einen Beitrag zu deren kultureller Dimension?

Der Begriff »nachhaltig«, im Englischen »sustainable«, entstammt bekanntlich der Forstwirtschaft und beinhaltet das Prinzip, in einem Wald nur so viel Holz zu schlagen, wie dort in einem wirtschaftlich überschaubaren Zeitraum nachwächst. Auf alle Lebens- und Arbeitsfeldern angewandt, würde dieses Prinzip der pflegenden Vorsorge in der Tat maßgeblich zur Verwirklichung einer lebensfördernden Welt beitragen. Das dürfte einer der Gründe sein, die den Publizisten Ulrich Grober zu seinem so lesenswerten Buch »Die Entdeckung der Nachhaltigkeit« bewogen haben, einem in vielerlei Hinsicht erhellenden Plädoyer für diesen inzwischen so abgenutzten Begriff.

Im vorliegenden Buch jedoch wird sich anstelle von »nachhaltig« der weit darüber hinausgehende Begriff »zukunftsfähig« finden. Denn dieser Begriff verweist auf eine Fähigkeit, die herauszubilden heute nicht minder notwendig als das Prinzip der pflegenden Vorsorge sein dürfte: Anders als alle übrigen Lebewesen sind wir in der Lage, aus der Zukunft heraus zu gestalten. Wir können Phänomene nicht nur auf der Grundlage dessen wahrnehmen, was bislang gewesen ist, was wir wissen und erfahren haben, sondern auch in ihren Potenzialen – in dem, was sie auf bislang unbekannte Weisen werden könnten. Wir können auf die Zukunft hin denken und, bedeutsamer noch, von der Zukunft her. Und in der Art, wie wir das, was noch nicht manifest ist, wahrnehmen, für wahr nehmen, oder auch nicht, formen wir es mit. Zukunftsfähig sein heißt daher, Orientierung nicht allein aus dem zu beziehen, was faktisch existiert, sondern empfänglich zu sein für die Werdekräfte der Welt, die solche Bewusstheit brauchen.

Aber sind wir hierzu überhaupt in der Lage? Braucht es dafür nicht ein Talent, das nur einigen Auserwählten vorbehalten ist? Wahrscheinlich verhält es sich mit der Zukunftsfähigkeit wie mit ganz vielen menschlichen Fähigkeiten: Sie stehen kaum je ohne weiteres zur Verfügung. Doch rücken sie in Reichweite, wenn Intention und Willenskraft sich auf sie richten. Welchen Unterschied es schon macht, einmal nur zwei Wochen lang regelmäßig ein Instrument zu spielen oder sich intensiv dem Gärtnern zu widmen, ein Forschungsfeld zu erkunden, ein Handwerk oder eine kontemplative Strategie zu praktizieren!

Genau an dieser Stelle kommt auf elementare Weise die Kultur ins Spiel. »Kultivieren« – ein Begriff ursprünglich aus der Landwirtschaft – heißt, auf welchem Feld auch immer, etwas, das zunächst nur latent, nur als schlummerndes Potenzial gegeben ist, aktiv herauszubilden und es sodann bewusst lebendig zu halten. Und zu ebendieser oft übersehenen, aber entscheidenden Aktivität als Mitte jeder wahren Kultur der Nachhaltigkeit – oder der Zukunftsfähigkeit – will »Die rote Blume« einen Beitrag erbringen. Zielen doch die hier dargelegten Ideen, Praktiken und Strategien allesamt darauf, unsere *humana*, das heißt unsere menschlichen Eigenschaften und Fähigkeiten, weiterzuentwickeln – in einem fortlaufenden, individuellen und gemeinschaftlichen Prozess.

Diese tiefe, anthropologische Dimension des Kultivierens hatte bereits Voltaire vor Augen, als er – ebenfalls in einer Zeit dramatischen Wandels, nämlich im Vorfeld der Französischen Revolution – seinen Roman »Candide, oder die beste aller Welten« mit dem Satz enden ließ: »*Il faut cultiver notre jardin*« – »Wir müssen unseren Garten bestellen«. Während damals vor dem Hintergrund absolutistischer Machtkonzentration noch Freiheit als »Freiheit wovon« die Gemüter beherrschte, stand diesem Aufklärer bereits jene Freiheit vor Augen, die für humane – im Sinn wünschenswerter – Verhältnisse noch entscheidender sein dürfte: die »Freiheit wozu«.

Seit Voltaire haben wir in der Moderne viel Gelegenheit gehabt, Freiheit in ihrer grandiosen Vielschichtigkeit, ihrer Doppelbödigkeit, auch ihrer Zerstörungswucht zu erleben. Und gerade das letzte Jahrhundert lehrt in dunkelsten Schattierungen des Totalitarismus und im Grauen des Holocaust, wohin es führen kann, wenn der Garten der Menschlichkeit brachliegt oder nicht angemessen kultiviert wird.

Hannah Arendt hat in ihren Vorlesungen »Über das Böse« herausgearbeitet, wie das bislang größte Böse von »Niemanden« begangen wurde: von Menschen, die sich weigerten, »Personen« zu sein – selbst zu denken, sich zu erinnern, den eigenen Wahrnehmungen und Empfindungen zu trauen. Wer dergestalt »wurzellos« ist, sich nicht in die Dimension der Tiefe begibt und sich daher nicht in sich selbst stabilisiert, geht, so Arendt, nur allzu leicht »in eine andere Ordnung« über, funktioniert nach Vorgaben von außen, wird zum Rädchen im Getriebe, wird Teil der »Banalität des Bösen«: »Das größte Böse ist nicht radikal, es hat keine Wurzeln, und weil es keine Wurzeln hat, hat es keine Grenzen, kann sich ins unvorstellbar Extreme entwickeln und über die ganze Welt ausbreiten.«[24]

Wird vielleicht auch all die strukturelle Gewalt im globalisierten Kapitalismus – ob industrielle Massentierproduktion, die Spekulation mit Lebensmitteln oder Landraub zugunsten unserer Rentenfonds – zum größten Teil von »Niemanden« begangen? Von Akteuren, die sich vor dem Gesetz nichts zuschulden kommen lassen, aber insofern »wurzellos« sind, als sie ihr Tun und sich selbst als Mensch nicht durchdringen? Zeigt sich womöglich gerade in einem Wirtschaftssystem, das bei seinem grenzenlosen Zerstörungswerk nicht einmal Waffen einsetzen muss, sondern nur der eigenen, weltweit an Universitäten vermittelten Logik folgt, die »Banalität des Bösen«?

Das spätlateinische *radicalis* bedeutet »eingewurzelt«. Daher ließe sich mit Hannah Arendt sagen: Nur das Gute ist radikal. Es entsteht, wo Individuen und Gemeinschaften beginnen, in sich selbst Wurzeln zu schlagen, und so Voltaires »Garten« bestellen. In diesem Sinn leuchtet »Die rote Blume« Kulturpraktiken aus, die helfen können, unsere Freiheit neu zu sehen und zu ergreifen: als Potenzial, nicht bleiben zu müssen, wie wir sind. Als Fähigkeit, uns in Entwicklung zu bringen und einander dabei zu unterstützen. Wo Gemeinschaften sich solcher »Freiheit wozu« verschreiben, fängt Unmögliches an, möglich zu werden.

Inzwischen dürfte erkennbar geworden sein: Das vorliegende Buch leuchtet ein Menschenbild aus, das sich grundlegend von dem der Industriemoderne unterscheidet – aber auch von dem merkwürdig statischen, verkürzten, eindimensionalen, schwachen Bild vom Menschen, welches vielerorts in der Nachhaltigkeitsszene vorherrscht. Viel zu einseitig oft richten sich die Strategien etwa für nachhaltigen Konsum oder für nachhaltige Mobilität an den Menschen als »Mangel- und Bedürfniswesen« (Arnold Gehlen). Und viel zu wenig sprechen sie die Dimension der Potenzialität an.

Offenbar verleitet im Kontext der Nachhaltigkeit die Erkenntnis, wonach wir selbst Verursacher der ökologischen Krise sind, zu dem Schluss, der Mensch könne nur verderblich für die Natur sein. Daher müsse er gebändigt und im Zaum gehalten werden. Der Unterschied zwischen dem *anthropos* und dem so fatalen Anthropozentrismus verwischt. So setzt man auch im Diskursfeld der Nachhaltigkeit – gar nicht viel anders als in der Industriezivilisation – insgesamt primär auf technische Lösungen und Innovationen, gepaart mit ordnungspolitischen Maßnahmen. Wohlgemerkt sind solche Strategien absolut unverzichtbar. Doch wird nun etwas Entscheidendes hinzukommen müssen, nämlich eine Neuentdeckung des Anthropos: Denn wer sonst soll den Anthropozentrismus überwinden?

Als Kulturwissenschaftlerin zählte ich zu den damals sehr wenigen Akteuren, die Anfang des Jahrhunderts begannen, nach der kulturellen Dimension von Nachhaltigkeit zu fragen. Das »Tutzinger Manifest für die Stärkung der kulturell-ästhetischen Dimension von Nachhaltigkeit«, das wir 2001 primär vom Feld der Kulturpolitik aus initiierten, forderte die nationale und internationale Nachhaltigkeitspolitik auf, mehr als bisher die Ressource Kultur und das Wissen der Kunst in das Entwickeln von Nachhaltigkeitsstrategien einzubeziehen.[25] Doch hat sich mir in der Folge gezeigt, wie wenig oft das bloße Integrieren von Kunst- und Kulturschaffenden bewirkt, solange ein zukunftsfähiges Verständnis von Kultur und von Kunst fehlt.

Von Misstrauen geprägte oder gar fatalistische Menschenbilder, wie gerade auch in der Kunstszene häufig anzutreffen, dürften wenig geeignet sein, Wege zu ebnen in ein Leben, Arbeiten und Wirtschaften, das wahrhaft human – und damit untrennbar auch ökologisch – ist oder wäre. Um wirklich zukunftsfähig zu werden, braucht es ein starkes, emphatisches Selbstverständnis. Was natürlich keineswegs heißt, die Korrumpierbarkeit allen Menschseins zu ignorieren oder gar zu leugnen. Emphatisch bedeutet vielmehr, an die eigene Entwicklungsfähigkeit zu glauben.

Wie wollen wir uns mit der »mehr-als-menschlichen Welt« (David Abram) versöhnen, wenn wir die Möglichkeit, zu reifen, mithin uns zu verwandeln, prinzipiell in Zweifel ziehen?

Vor diesem Hintergrund erwies sich die 2003 begonnene Zusammenarbeit mit Shelley als überaus produktiv. Namentlich die Internationalen Weimarer Sommerkurse, bei denen wir viele Jahre lang den Kurs zu »Kunst und Nachhaltigkeit« gemeinsam leiteten, boten Gelegenheit, zu einem Verständnis von Kunst zu gelangen, dessen Zentrum ein sich insofern erneuerndes Verständnis vom Menschen bildet, als sich hier Freiheit und Verantwortung miteinander verbinden.

Ist dieser Angelpunkt einmal gefunden, konstelliert sich von da aus eine ganze Topografie gegebener Bedeutungen und Handlungsmuster um.[26] Heute suche ich nach Formen einer Kulturwissenschaft, die über den bloßen Intellekt hinaus die Entwicklungskraft in Individuen und Gemeinschaften aktivieren. Dazu gehören das Soziale-Plastik-Bodenseminar »Von ganz unten«, mit dem wir uns im vierten Kapitel auseinandersetzen, oder auch ein Soziale-Plastik-Workshop im Horizont urbanen Gärtnerns und solidarischer Landwirtschaft namens »Die wandelnden Gärten« – »wandelnd« im Sinn von umherwandeln und verwandeln. Beim Hineinwachsen in diese Arbeitsweise einer ästhetischen, verlebendigenden Praxis ist Shelley mit ihrer jahrzehntelangen Erfahrung und ihrer unversiegbaren Kreativität meine Begleiterin und Lehrerin gewesen – wofür ich immer dankbar sein werde.

Es gibt einen weiteren Grund, weshalb Shelleys Arbeit in den nachfolgenden Kapiteln viel Raum einnimmt. Mit einem Bein in der akademischen Welt und mit dem anderen auf dem Terrain radikalen Wandels hat sie die Idee der Sozialen Plastik nicht nur aufgegriffen, sondern eingehend erforscht, mit verwandten Ansätzen verbunden und weit über die Kunstwelt hinaus zugänglich gemacht. Im Rahmen eigener Projekte wie »Exchange Values« oder dem Erdforum, aber genauso in ihrer Lehrtätigkeit in Oxford und anderswo, hat sie vom Impuls der Sozialen Plastik aus transformative Strategien entwickelt, die auf allen Arbeitsfeldern fruchtbar werden können. Das ist ein bedeutsamer Beitrag sowohl zu einer unserer Zeit gemäßen Kunst als auch zum »Großen Wandel«. Die nachfolgenden Kapitel bieten nun auch Ihnen, liebe Leserin, lieber Leser, viel Gelegenheit, an diesem so produktiven Gestaltungswissen teilzuhaben.

Aus der Arbeit an diesem Buch hat sich eine Gleichung herauskristallisiert. Sie lautet: Bildung = Selbstbildung = Kunst = Transformation.

Grundlage dafür ist namentlich das mit Beuys erweiterte Verständnis von Kunst, das die jedem Menschen per Geburt innewohnende Kreativität anspricht. Beuys selbst wurde nicht müde zu erklären, inwiefern in einem solcherart erweiterten Verständnis von Kunst ein Schlüssel für eine Zukunft mit Zukunft liege: »Der erweiterte Kunstbegriff ist keine Theorie, sondern eine Vorgehensweise, die sagt, dass das innere Auge sehr viel entscheidender ist als die dann sowieso entstehenden äußeren Bilder. Viel besser für die Voraussetzung guter äußerer Bilder, die dann auch m. E. in Museen hängen können, ist, dass das innere Bild, also die Denkform, die Form des Denkens, des Vorstellens, des Fühlens, die Qualität haben, die man von einem stimmenden Bild haben muss. Also ich verlagere das Bild schon an seine Ursprungsstätte. Ich gehe zurück auf den Satz: Im Anfang war das Wort. Das Wort ist eine Gestalt. Das ist das Evolutionsprinzip schlechthin. Dieses Evolutionsprinzip kann nun aus dem Menschen quellen, es kann aus dem Menschen hervorbrechen, denn die alte Evolution ist bis heute abgeschlossen. Das ist der Grund der Krise. Alles, was an Neuem auf der Erde sich vollzieht, muss sich durch den Menschen vollziehen. Es wird sich aber nicht vollziehen können, wenn die Quelle verstopft ist, d.h., wenn der Anfang formlos ist. Also, ich verlange eine bessere Form des Denkens, des Fühlens und des Willens. Sie sind die wirklichen ästhetischen Kriterien«.[27]

Dem geht »Die rote Blume« nach: Was bedeutet es, die Formfrage in die Sphäre des noch nicht Manifesten vorzuverlegen? Wie finden wir zur »Quelle«, jenem Terrain diesseits von Annahmen, Erwartungen, Plänen und der Fixierung auf Vorhaben? Wie finden wir in den Modus des Aufmerkens, des Wach-Seins, des Sich-zur-Verfügung-Stellens, aus dem heraus wirklich Neues von der Zukunft her in die Welt kommen kann? Inwiefern schöpft solche Kreativität aus Gemeinschaft?

Die Gleichung »Bildung = Selbstbildung = Kunst = Transformation« beinhaltet auch eine neue Form von »Bildung für nachhaltige Entwicklung«. Seit Beginn der gleichnamigen UNESCO-Dekade im Jahr 2005 hat sich auf diesem Terrain ein breites Spektrum von Methoden und didaktischen Instrumentarien entfaltet. Doch scheint es oft, als stammten allzu viele der eingesetzten Techniken aus der Welt des Handhabens, des Managens und des Problemlösens. Natürlich werden Lösungen gebraucht. Nur verbleibt, was wir dafür halten, häufig im Radius des Bisherigen, diesseits der Schwelle zu einem wirklich anderen Denken und anderen Sein in der Welt. Wie diese Schwelle überschreiten? Wie zu einem Bilden finden, das stets zugleich Selbstbildung ist? Bei dem die Beteiligten nicht mehr gemäß vorgegebener

Rollen agieren, letztendlich also funktionieren? Was wären Methoden und Praktiken, die einem gemeinsamen Prozess Impulse geben, ihn aber nicht manipulieren, weil sie die Freiheit aller Beteiligten voll und ganz respektieren?

Wie den Punkt erreichen, wo mit einmal ein Aufhorchen, ein geduldiges Schauen, eine volle, gewärtige Stille entsteht, weil man soeben in Berührung mit etwas Echtem gekommen ist – in einem selbst, im anderen, in einem Gegenüber gleich welcher Art. Weil man authentisch wird. Weil einen ein Gespür davon anweht, was mit einem selbst und mit der Welt gemeint sein könnte. Weil man beginnt, Potenziale, Spielräume und Gestaltungsräume wahrzunehmen, die vielleicht nur darauf warten, erkannt zu werden. Weil man spürt, auf dem Terrain, wo man jetzt ist, ließe sich – aus ureigenem Antrieb, zugleich aber gemeinsam – wahrhaft Neues jenseits der alten Muster erreichen. Weil man mit einmal vor ganz anderen Ressourcen für das Gestalten von Wandel steht.

Besonders das dritte und vierte Kapitel, die sich einer ästhetischen Praxis im Rahmen von Konferenzen, Tagungen oder Seminaren – typischen Bildungsformaten – widmen, gehen solchen Fragen nach. Sie erkunden, was es bedeuten kann, Lernen und Bildung jenseits von Didaktik als gemeinsamen Gang ins wirklich Offene zu verstehen. Darin haben wir alle denkbar wenig Übung. Denn wo, an welchen Schulen und Universitäten, hätte man uns das beigebracht? Wo – in der Wissenschaft, der Wirtschaft, im Sozialen oder auch in der Kunstwelt – würde man je ernsthaft dazu eingeladen?

Indem »Die rote Blume« Ästhetik als »verlebendigtes Sein« erforscht, ist das vorliegende Buch nicht zuletzt Teil einer sich jüngst formierenden, transdisziplinären Suchbewegung mit dem Ziel, in Gesellschaft, Politik und Nachhaltigkeit jene Dimension neu zu erschließen, die – hier »Wirklichkeit« genannt – von Andreas Weber als »Lebendigkeit« beschrieben wird. In seiner unlängst erschienenen Grundlagenschrift »Enlivenment«, herausgegeben von der Heinrich-Böll-Stiftung, plädiert Weber mit vielen guten Argumenten dafür, das Zeitalter der Aufklärung, im Englischen »Enlightenment«, in ein Zeitalter des »Enlivenment«, der Verlebendigung, zu überführen. Wahrlich kein geringes Vorhaben.

Wohin ein zweckinstrumentelles Denken führt, das alles Lebendige verdinglicht und zu Verfügungsmasse macht, liegt nunmehr rings um den Globus offen auf der Hand. Könnte es also jetzt, in der »Ära der Konsequenzen« (David Abram), möglich werden, jenes materialistische Paradigma in dem des Lebendigen aufzulösen?

Vor einiger Zeit, im Einstein-Jahr 2005, gab es schon einmal eine ähnliche Initiative: das »Potsdamer Manifest«, erarbeitet von dem Physiker Hans-Peter Dürr, dem Ökologen Daniel Dahm und dem Philosophen Rudolf zur Lippe mit Unterstützung der Vereinigung Deutscher Wissenschaftler.[28] Jene in mancherlei Hinsicht außergewöhnliche Schrift endete mit Sätzen, von denen man nicht glauben würde, dass sie im Zentrum der wissenschaftlichen Welt entstanden: »Wir müssen fortfahren, neues Wissen zu schaffen, das Lebendigkeit vermehrt erblühen lässt. Wir können uns darauf verlassen, dass diese Kraft in uns wirkt. Denn die Allverbundenheit, die wir Liebe nennen können und aus der Lebendigkeit sprießt, ist in uns und in allem Anderen von Grund auf angelegt.«[29]

Die damaligen Initiatoren hatten auf eine katalytische Wirkung gehofft. Aus einer breiten gesellschaftlichen Debatte über das Verständnis von Wissenschaft, Kreativität und gesellschaftlicher Innovation sollte Schubkraft für ein veränderndes, Zukunft schaffendes Handeln erwachsen. Doch die Auseinandersetzung erlosch, bevor sie richtig begonnen hatte. Vielleicht, weil hier allzu stark an nach wie vor äußerst machtvollen Dogmen moderner Wissenschaft und Gesellschaft gerüttelt wurde?

Es gehört zum Signum unserer Gegenwart, wie schnell sich jetzt Entwicklungen mitunter vollziehen. Ist das Mauerwerk um die Machtzentren des alten Denkens inzwischen poröser geworden als noch vor wenigen Jahren? Wird der neue Appell weiter vordringen, mehr Resonanz finden können?

In Form zweier Flügel haben wir diese Einführung komponiert. Jetzt aber, am Ende angelangt, sprechen wir doch noch einmal explizit gemeinsam:

Als Teil der aktuellen »Enlivenment«-Initiative veranstaltete die Heinrich-Böll-Stiftung in Berlin im vergangenen Jahr eine »Innovationswerkstatt Lebendigkeit«, die wir, die Autorinnen des vorliegenden Buches, mitgestalteten. Ein spezifischer Beitrag, den nun »Die rote Blume« vertieft, dürfte sein: Die hier angestellten Erkundungen verknüpfen die Frage der Lebendigkeit mit jenem erweiterten Verständnis von Kunst, das ein Arbeiten am Bewusstsein mit umfasst.

Denn wenn die äußere Welt einschließlich der Biosphäre zu neuer Lebendigkeit finden soll, bedarf es dazu in allen Bereichen von Gesellschaft, Wissenschaft und Politik eines innerlich beweglicheren, sich selbst ergreifenden, sich verlebendigenden Menschseins. In den Worten von Joseph Beuys: »Die alte Gestalt, die stirbt oder erstarrt ist, in eine lebendige, durchpulste, lebensfördernde, seelenfordernde, geistfördernde Gestalt umzugestalten. Das ist der erweiterte Kunstbegriff.«[30] Wie dies in der Praxis aussehen kann, dem widmet sich »Die rote Blume«.

1 DURCH TOTE ZONEN – UND DARÜBER HINAUS

S.S. Beginnen wollen wir diese Reise auf der sich drehenden Erde mit einem sorgfältigen Blick auf das, was ist – auf einige Situationen, in denen der komplexe Horror unserer Zeit zutage tritt. Wir bezeichnen dies als eine »Phänomenologie toter Zonen«.

Tote Zonen entstehen, wo wirkliches Erfahren, wirkliches Wahrnehmen verlorengehen. Indem wir hier nicht anhand einiger Situationen bloß über etwas sprechen, sondern die Situationen selbst so sorgfältig wie möglich anschauen, praktizieren wir ein Herangehen, das diesem Buch als zentrales Prinzip zugrunde liegt: Wir versuchen, den jeweiligen Gegenstand durch ein Schenken von Aufmerksamkeit und durch die Art der Betrachtung lebendig werden zu lassen. Veränderndes Arbeiten an dem, was ist, setzt ein, wo man versucht, möglichst tief in die Phänomene hineinzufinden – durch ein anderes Sehen, Hören, eine andere Bewusstheit. Wir wollen nun erstmals eine Anschauungsweise erproben, die Goethe als Naturforscher entwickelte und zu der die weiteren Erkundungen in diesem Buch mehrfach zurückkehren werden.

H.K. Die derzeit vorherrschende Betrachtungsweise neigt dazu, dem Gegenstand der Untersuchung – ob Mikrobe, Mensch oder ökonomisches System – vorschnell Begriffe oder Kategorien überzustülpen und, was immer sich zeigt, auf etwas Abstraktes hin zu verallgemeinern. In einem solchen primär mit Begriffen operierenden Umgang mit der Welt sah Goethe »Übereilungen eines ungeduldigen Verstands, der die Phänomene gern los sein möchte und an ihrer Stelle deswegen Bilder, Begriffe, ja oft nur Worte einschiebt«. Um aber das Wesen dessen, was vorliegt, zu verstehen, braucht es, so Goethe, eine »zarte Empirie«: ein sorgfältiges, geduldiges und möglichst urteilsfreies Herangehen, das »sich mit dem Gegenstand innigst identisch macht«.[31]

Auf diese Weise wollen wir nun einige Orte aufsuchen, an denen im ganz Alltäglichen Monströses zutage tritt. Idealerweise kann sich, indem wir uns sozusagen in das Phänomen hineindenken, die Wahrnehmung ent-automatisieren. Und zu Erkenntnis kommt es dann in einer Art Dialog mit dem Phänomen selbst.

S.S. Im Modus eines zugewandten, sorgfältigen Beschreibens können sich der Schmerz, das Leid und die immensen Schwierigkeiten zeigen, die den derzeitigen Verhältnissen innewohnen. Dabei wird bewusst, warum wir als Menschen so gerne mit Begriffen arbeiten. Helfen diese Abstraktionen doch, eine gewisse Distanz zum wahren Ausmaß des Horrors in einer Situation zu wahren.

Aber erst wenn man in das Schreckliche hineingeht – und wahrscheinlich nur dann –, kann daraus neues Leben entstehen. Wenn man wirklich sieht, was da vor sich geht, kann das Grauen zu einer Ressource werden. Überdies zeigt ein solches Herangehen, welche Härte, wie viel Trostlosigkeit, wie viel Düsteres es auszuhalten gilt, bis etwas Nährendes, Veränderndes sich abzuzeichnen beginnt.

Und schließlich schärft ein Gang durch tote Zonen, wie wir ihn jetzt unternehmen wollen, auch das Gespür für die Realität, in der sich unsere ästhetische Praxis zu bewähren hat.

H.K. Mit dem Bild toter Zonen knüpfen wir an Joseph Beuys an, der die heutige Zeitsituation insgesamt als eine »Todeszone« wahrnahm. Wolfgang Zumdick erklärt in seinem Buch »Der Tod hält mich wach«, inwiefern Beuys den Materialismus, der in der westlich geprägten Moderne zu einer einseitigen Dominanz gelangt ist, als Ursache der allgegenwärtigen Todesphänomene ansah: Wenn ein Wissenschaftsbegriff, der ganz und gar auf die Materie und deren Beherrschung ausgerichtet ist, maßgeblich für eine gesamte Kultur wird, gerate diese Kultur unter das Prinzip des Todes. Gleichzeitig aber biete der »Todespunkt«, an dem wir stehen, die Chance zu erkennen, aus welcher Denkweise die Krise hervorgegangen ist. Und von diesem Punkt aus werde überhaupt erst erkennbar, was Leben, was Lebendigkeit wirklich bedeutet.[32]

S.S. Tatsächlich entstehen tote Zonen einzig und allein aus der Art, wie wir in der Welt leben. Weshalb es elementar wichtig ist, uns unsere Werte, Haltungen und Gewohnheiten bewusst zu machen. Ein Beispiel dafür ist die Dimension Geschwindigkeit. Wenn es schon einen so spürbaren Unterschied macht, ob man zu Fuß geht oder Fahrrad fährt, was bewirkt dann erst das Tempo, mit dem wir uns per Flugzeug durch die Welt bewegen? Was bewirkt das Tempo, das wir als Schlagabtausch in Diskussionen, ob in der Politik, in Seminaren, im akademischen Bereich oder im Journalismus erleben? Und das Tempo, mit dem wir von Wahrnehmungen zu Begriffen wechseln? Jetzt aber zu unserem Gang durch die toten Zonen.

H.K. Er wird uns, teilweise jede einzeln, teilweise gemeinsam, an einige Orte mitten in der Lebenswelt führen. Die Liste solcher Orte ließe sich beliebig verlängern. Und es wäre ein Leichtes, Orte in der Welt zu finden, an denen der komplexe Horror weitaus drastischer vor Augen tritt. Beispiele dafür fallen sicher jeder und jedem ein.

S.S. Wir aber wenden uns hier nun bewusst der Sphäre dessen zu, was als ganz normal gilt. Ich schlage vor, die Situationen, die wir auf diese Weise durchwandern, ohne weitere Kommentare aneinanderzureihen.

H.K. Einverstanden. Fängst du an?

S.S. Ich bin in der Fleischabteilung eines Supermarkts und schaue zu, wie eine junge Frau mit zwei kleinen Kindern im Einkaufswagen ein »Stück Rindfleisch« aussucht. Während sie die nahezu perfekt viereckige, dunkelrote, in Klarsichtfolie verpackte Form hochhebt, frage ich mich, ob dieses Wesen mit den so feinen, sensiblen Gesichtszügen etwas von dem anderen Wesen hinter dem straff verpackten Stück Protein ahnt. Sieht die Frau irgendetwas aus dessen Leben? Hört sie etwas von seinem Leiden?

Sich den komplexen Horror beim Produzieren einer Banane, einer Packung Nudeln oder einer Dose Cola vorzustellen, ist weitaus schwieriger. Aber hier, mit den Spuren von Blut am Boden der Plastikschale unter der dunkelroten Form, hier gibt es vielleicht eine Gelegenheit, sich zu verbinden; sich die Geräusche vorzustellen, die diese große Kreatur während ihres letzten Atemzugs ausstößt; die Geräusche ihrer Agonie, während ihr ohne Schmerzmittel ein weiterer Embryo eingepflanzt wurde; das starke und unaufhörliche Brennen in ihren Füßen, verursacht durch die Wachstumshormone zur Steigerung der Milchproduktion.

Aber auch der Landwirt hat Bedürfnisse. Er ist gezwungen zu ignorieren, was diese Kuh fühlt. Es ist so schwer heutzutage, in der Landwirtschaft zu überleben. Um ein Mindestmaß an Gewinn zu erzielen, muss der Landwirt alles so »ökonomisch« wie nur möglich produzieren.

Der Milchverband vertritt komplexe Interessen quer durch die gesamte Milchkette: die des Landwirts, die der Supermärkte, die der Verbraucher, die Gesundheitsstandards. Wer aber vertritt die Kuh? Die Veterinärkommission, die auf der Grundlage wissenschaftlicher Studien die vertretbare Menge an Medikamenten und das vertretbare Maß an Schmerz festsetzt? Die Kuh kann nur stöhnen, doch niemand hört sie. Nur die Aushilfskraft im Betrieb, die einen Job braucht. Der Mann weiß nicht viel von Kühen, hat sich aber an all das Stöhnen gewöhnt. Jedenfalls muss er sich jeden Tag mit diesen großen, störrischen Viechern auseinandersetzen, wenn er die Melkmaschinen betätigt. Das kleine Kind hat keine Vorstellung von der Verbindung zwischen Milch und Schmerz, wenn es seine pinkfarbene Milch trinkt und sonntags von seinem Lieblingsteller mit dem Hasen darauf das kleingeschnittene Fleisch verspeist. Nun wendet sich die junge Mutter zu den Paketen mit Geflügelschenkeln. Putenschenkel in zwei sauberen Reihen unter Klarsichtfolie. Ob die Mutter das wohl kaufen würde, wenn sie gesehen hätte, wie diese sogenannten Freiland-Puten leben? Eng aufeinandergepfercht. Fortwährend einander mit den Schnäbeln pickend. Um ein Gleichgewicht ihres schweres Fleisches auf ihren wankenden Beinen ringend. Und jetzt noch ein wenig Aufschnitt für die Brote der Kinder. Ihr Partner hat schon Wurst gekauft. Er weiß, wo es die beste hausgemachte gibt. Aber der Aufschnitt hier ist gut. Und es gibt eine große Auswahl. Jetzt wollen beide Kinder etwas davon haben. Der Rest wird sich auf den Stullen in ihren Pausenbrotdosen wiederfinden. Aber weiß irgendjemand, was dieses in sauberes Rund portionierte Protein enthält? Dass diese Scheiben Kreise aus Schmerz sind, voll von unsichtbaren Giften und Antibiotika, wie die Lachsscheiben, die in der Abteilung nebenan so rosa auf ihren Plastiktabletts liegen?

♣

H.K. In »meinem« Drogeriemarkt. Ich kaufe dort ein, weil er eine gute Ökobilanz hat. Er wirbt damit, in der Produktentwicklung seiner Hausmarken ganz auf Tierversuche zu verzichten. Auf der Rückseite des Shampoos in meiner Hand stehen unter den Pflegequalitäten kleingedruckt Angaben zur ökologischen Herkunft der Zusatzstoffe.

Was aber ist mit der Verpackung? Sie besteht aus Kunststoff. Wieder, wie so oft in letzter Zeit, dieselbe Situation: Innehalten, während der Blick rechts und links in die Regalwand wandert, dann über deren oberen Rand in den riesigen Laden. Überall Kunststoff. In allen erdenklichen Farben und Formen. Sauber, hygienisch, preiswert, lockend. Eine schier unglaubliche Menge davon. In Abermillionen solcher Läden rings um den Globus. Plastik wie Sand am Meer. Plastik im Meer.

Nirgends auf der Shampoo-Flasche ein Hinweis darauf, was mit der Verpackung geschieht. Vor dem inneren Auge nun, einmal mehr, jene »Müllstrudel« – kreiselnde Ozeanströmungen, in denen sich Plastikteilchen sammeln. Der südpazifische Müllstrudel soll derzeit so groß wie Mitteleuropa sein. Sehe vor mir, wie der Kunststoff aus diesem Laden, da biologisch nicht abbaubar, dereinst über Jahrzehnte, ja Hunderte von Jahren in den Weltmeeren treibt und in kleine Partikel zerfällt. Wie diese Partikel Schadstoffe anziehen: krebserregende Weichmacher, Pestizide, Mineralölerzeugnisse. Wie die Seevögel und Fische auf der Suche nach Nahrung diese Partikel für Plankton halten. Wie ihre Mägen sich immer mehr mit Plastik füllen.

Als wisse man von alldem nichts, werden weiter Tag für Tag rings um den Globus gigantische Mengen Kunststoff produziert und dann als Abfall einfach nur irgendwie aus den Augen geschafft. Wie ist so etwas möglich? Wie können – völlig legal und massenhaft – giftige Stoffe in die Welt gesetzt werden, deren Verbleib offenbar niemanden wirklich etwas angeht? Jedenfalls nicht die Produzenten. Und ich, die Konsumentin? Auch bei mir zu Hause stehen in Küche und Bad Kunststoffverpackungen Spalier. Wenn sie leer sind, wandern sie in den Müll, der in unseren Breiten glücklicherweise verlässlich abgeholt wird. Damit sind sie weg. Aber was für eine Verdrängung! Gewiss, es gibt die Kunststoff-Tonne, das System des Recycling. Aber greift das denn? Ist das nicht eher ein Tropfen auf den heißen Stein? Ja, auch ich bin beteiligt an diesem monströsen und dabei alltäglichen Geschehen. Wirke mit daran. Aus der Shampoo-Flasche in meiner Hand blickt mich die scheinbar unauflösliche eigene Verstrickung an. Bin ratlos. Ein toter Punkt in einer toten Zone.

S.S. Sie sitzen um einen runden, für kleine Gruppen entworfenen Tisch aus Chrom und Glas. Man ist sich nicht zu nah, aber auch nicht zu weit voneinander weg. Gleich wird die Sitzung beginnen. Die Tagesordnung entnimmt man den iPads, so braucht es kein Papier. Zur Stärkung gibt es auch Kräutertee und ein vegetarisches Lunch, das ist schon ganz anders als vor zehn Jahren. Den Vorsitz führt eine Frau, und um den Tisch sitzen fast so viele Frauen wie Männer. Die sechs Personen sind eher leger gekleidet. Ja, die Meetings in der mittleren Management-Ebene der Unternehmenszentrale haben sich verändert. Es gibt ergonomische Stühle, eine fast geräuschlose Klimaanlage und eine schöne Sicht auf die Stadt – denn das Wohlbefinden der Belegschaft gehört zu den Prioritäten: Nicht zuletzt dafür hat das Unternehmen einen guten Ruf als »Investor in Menschen«. Es erhielt eine Auszeichnung für seine Unternehmenskultur. Und eine grüne Auszeichnung für sein treibstoffarmes Pkw-Modell. Aber das ist nur die Inszenierung. Was im nichtsichtbaren Feld vorgeht, wird sorgfältig verborgen.

Bevor die Leiterin der Sitzung reihum die Ansichten jeder Person einholt, lehnt sie sich nach vorne und erinnert ihre Kollegen mit sanfter, ermutigender Stimme daran, dass man jetzt offen über nächste Planungsschritte beraten werde, aber besser nicht von »Problemen« sprechen solle. Wie in der Management-Ausbildung gelernt, sagt sie das vorweg, obwohl die meisten Anwesenden es bereits kennen. Probleme sollten immer als Herausforderungen betrachtet werden; als Gelegenheiten, etwas zu ändern. Das ist zweifellos vernünftig, wer wollte es bestreiten.

Ohne Fragen ist die Macht bestätigt. Dann fließt sie in eine Richtung. Die freundliche Stimme hilft dabei. Sie schafft einen entwaffnenden Abstand zwischen der vorgebrachten Einladung zum offenen Austausch und dem in Wirklichkeit fehlenden »Raum« dafür. Wenn die Leiterin fast familiär beginnt, kann sie mit einer nur leicht veränderten Nuance ihrer Stimme ruhige Drohungen vorbringen. Diese nützliche Fähigkeit erwarb sie, als sie lernte, ihren Hund zu dressieren.

Aber wozu solche subtilen Kontrollmethoden mit Kollegen, die ähnliche Ziele verfolgen? Wahrscheinlich will jeder im Planungsteam, dass das Unternehmen seine Position als Innovator auf dem Automobilmarkt ausbaut und der Jahresumsatz steigt.

Trotz des Willens zum Erfolg für das Unternehmen und ihre Jobs ist das nicht so einfach. In der Branche herrscht ein raues Klima. Speziell im Segment treibstoffarmer Pkw tauchen immer mehr Fragen auf: etwa im Blick auf die wirklichen, ökologischen Kosten, die bereits bei der massenhaften Produktion von Autos, auch treibstoffarmen, entstehen. Aber auch im Blick auf die Idee einer »Grünen Ökonomie« generell mehren sich von verschiedenen Seiten kritische Fragen. Und die Managerin weiß, dass nun einige ihrer Kollegen an der längerfristigen Durchführbarkeit des Programms zweifeln. Dennoch ist die Ausrichtung des Unternehmens für die nächsten zehn Jahre auf das Segment kleinräumiger Ökomodelle festgelegt. All diese Investitionen können nicht durch Bedenken ihrer Planer unterlaufen werden, so sehr diese sich auf neuste Forschungen über die Einhaltung von Reduktionszielen, über Strategien für eine zukunftsfähige Stadt und über die Wichtigkeit veränderter Transportgewohnheiten stützen mögen. Die Prioritäten sind bereits festgelegt. Ihre Prioritäten sind festgelegt. Sie wurden mit der obersten Management-Ebene abgestimmt. Ein Zurück gibt es nicht. Und sie ist stolz darauf, dass man sich auf ihre Umsetzungskompetenz verlassen kann.

Die Kollegen formulieren ihre Berichte sehr vorsichtig und bedacht, durchweg das Wort »Problem« vermeidend. Auch die beschriebenen »Herausforderungen« werden so zurückhaltend vorgebracht, dass sie keine Bedrohungen für das Programm darstellen. Es gibt wenig Augenkontakt zwischen den Anwesenden, trotz der offenen Körpersprache. Jeder hat an Kommunikationskursen des Unternehmens teilgenommen, und alle sind in gewisser Weise geschult darin, Schwieriges zu verschleiern. Obwohl der Kräutertee eine beruhigende Note hineinbringen soll, ist klar, hier gibt es keinen Raum für Diskussionen.

Kleine Anzeichen von Unbehagen und Langeweile treten auf, aber bald wird die Sitzung zu Ende sein. In der so schwierigen Wirtschaftslage sind diese Jobs Gold wert. Niemand wagt, ehrlich zu sein. Auch der Kollege mit den meisten Zweifeln hat es geschafft, das Rumoren seines Gewissens zu verbergen. Unlängst nahm er an einer Sitzung teil, in der ein intelligenter Aktivist die Problematik des Konzepts Öko-Auto darlegte: mit einer Welt voller Straßen, einer mangelnden Transport-Infrastruktur, vielen weiteren komplexen Produktionsfragen, und was das für künftige Generationen bedeutet. Wieder taucht vor seinem inneren Auge das Bild der Kinder seiner Kinder auf. Wie wird ihr Leben aussehen? Wie die Welt, in der sie leben? Zum Glück konnte niemand in der Sitzung all seine Gedanken hören. Ob wohl auch die anderen solche Gedanken haben und sie von Anfang an verleugneten? Hat er vielleicht deshalb das Gefühl, in diesem Raum gebe es keinen Raum? Als sei alles voller Elektrosmog? Gleich wird er gehen und am Fluss joggen.

H.K. Schauen wir uns nun eine Situation an, die wir gemeinsam erlebt haben, und zwar in einem Museum für zeitgenössische Kunst. Anlässlich der Werkschau eines bekannten Berliner Künstlers gab es dort unlängst ein nachmittägliches Gespräch zwischen Kurator und Künstler. Die Teilnahme erfolgte auf Anmeldung und gegen Eintritt. Auf Wunsch des Künstlers waren nicht mehr als fünfundzwanzig Personen zugelassen. Gehen wir jetzt gedanklich noch einmal in dieses Erlebnis hinein:

Die Veranstaltung beginnt mit beträchtlicher Verspätung. Als der Direktor endlich gemeinsam mit dem Künstler auftaucht, richtet er ein paar entschuldigende Worte an die Schar der Wartenden. Dann stellen sich die beiden Protagonisten in die Mitte eines der Ausstellungsräume und beginnen zu sprechen. Die übrigen Anwesenden suchen nach einem geeigneten Platz, um das Geschehen möglichst gut mitzuverfolgen.

Während des gesamten Gesprächs bleiben beide einander zugewandt, aber ohne uns je anzuschauen. Es scheint, als hätten sie nichts mit uns zu tun; als hätten sie keinerlei Interesse an uns – nicht einmal daran, wie die Arbeit des Künstlers bei den Anwesenden ankommt. Gleichzeitig aber schafft, so hat es den Eindruck, unsere stumme Anwesenheit eine Art Bühne, auf der das Gespräch zwischen den beiden stattfinden kann. Für das, was hier geschieht, genügt unsere physische Anwesenheit.

S.S. Zwar reden der Kurator und der Künstler beide, aber sie sprechen nicht wirklich miteinander. Sie bauen sich gegenseitig auf. Der Kurator baut den Künstler auf, was an sich eine schöne Geste ist. Er schafft dem Künstler eine Plattform. Ab und an scheint es, als sprächen sie wirklich miteinander, und da könnte auch etwas aus dem Publikum kommen. Doch im nächsten Moment schon bestätigen sie einander wieder, jeder in seiner Rolle, so dass es keine Öffnung für einen wirklichen Dialog oder für wirkliche Fragen und Kommentare gibt. Was sie zueinander sagen, unterstützt oder bestätigt, was einer von ihnen zuvor bereits gesagt hatte.

Alles scheint vollkommen unverbunden: die beiden Protagonisten untereinander, sie und das Publikum und überdies das ganze Gespräch in sich selbst. Es klingt interessant, rauscht aber auf merkwürdige Weise an einem vorbei.

Unverbunden wirkt das Gespräch auch deshalb, weil es sich ganz und gar auf die Kunstwelt bezieht. Als gäbe es nichts sonst auf der Welt. Dabei positioniert dieser Künstler seine Arbeit programmatisch im Sozialen! Seine Installationen bestehen großenteils aus Alltagsobjekten. Hier tut sich ein wahrer Abgrund von Unverbundenheit und Leere auf.

Je länger wir uns in dieser Umgebung aufhalten, desto mehr schrumpfen wir in uns selbst zusammen. Wir hatten erwartet und gehofft, einen Austausch zwischen dem Direktor und dem Künstler zu erleben. Tatsächlich aber werden wir als Menschen völlig ignoriert. Und wir sind gezwungen, uns dem anzupassen, denn es gibt keinen Raum für irgendetwas anderes. Du kannst allenfalls gehen.

Es ist grausig zu spüren, wie man in gewisser Weise selbst zum Komplizen eines Geschehens wird, das einen klein macht und zerstört. Das fühlt sich umso entwürdigender an, als es in der Kunstwelt geschieht. Kunst ist Ausdruck der Kreativität des Menschen als Individuum. Und ausgerechnet hier werden wir reduziert zu einer Masse hörender Objekte, einer Masse von Ohren, von mechanischen Empfängern, die nicht reagieren und nur gebraucht werden, damit dieser Auftritt stattfinden kann. Es steckt so viel Gewalt darin. Oft begeben sich Leute in solche Situationen und sagen, »Ich halte das nicht aus«, »Ich bin hier fehl am Platz«. Man nimmt dann an, dass sie sich so isoliert und zurückgewiesen fühlen, weil sie die Sprache nicht verstehen. Hier aber sind nun wir: Menschen, die diese Sprache sehr wohl verstehen, denen das, worum es geht, überhaupt nicht fremd ist. So haben wir Gelegenheit zu sehen, was in einer solchen Situation geschieht, die wirklich und wahrhaftig exklusiv ist – nicht im Sinn von elitär, sondern weil sie Lebendigkeit, Wahrnehmung, Wärme, Auseinandersetzung, Austausch ausschließt.

Von seiner Temperatur her ist dieses Geschehen eiskalt. Von seiner Farbigkeit her ist es dunkel. Aber nicht jene glühende, reiche und volle Dunkelheit, worin Lebendiges seinen Anfang nimmt. Es ist eine Dunkelheit, in der nichts zu sehen ist und nichts sich bewegt.

Auf seine Größe hin befragt, ist es ein Prozess des Verkleinerns, des Schrumpfens, der die Sphäre des Menschlichen bis zum Äußersten reduziert. Gleichzeitig aber hat, was hier stattfindet, das Ausmaß von Parkhäusern und von all den trostlosen Plätzen in den Städten, auf denen jedwedes Potenzial von Reichtum, Wärme und Bewegung erlischt. Wie nur können zwei Menschen in einem Museum, also einem sehr kleinen Ort auf der Erde, ein solches Ausmaß an Kälte und an Trostlosigkeit erzeugen? Gewiss, man könnte einfach gehen. Aber auch dann wäre man verantwortlich für das, was man mit hinausnimmt, für diesen schrecklichen Geschmack im Mund, dieses Gefühl der Verlorenheit. Das ist es, was dort geboten wird, und es geht weiter, auch wenn du das Geschehen verlässt. Es bleibt dein Problem. Überdies hast du dafür bezahlt. Der Eintrittspreis, den du entrichtet hast, ist wie der offizielle letzte Stoß, der dich zum Komplizen dieses negativen Werts macht, in den du dich eingekauft hast. Du hast dafür bezahlt.

H.K. Diese ganze Inszenierung findet in der Mitte der Gesellschaft statt. Sie erzeugt einen symbolischen Wert für eine bestimmte Gesellschaft und profitiert zugleich von den gegebenen Mechanismen. Mit allem, was wir heute über die wirklichen Bedürfnisse in der Welt und über die Bedeutung von Imagination und Kreativität wissen, erscheint es unfassbar, dass ein solches Geschehen als normal gilt, dass es akzeptiert wird und überall stattfindet. Wie kann in einer Zeit, in der die Welt so sehr in Not ist, so viel vom symbolischen Kapital einer Gesellschaft in derart abstumpfenden, zerstörenden Prozessen versickern? Und wie kann man nur so viel guten Willen und die Sehnsüchte all dieser Menschen verbrauchen, die suchen, die wirklich mehr von Kreativität und von neuen Möglichkeiten der Kunst verstehen wollen?

S.S. Wenn du als Künstler nicht hundert Prozent ehrlich bist und dich nicht wirklich tief mit dem eigenen Tun auseinandersetzt, gerätst du unversehens in ein System, das Integrität bedroht; dessen Mechanismen und Manierismen verschleiern, was du wirklich tust. Das ist eine riesige Gefahr. Nur zu leicht verfängst du dich in einem leeren, von allem losgelösten, unfruchtbaren, autistischen Mechanismus, der sich selbst reproduziert durch das Prestige, das man ihm gewährt. Es ist wie im Märchen »Des Kaisers neue Kleider«: Der Kaiser ist nackt, aber allen wurde das Gegenteil eingeredet, so dass sie ihren Augen nicht trauen. Oder sie ziehen irgendeinen materiellen Gewinn daraus, die Nacktheit zu ignorieren. Nur das Kind, das nicht davon profitiert und noch nicht blind geworden ist, kann sehen und sagen: »Er hat ja gar nichts an!«

Ein Ort mit einem so großen symbolischen Wert kann als eine tote Zone ersten Rangs gelten. Denn wenn man sich eine Gesellschaft vorstellt, die mehr vermag, als nur alle mit dem Nötigsten zu versorgen, ist es das freie Entfalten von Kreativität, ist es Teilhabe am kulturellen Leben, wonach alle streben. An sich zeugt es ja vom Reichtum einer Kultur, wenn sie über kulturelle Einrichtungen dieser Art verfügt. Aber wie hohl oft ist dieser Reichtum geworden.

S.S. Eine Versammlung mit dem Ziel, Initiativen ausfindig zu machen, die zu Bewusstseinsveränderungen führen und Antworten auf die Krisen sein können. Ich wurde gebeten, über eine neue Sinnesschulung, das »Entschulen« der Gesellschaft und die University of the Trees zu sprechen.

Das Spektrum der Initiativen ist eindrucksvoll. Als Letzter spricht ein Sozialinvestor in der Gruppe. In London ansässig und von indischer Herkunft, kennt er Indien gut ... auch Experimente wie Sugata Mitras »selbstorganisierte Lernumfelder« und den »Hole in the Wall«-Computerzugang in den Straßen von Slums. Bevor der Sozialinvestor seine Ideen ausführt, betont er, dass das Internet im Zentrum aller hier eingebrachten Initiativen stehe.

Einige von uns würden dies gerne hinterfragen. Aber es scheint, als sei das nicht nötig: Die meisten stimmen zu. Und er bringt weitere Beispiele davon, wie der Zugang zu Information die Lebenswelt der Menschen grundlegend ändert. Inspiriert von all diesen Erfolgsgeschichten lautet sein Vorschlag, um weltweit durch neues Bewusstsein einen Wandel zu bewirken: Jedes Kind solle ein Tablet, ein iPad bekommen. Angefangen in Indien.

Ich vergegenwärtige mir sein Bild von Klassenzimmern in Dörfern, wo jedes Kind online ist, und fühle etwas ziemlich anderes als den in diesem Raum vorherrschenden Glauben an bildschirmgestütztes Lernen. Kinder mit weit geöffneten Augen, während sich eine Flut von Information in ihren Geist ergießt. Wie diese Flut den inneren Raum, in dem wir sehen, etwas erfassen, Fragen stellen und aufnehmen, mit virtuellen Bildern füllt, die sich einprägen und gespeichert werden. Mir fällt eine Modellschule in den USA ein, die von einer großen IT-Stiftung gefördert wird. Das ist die Bildschirm-Welt: Bücher aus der Bibliothek werden an Bildschirmen gelesen (sie gehen nicht verloren und werden nicht beschädigt), Berufsberatung findet online statt (du kannst sie genau an deine Persönlichkeit und dein Temperament anpassen), Gruppenprojekte werden am Bildschirm diskutiert (verringert Konflikte), Sexualkunde geschieht auf dem Bildschirm (erspart peinliche

Situationen). Diese Schule rühmt sich auch damit, dass ihre neuen technologischen Möglichkeiten sich nicht auf das Klassenzimmer beschränken. Viele der Gruppen außerhalb des Lehrplans beziehen IT-Anwendungen in ihre Programme ein. Und es gibt viele Online-Wettbewerbe. Zusammen mit der Nutzung sozialer Medien und Unterhaltung verbringt jeder Schüler täglich fünf bis acht Stunden vor dem Bildschirm.

Einst schauten die Kinder zu den Sternen hinauf. Nahmen sie in sich, in den Raum ihrer Vorstellung auf ... allein oder mit ihren Großeltern, und fragten sich, was das sei! Fragten sich, ob die Sterne Teil unserer Welt sind oder nicht. Fragten sich vielleicht sogar, was wir in der Welt tun.

Nun ist es in den Metropolen der Welt schwer, die Sterne zu erleben. Es gibt zu viel Licht. Nun, mit so viel Information, ist es schwer, Fragen zu stellen, zu staunen. Das Licht all der Informationen kann Erfahrung in den Schatten stellen. Auch ist nun alles so nah. Aber wenn wir die Konsistenz, die Gerüche, Ausmaße, Geräusche nicht erfühlen, riechen, hören, schmecken und miterleben, kann, was wir von der Welt erfahren, nicht lebendig in uns werden. Und so herrscht Verwirrung.

Vermutlich sind wir besser unterrichtet und mehr in Kontakt – abgesehen von der immensen Distanz, die diese Technologien in uns schaffen können. Ich schaue die Gesichter dieser kleinen Kinder an. In Afrika, Europa, Indien. Bin überwältigt von der Komplexität dessen, was gewonnen und was verloren wird. Mit neuen Kulturen, die irgendwie »online und doch (un)verbunden« sind! Mit immer weniger Erfahrung, auf die man sich stützen kann, und kaum innerem Bild-Raum zum Nachdenken können wir taub für die Welt werden. Dann braucht auch die Motivation zum Handeln andere Anreize als unser Auf-der-Welt-Sein.

H.K. In der Feldflur unweit des Dorfs, wo ich aufgewachsen bin. Seit langem schon gibt es dort kaum noch Wege, die nicht betoniert sind. Hier aber ist so einer. An diesem feuchten Tag im November klebt, während ich auf dem zerklüfteten Weg vorsichtig einen Schritt vor den anderen setze, immer mehr dunkler Lössboden an den Schuhen. Die Spalten und Gräben, die immens breiten Abdrücke von Reifen mit tiefen Profilen stammen nicht etwa von Kriegsgerät, sondern von landwirtschaftlichen Maschinen. Wie schwer müssen diese Fahrzeuge sein, dass sie den Feldweg geradezu aufreißen.

Zu beiden Seiten Ackerland, nackt, in dunklem Braun. So weit das Auge reicht. Die Schläge, in dieser Region seit meiner Kindheit schon groß, werden, wie es scheint, noch immer größer. Kein Baum, kein Strauch. Auch Feldränder gibt es nicht. Die bebauten Flächen reichen bis unmittelbar an den Weg. Buchstäblich jedes Fleckchen Erde wird für die Produktion genutzt.

In der Mitte des Ackers dort drüben verrichtet eine Landmaschine ihre Arbeit. Das Geräusch des Motors breitet sich weit über die sanft gewellten Hügel aus. Die Räder des Traktors sind fast mannshoch. Der Bauer oben in der ringsum verglasten Fahrerkabine ist kaum zu sehen. Auf den engen Straßen im Dorf nimmt der angehängte Pflug fast die gesamte Breite ein. Hier nun dringt sein blinkender Stahl mit großer Geschwindigkeit und müheloser Präzision tief in den Boden, löst die Erde zu Schollen und wendet sie. Heißt es nicht, besonders bei feuchter Witterung solle man Böden nicht mit schweren Maschinen bearbeiten, weil sie sonst verdichten? Der innere Blick wandert unter die Oberfläche und vergegenwärtigt sich diesen Acker als ein lebendiges System. Während die Maschine das Erdreich im oberen Bereich akkurat durcharbeitet, drückt sie in den tieferen Schichten Netzwerke von Poren, Tunneln und Spalten zusammen und presst die Luft aus dem Boden. In verdichteten Böden kann weniger Wasser ins Erdreich einsickern. Auch nimmt das Angebot an Nährstoffen stetig ab. Weshalb man immer nur noch mehr düngt.

Wachse oder weiche. Wie in allen landwirtschaftlichen Regionen ist das auch hier ungeschriebenes Gesetz. Schon in römischer Zeit war dieser Landstrich westlich des Rheins als Kornkammer und für seine Weine bekannt. Und gerade wegen seiner immensen Fruchtbarkeit ist er schon früh in den Griff der chemisch-technischen Landwirtschaft geraten. Wer in den sechziger Jahren hier Kind war, kennt bereits die einstigen Hecken, Raine, Hohlwege, von denen die Älteren erzählten, nicht mehr. Auch die Bäume in der Feldflur waren damals bereits gefällt. Weil sie Schatten machen und den Maschinen im Weg sind.

Rechts vom Feldweg ziehen sich nun ein Stück weiter vorne, wie mit dem Lineal gepflanzt, Weinreben den Hang hoch. Jetzt im November, wo die Blätter braun verschrumpelt unter den knorrigen Weinstöcken liegen, muten die riesigen, exakt angelegten Flächen fast unwirklich, fast wie Abstraktionen einer Weinbaulandschaft an. Du stehst draußen, weit weg von Straßen und vom Dorf, mitten auf freier Flur. Aber ist, was dich umgibt, Natur?

In unserer Kindheit gab es im Herbst zwei Wochen Schulferien. Denn jeder, der einigermaßen mit der Traubenschere umgehen konnte, wurde gebraucht. Auf den wenigen Fotos von damals sieht man die ganze Großfamilie, dazu Nachbarn und Nachbarinnen. Bei Regen und Kälte konnte die Traubenlese ganz schön ungemütlich sein. Oft aber hatte man auch wirklich Spaß dabei, in dieser großen, bunt zusammengewürfelten Gesellschaft. Heute siehst du zur Zeit der Traubenlese kaum noch einen Menschen draußen. Stattdessen nehmen roboterhafte »Vollernter« mit lautem Motor und aberwitzigem Tempo Rebzeile für Rebzeile zwischen ihre übermannshohen Räder und das Getriebe dazwischen, um mit roher Gewalt die reifen Trauben von den Rebstöcken zu rütteln. Es tut fast weh beim Zusehen.

Aber zurück zu den früheren Verhältnissen will hier niemand. Denn die Verbesserungen liegen auf der Hand: Noch in der Generation unserer Mutter gab es in der Landwirtschaft keine soziale Absicherung und kein Geld. Nur jede Menge Arbeit.

Wer heute noch als Landwirt oder Winzer sein Geld verdient, ist von früh bis spät mit Maschinen beschäftigt. Sie machen sich zu Mittelpunkten des Alltags. Dienen sie oder beherrschen sie? Jedenfalls werden sie immer komplizierter. Und immer teurer. Sie zwingen einen, permanent den Ertrag zu steigern, weil man sich, um sie anzuschaffen, verschuldet hat. Für jede Tätigkeit zu jeder Jahreszeit braucht es jetzt offenbar Maschinen. Diese industrielle Landwirtschaft ist ein lautes, teures, kompliziertes, einsames Geschäft.

Wachse oder weiche. Alles ist, wie es scheint, unter dieses Diktat gezwungen. Wo sind die Diktierenden? Wer sind sie? Was sind das für Mächte, die dem, was hier lebt, Lebendigkeit exakt so weit zugestehen, wie diese sich in Ertrag und Gewinn berechnen lässt?

Tatsächlich wird kaum noch ein Hof im Dorf bäuerlich bewirtschaftet. In den Ställen gibt es keine Schweine, keine Kühe mehr, selbst Hühner siehst du kaum noch. In den Scheunen lagern keine Getreidevorräte, in den Kellern keine Kartoffeln mehr. Auch die Gemüsegärten verschwinden. Für all das gibt es ja jetzt die Supermärkte zwischen den Dörfern in den Gewerbegebieten. Dort fährst du mit dem Auto hin. In vielen Familien gibt es eben soviele Autos wie Erwachsene. Begründet wird das damit, man könne sich sonst kaum mit dem Nötigsten versorgen.

Ja. Nach langer Agonie hat unlängst der letzte Lebensmittelladen aufgegeben. Auch ein Gasthaus findest du nicht. Keinen Bäcker. Keinen Imbiss, kein Café. Nichts. Außer der Schenke in der Sporthalle, die aber nur am Wochenende – und auch da nicht immer – geöffnet hat. Und der Fleischer hat sich gehalten. Noch. In unserer Kindheit hatte das Dorf vier Lebensmittelläden, zwei Bäcker, einen Metzger, vier Gasthäuser und ein Café. An Handwerksbetrieben gab es einen Sattler, einen Schmied, zwei Frisöre, eine Gärtnerei, einen Schuster, zwei Tischler und eine kleine Kfz-Werkstatt. Deren Inhaber betrieb bis Anfang der sechziger Jahre sogar ein Lichtspieltheater.

Während im Ortskern etliche alte Häuser und Gehöfte leer stehen oder nur noch von ein, zwei Leuten bewohnt werden, wuchert am Ortsrand das Neubaugebiet. Neuerdings am einzigen Hang, an dem es noch große Nutzgärten mit Obstbäumen und alten Hecken dazwischen gab. Dergleichen zählt, wenn das Rechnen beginnt, null.

Wer sich als Winzer halten will, muss nicht nur den Ertrag und die Flächen immer weiter vergrößern. Man muss darüber hinaus auch ganz neue Wege gehen. Wie die Inhaber des Landhotels im Neubaugebiet, wo ich untergebracht bin. Parallel zum Winzerbetrieb haben sie dieses Hotel mit acht Zimmern und mit Räumlichkeiten für gesellschaftliche Anlässe inklusive Vinothek aufgebaut. In puncto Standard und Komfort lässt das Landhotel keine Wünsche offen. Das Frühstücksbuffet wartet mit jener aberwitzigen Opulenz auf, die zum Standard geworden ist. Die Treppen sind aus Marmor, die Zimmer großzügig geschnitten und gediegen eingerichtet, auch in den Bädern fehlt es an nichts. Welch einen materiellen Aufwand es heute braucht, um die Ansprüche der Kunden zu erfüllen. Welche Summen dieser Neubau und seine Ausstattung verschlungen haben müssen. Und was die Inhaberfamilie – die Eltern und der Junior sind voll eingespannt, während die junge Frau überdies noch halbtags anderswo arbeitet – leistet! Das also oder Ähnliches musst du dir zutrauen und bewältigen, um deiner Familie eine Zukunft im Weinbau zu ermöglichen.

Es flößt Respekt ein, was diese Menschen auf die Beine stellen; auch dass sie noch als Familie zusammenhalten. Doch kann der materielle Aufwand menschlicher Existenz permanent weiter wachsen und steigen? Was ist damit wirklich gewonnen? Was genau ist der Preis? Wer bezahlt ihn? Wie?

♣

S.S. Auf der Rückfahrt von einer Stadt der Billigläden nach einem langen Tag, an dem wir in einem Museum mit dem Exchange-Values-Projekt die Weltwirtschaft erkundeten. Es ist sehr spät, und wir sind müde. Wir brauchen Benzin und etwas zu essen und sind froh, mitten im Niemandsland eine geöffnete Tankstelle zu finden.

Es ist ein Schock, aus unserem Austausch in der Dunkelheit in das helle Neonlicht dieser merkwürdigen Oase zu treten. Während der Fahrt haben wir uns Verschiedenes vorgestellt, was unter der so gut erkennbaren »Milchstraße« geschieht, darunter auch, wie sich auf dem ganzen Planeten Billigläden mit Plastikzeug ausbreiten. Südafrika, wo Händler aus China in fast jeder kleinen Stadt selbst in der Halbwüste »One Stop«-Läden eröffnet haben, ist ein Beispiel für dieses schmerzhafte Bild.

Der Kassierer freut sich über unser Kommen. Er hat Nachtschicht, allein. Sagt, er habe seit Stunden niemanden gesehen. Wir streifen durch die Gänge mit Lebensmittelkonserven und Süßwaren. Im überhellen Neonlicht auf und ab gehend, wird mir klar, dass alles hier in Fabriken hergestellt wurde. Und entworfen. Entwickelt. In Teams diskutiert. Zahllose Menschen haben sich dafür auf Computer-Bildschirme konzentriert. Die gesamte globale Maschinerie, von den Fabriken selbst bis zu den Finanzplanungs-Teams, findet sich wieder in vakuumverpacktem Schinken, weißen Bohnen in Tomatensoße, Teddybär-Schlüsselanhängern, Nackenkissen, in Flaschen abgefülltem Wasser, Plastik-Kaffeebechern für den Automaten. Und dann sehen wir eine Orange, leuchtend wie die Sonne, in ihrem strahlenden Rund ein Widerschein unserer Quelle des Lebens.

Das ist, wie sich bald herausstellt, das einzig »Frische« in dieser Oase. Aber die sorgfältige Verpackung und Aufmachung zeigt, dass auch die Orange eine ganze Reihe von Prozessen durchlaufen hat. In dieser Tankstelle, unter dem sternklaren Himmel starren wir auf eine Orange, die wahrscheinlich Tausende von Meilen gereist ist. Ihre makellose Haut und ihre Übergröße lassen vermuten, sie wurde für den Export produziert. Nach dem, was ich einmal gehört habe, werden große Mengen von Exportorangen irgendwo gelagert und verrotten, weil ihr Giftgehalt die europäischen Grenzwerte übersteigt. Eingeschrieben in dieses Fruchtfleisch sind die Universitätsausbildung von Chemikern und die Chemiefabriken, die für die Langlebigkeit der Orange sorgen und dafür, dass sie »toxischer Abfall« wird. Im transparenten Kokon, in dem diese giftige Schönheit liegt, sehe ich Teams beim Brainstorming, die Vakuumformverfahren und »Entwicklungs«-Strategien der petrochemischen Industrie für »Roh«-Stoffe entwickeln. Die ohrenbetäubenden Maschinerien, Börsen, globalen Entwicklungspläne scheinen auf in der schattenlosen Fluoreszenz.

An der Kasse in dieser Oase des Nichtverfalls bin ich ergriffen vom Schweiß meines Freundes und dem Atmen des Kassierers. In dieser hochverarbeiteten Welt wirkt der Schweiß verlockend, wie eine duftende Blume in der Nacht, und das ruhige Atmen des Kassierers, steigend und fallend, erinnert an den Ozean. Für einen Moment lindert das ein wenig den komplexen Horror unserer Zivilisation ... dieser einzelnen Orange in ihrer Design-Schutzverpackung, die ein alarmierendes und detailreiches Bild von »Entwicklung« ist: davon, wie wir auf dem Planeten leben! Aber wem könnten wir das sagen, und wie viele Menschen wären bereit, dies als »Horror« zu beschreiben? Lässt sich das mit Atomkraft oder Genmanipulation vergleichen? Soll man es angesichts des weltweiten Hungers wagen, solche Dinge anzusprechen? Und kann man denn all den menschlichen Einfallsreichtum oder auch die »Kundenbetreuung« ignorieren, die in dieses Wachstumsmodell zum Maximieren von »Gewinn« eingeflochten sind? Vieles hier wurde sehr sorgfältig durchdacht. Der Service spät in der Nacht. Die Schutzverpackung aus Plastik. Die Orange im Sortiment für Leute, die vielleicht kein Knabberzeug und keine Schokolade wollen ... Scheinbar alles wurde bedacht, bloß nicht wirklich wichtige Dinge wie: Was ist »Entwicklung«? Und was ist »Gewinn«?

Ich kehre zu meinen Fragen über das Ausmaß und die Wahrnehmung von »Horror« zurück. Wenn ich mir sorgfältig all die Elemente und Wechselbeziehungen vor Augen führe, dann, ja, dann ist die einsame Orange Teil der profithungrigen Zivilisation, die weltweit Hunger produziert. Meinen inneren Wünschen und äußeren Handlungen als Konsumentin folgend, sehe ich auch, dass ich die »Vertragsgeberin« bin. Ich sehe mich selbst in diesem schattenlosen Licht, das jetzt jede Ecke des Planeten erreicht. Wenn ich diese Orange kaufe, willige ich stillschweigend ein und erlaube, dass das immer weitergeht.

H.K. Es ist alles bestens vorbereitet. Die Mappen mit den Konferenzunterlagen, der Konferenzraum mit akkurater Bestuhlung, dem Blumengesteck seitlich auf dem Podium. Die Technik funktioniert dezent, von Anfang an reibungslos. In der Kaffeepause wird es frische Backwaren und in der Mittagspause ein reichhaltiges Büffet geben. Die Veranstalter lassen es an nichts fehlen. Thema der Konferenz sind die Chancen und Herausforderungen von Solarenergie. Die Referenten kommen aus Wissenschaft, Technik, Wirtschaft und Verwaltung; die übrigen Teilnehmenden aus dem akademischen Bereich, aus Behörden, Solarunternehmen und zivilgesellschaftlichen Initiativen. Wie man dem Programm entnehmen kann, gibt es jeweils am Vormittag und am Nachmittag eine Reihe von Vorträgen mit abschließenden Diskussionsrunden.

Der Veranstalter betont in seiner kurzen Einführung, welch eine kostbare Gelegenheit es sei, so viel Sachverstand hier versammelt zu sehen, stellt den ersten Redner vor, übergibt ihm das Wort. Tatsächlich wird sich nun ab diesem ersten Vortrag ein breites, eindrucksvolles Spektrum von Fachwissen entfalten. Die Referenten präsentieren aktuelle technische Entwicklungen und Möglichkeiten, Good-Practice-Beispiele, arbeiten die ökonomischen Herausforderungen auf dem globalen Markt wie überhaupt bei der Implementierung von Solarenergie heraus. Sie tragen ihre Kenntnisse und Argumente faktenreich, meist durch Präsentationsprogramme unterstützt vor. Auf ihre jeweiligen Inhalte fokussiert, bemühen sie sich, in den ihnen verfügbaren Rahmen ein Maximum an Informationen und Aspekten vorzubringen. Zahllose Folien mit Diagrammen, Begriffen, Spiegelstrichen,

Fotos, ab und an auch Cartoons begleiten die Erläuterungen. Schon der erste Referent überzieht seine Redezeit, so dass im Anschluss kaum Raum für Verständnisfragen bleibt, und ähnlich geht es mit den meisten Vortragenden weiter. Alle Komponenten – die technischen, wissenschaftlichen, politischen, ökonomischen und sozialen – werden ins Auge gefasst. Fast jeder Faktor für sich genommen darf in Anspruch nehmen, relevant zu sein.

Und so setzt schleichend, aber doch bald schon deutlich spürbar ein Doppelprozess ein: Während Fragen der erneuerbaren Energie am Beispiel der Solarenergie behandelt werden, fällt die Energie im Saal immer mehr in sich zusammen, welken die Anwesenden zusehends dahin. Obwohl die meisten Akteure hier in gemeinsamer Sache engagiert sein dürften, gibt es immer weniger Raum für ein Miteinander. Unter Einhaltung aller Spielregeln für eine solche Zusammenkunft macht sich eine merkwürdige, aushöhlende Vereinzelung breit. Eins ums andere wirken die Gesichter in den Stuhlreihen wie leergefegt. Je länger die Veranstaltung geht, desto mehr ist es, als schrumpften die Leute auf ihren Plätzen zu einem trockenen, unbeweglichen Etwas zusammen. Als lege sich ein Mehltau über uns. In den Diskussionsrunden belebt sich das Geschehen etwas, doch finden da viele nicht mehr aus ihren Verpuppungen. Inhaltlich erwecken die Diskussionen kaum den Eindruck, als führten sie über bestehende Positionen und Bekanntes hinaus.

Der Motor dieses Geschehens ist womöglich weniger das schlechte Zeitmanagement und die veraltete Konferenzgestaltung selbst als vielmehr etwas, das dem zugrunde liegt und das Ganze aufrechterhält: Alle wirken mit daran. In einer stillen, offenbar verlässlichen Übereinkunft, die dem Konferenzprogramm als unsichtbares, anonymes Szenario beizuliegen scheint, ignorieren die Referenten, aber genauso auch das Publikum, was unter der Oberfläche geschieht, auch das eigene Unbehagen, und akzeptieren es damit. Woher diese Bereitwilligkeit, uns zugewiesene Funktionen zu erfüllen? Uns von uns selbst und voneinander abtrennen zu lassen? Woher die Selbstverständlichkeit, mit der wir unsere Bedürfnisse und Potenziale als lebendige, wissende, fühlende Menschen verleugnen? Es hinnehmen, bald nur noch physisch und mit dem bloßen Intellekt präsent zu sein, wie Hirne auf Stange? So seltsam das an sich ist, wirkt es fast »natürlich« – eingefleischt, als sei es ein Leben lang geübt. Unser passives Zulassen hält den namenlosen Mechanismus der Entfremdung aktiv mit in Gang. Ohne erkennbaren Zwang zeigt sich ein ganzer Saal gebildeter, engagierter Menschen bereit, sich selbst und einander auf Anonymes, Dinghaftes zu reduzieren. Welches Bild von uns selbst müssen wir haben, dass so etwas stattfinden kann? Welche Vorstellung von Lernen, von Wissen, von Wissenschaft, aber auch von Gesellschaft?

Immer weiter breitet sich, während auf der inhaltlichen Ebene Wege in eine solare Zukunft ausgeschildert werden, im Saal ein blinder Fleck aus, der möglicherweise die gesamte Topografie der Energiewende mit prägt: Alles wird bedacht, erforscht und berücksichtigt – nur nicht der Träger dieser ganzen Entwicklung. Energie im Blick auf eine zukunftsfähige Welt ist das Thema, das alle hier zusammengebracht hat. Wer aber fragt, aus welchen nichtphysikalischen Quellen der Akteur des Wandels – wir alle – jene Energien gewinnen könnte, die für einen wirklichen Wandel hin zu einer wirklich zukunftsfähigen Welt ebenso elementar wie die technisch erzeugbaren sein dürften? Es ist, als existiere diese ganze Dimension überhaupt nicht.

In den Gesprächen während der Pausen an den Kaffeetischen und am Büffet geht es nicht um solche Fragen, sondern um Fachliches und um Networking. Aus der kollektiven, nach innen und außen solide etablierten Verleugnung unserer Wirklichkeit als umfassend lebendige, in Entwicklungskraft wurzelnde Wesen entschwindet ungehindert, wie aus einem riesigen Leck kostbare, Zukunft schaffende Energie.

Blick zurück nach vorn

H.K. So weit unser Gang durch tote Zonen – und unser Versuch, uns dem, was ist, mit Hilfe einer »zarten Empirie« zu nähern.

S.S. Ja. Zu dieser Methode gehört, was Goethe »exakte sinnliche Fantasie« genannt hat: ein aufmerksames Beobachten aus unmittelbarer Nähe, von dem aus das Beobachtete dann in jenen Raum in uns genommen wird, wo wir es neuerlich sehen können, mit dem geistigen Auge. Wo wir sehen, was wir sehen, und fühlen, was wir fühlen. Das ist die Basis von Bewusstheit und Reflexion. Bei diesem imaginativen Wahrnehmen kommt es darauf an, nicht zu urteilen. Ob Sympathie oder Antipathie – beides ist hier gleich hinderlich. Nur in einem urteilsfreien Schauen können wir dem jeweiligen Gegenstand wirklich begegnen. Und nur dann zeigt er sich in uns.[33]

H.K. Vielleicht beinhaltet das Wort »Urteil« tatsächlich eine Ur-Teilung zwischen mir und der Welt.

S.S. Darüber hinaus ermöglicht eine solche phänomenologische Annäherung an eine tote Zone dieser, sich in uns zu bewegen! Sie berührt innerlich und mobilisiert, weil wir den komplexen Horror erleben. Dadurch können wir erkennen, was fehlt. Was zu tun ist. Und dieses mutige Erforschen weckt eine Sehnsucht nach Wandel.

H.K. An der Stelle würde ich gerne noch einen Moment innehalten. Nicht um im Nachhinein zu kommentieren, sondern um zu schauen: Sind aus dem Gang durch die toten Zonen Gedanken, Fragen, Bilder oder Einsichten entstanden, die jetzt darauf warten, angesprochen zu werden?

Ich-Sinn jenseits von Individualismus

So frage ich mich zum Beispiel: Während Goethe seine phänomenologische Methodik auf dem Terrain der Naturwissenschaft entwickelte, haben wir uns damit ins Soziale gewagt. Ist es da nicht noch viel schwerer, eine »exakte sinnliche Fantasie« zu praktizieren?

S.S. Mit dem, was du in der Einführung als »Wirklichkeit« beschreibst, zu arbeiten ist generell nicht einfach. Hier wird es nötig, die Sinne zu erweitern und zu verfeinern – das zu entwickeln, was Goethe »neue Organe der Wahrnehmung« nennt. Bezeichnenderweise steckt im englischen *to come to one's senses*, also »zu Vernunft kommen«, das Wort »Sinn«. Und »gesunder Menschenverstand« heißt im Englischen *common sense*.

H.K. Im Deutschen gibt es, ebenfalls aufschlussreich, den Ausdruck »zu Besinnung kommen«.

S.S. Im Grunde sind die gegenwärtigen globalen Krisen mit all ihren toten Zonen eine einzige große Einladung, unser Sensorium zu erweitern. Das beginnt damit, sich unserer individuellen und sozialen Sinne bewusst zu werden. Wäre unser innerer Gleichgewichtssinn besser entwickelt, würden mehr Menschen die extreme Unsicherheit und die mangelnde Tragfähigkeit einer Wachstumsökonomie, die, ihrer eigenen Logik folgend, zu Produktivismus zwingt, in sich selbst erleben. Und ein entwickelter »Ich-Sinn« befähigt, wie Rudolf Steiner gezeigt hat, das Wesen eines anderen wahrzunehmen,[34] was auf dem Feld der Sozialen Plastik zentral ist.

Träger dieses Ich-Sinns ist ein gewärtiges, seiner selbst bewusstes Ich – der Gegenpart des egozentrischen Individualismus, dem wir hier beispielsweise bei unserem Besuch in der Kunstgalerie begegnet sind. Ein von Bewusstheit durchdrungenes Ich vermag die unsichtbare Dimension dessen wahrzunehmen, was sich im Außen manifestiert, und wird so zur Basis wirklicher Begegnung. Ist dieser Ich-Sinn einmal entfaltet, tritt das ein, was Steiner mit den Worten umschrieb: Das Sakrament der Zukunft ist Begegnung.[35] Deshalb habe ich eine Praxis entwickelt, die von dem Satz ausgeht: »Nachhaltigkeit ohne Ich-Sinn ist Unsinn.«[36] Es ist sehr wichtig, dieses Ich zu erschließen und Situationen zu schaffen, in denen der Unterschied zwischen dem Ich eines selbstbezogenen Individualismus und dem Ich eines umfassenden Gewahrseins erfahrbar wird – eines Gewahrseins, das, reflexiv und hingegeben zugleich, sich des anderen ebenso bewusst wird wie des eigenen Selbsts.

H.K. Zu solcher Bewusstheit zu finden hat ohne Zweifel auch eine politische Dimension. Funktioniert doch die Mega-Maschinerie des globalen Kapitalismus und des Neoliberalismus nicht zuletzt deshalb, weil sie permanent die Wahrnehmung und das Verständnis unserer selbst von außen manipuliert. So kann in der gesamten Konsumwelt – denken wir nur an jene Fleischabteilung im Supermarkt oder auch an die Orange in der nächtlichen Tankstelle – ein breiter Konsens darüber entstehen, hier würden unsere Bedürfnisse erfüllt. Sich unserer wirklichen Bedürfnisse – aber auch Potenziale – als Lebewesen in einer Gemeinschaft von Lebewesen bewusst zu werden und ein Gespür dafür zu entwickeln, wer wir selbst in Wirklichkeit sind, ist daher ein Akt oder vielmehr ein Prozess des Mündig-Werdens.
S.S. Wobei die industrielle, globalisierte Produktion ja für Millionen von Menschen große Verbesserungen zu bringen scheint. Es ist so komplex. Solange die wahren Kosten von »Fortschritt« und »Entwicklung« nicht unübersehbar vor Ort als Katastrophe zutage treten, fällt es ungemein schwer, den Preis zu erkennen, den man selbst, das gesamte Lebensumfeld und der Planet dafür zahlen. Kritische Denker wie Wolfgang Sachs haben herausgearbeitet, welch einen Sog eine Idee wie »Entwicklung« global ausübt, während sie zugleich für die Zwecke von Macht und Profit vereinnahmt wird.[37] Dank Ivan Illich wissen wir, wie in vielen Teilen der Welt auch und gerade die Schulbildung ein solches Mündig-Werden unterminiert – weil es jenseits des kapitalistischen Horizonts keine Vorstellung davon gibt, was »Entwicklung« oder was wirklich lebensfördernde Bildung sein könnte. Dennoch sind die meisten Menschen verständlicherweise froh über Bildung und sehnen sich danach, wenn es sie nicht gibt. Die »entschulte Gesellschaft«, für die Illich eintrat, bezog sich auf die Art, wie gegenwärtige Formen von Bildung – oft Überreste kolonialer Weltsichten – Millionen von Menschen geblendet, betäubt und geschwächt haben und dies weiter tun.[38] Und es wird noch komplexer: Der Sozialinvestor aus Indien mit seinem Plan, jedem Schulkind ein iPad zu verschaffen, zeigt, welche Hoffnungen sich schon in den Klassenzimmern, wo Lehrer fehlen, auf die Segnungen der digitalen Welt richten, in der allzuoft Information an die Stelle von Bildung tritt.

Humus und Humanität

H.K. Woraus rund um den Globus neben und aus dem, was man »Fortschritt« nennt, immer mehr tote Zonen entstehen können, von denen viele auf weitaus dramatischere Weise zutage treten als das, was wir hier angeschaut haben.

Vielleicht dürfen wir uns im Blick auf die Frage der Bildung von der Weisheit der Sprache inspirieren zu lassen. In der einstigen Weltsprache Latein gehören *humus* und *humanus* derselben Wortfamilie an. Wobei Letzteres »menschlich«, »menschenwürdig« und »menschenfreundlich« bedeutet – aber interessanterweise auch »fein gebildet«! Humanität wäre demnach etwas, das uns einerseits per Geburt gegeben ist, aber andererseits in einem lebenslangen Prozess der Bildung – und der Selbstbildung – herausgearbeitet werden will.

Der Ökonom Ernst F. Schumacher hat das in seinem legendären Buch »Es geht auch anders. Technik und Wirtschaft nach Menschenmaß. Jenseits des Wachstums« die »Kultur des inneren Menschen« genannt. Wenn diese vernachlässigt werde, bleibe die »Selbstsucht« treibende Kraft, besonders in der Wirtschaft.[39] Schumacher war jahrelang Präsident der englischen Bodengesellschaft »Soil Association«. Bestimmt hat auch er die Parallele zwischen einem allerorts drohenden Ausdünnen von Humanität und dem weltweit dramatischen Verlust von Humus gesehen. Inzwischen zählt ja *land degradation*, die Verschlechterung oder gar der Verlust von Boden, zu den größten ökologischen Herausforderungen dieses Jahrhunderts. Knapp fünfzig Prozent des landwirtschaftlich nutzbaren Lands weltweit ist gefährdet, wobei die industrielle Landwirtschaft eine zentrale Rolle spielt. Selbst in besonders fruchtbaren Gegenden wie meiner Heimatregion sind die Böden inzwischen durch diese Art von Landwirtschaft erschöpft und ausgelaugt. Aber auch infolge des Klimawandels versalzt, degeneriert, erodiert Ackerland.

Zum Glück aber wissen wir aus der Landwirtschaft und der Bodenkunde: Wenn auch langsam und mühsam, lässt sich Humus doch, wo er vergiftet, ausgelaugt oder erodiert ist, neu aufbauen. Die wichtigste Methode dafür ist das Kompostieren. Wobei man in jüngerer Zeit auch zunehmend mit einem Verfahren arbeitet, das einst die Hochkulturen Amazoniens praktizierten: mit Schwarzerde – Terra Preta. Diese Art Humus wird buchstäblich vom Menschen neu hergestellt, aus Pflanzenkohle, Küchenabfällen und Biomasse aller Art. Auch Exkremente kommen hier zum Einsatz.[40] Was lehrt uns dieses Schaffen von Humus für jenes »feine Bilden« unserer selbst? Für die Aufgabe, Humanität neu zu schaffen? Was etwa würde es bedeuten, im Bereich des Menschlichen und des Sozialen mit der Methode des Kompostierens zu arbeiten?

S.S. Ja, wie all den Mist in Gold verwandeln? Solches alchemistisches Kompostieren hat mich schon in den siebziger Jahren in Südafrika beschäftigt. Damals arbeitete ich mit »Heat Generators«: Flaschen, die ich mit schlackiger, schwarzer Flüssigkeit, hergestellt aus organischen Haushaltsabfällen, befüllte. Es gab hundertfünfzig solcher Flaschen. Sie trugen die Aufschrift *»Heat Generators – Warmth Condition: Our Cities are the Breeding Places of the new Social Warmth Body«* und den Stempel der Freien Internationalen Universität Kapstadt. »Heat Generators« war Teil einer

Vortrags-Aktion, bei der ich aus Beuys' »Aufruf zur Alternative« vorlas und das Modell des »dritten Wegs« der FIU darlegte – mit zentralen Ideen wie alternativen Formen von Arbeit, alternativem Geldsystem und Selbstorganisation.[41] Dabei verteilte ich die Flaschen, um »an der Imagination zu kratzen«, wie Beuys das nannte.

Mit Verdorbenem arbeiten

Eine Inspiration dafür, Verdorbenes als Aufgabe und als Gelegenheit zu betrachten, kann das I Ging, das altchinesische »Buch der Wandlungen« sein, das aus vierundsechzig »Bildern« oder Hexagrammen besteht. Das achtzehnte davon, *gu*, bedeutet »Die Arbeit am Verdorbenen«. Von da aus habe ich den Prozess »Was wird versteckt – ignoriert – verdrängt?« entwickelt.[42] Als Wärmewesen können wir, sofern wir wirklich wollen, mit der Hitze des Engagements Elend überwinden, Dreck in Gold verwandeln. Ja, wir sind Verwandler, in einem Feld des Wandels, das sich vom physischen Feld in die innere Welt der Psyche erstreckt, vom unsichtbaren Feld der Haltungen und Vorurteile zum Feld der Entscheidungen und des Handelns. Im Prinzip ist niemand außerhalb dieses Felds.

Aber noch einmal zurück zu der so bemerkenswerten Verwandtschaft von »Humus« und »human«. Gehört nicht auch das englische *humility*, »Demut«, derselben Wortfamilie an? »Humility« oder »Humilität«, ist eine Sanftheit, die mit Empfänglichkeit zu tun hat, mit einer offenen Haltung sowohl einem anderen gegenüber als auch gegenüber einem Zukünftigen, das sich vielleicht völlig vom Bisherigen unterscheidet. Ja, in einer respektvollen, bescheidenen Haltung liegt die Fähigkeit, präsent zu sein und mit dem, was ist, in einen Austausch zu treten. Demut bedeutet also auch, Potenzialen Raum zu geben – anstatt allem verhärtete Begriffe, Denkgewohnheiten oder überkommene soziale Muster überzustülpen. Was für ein bemerkenswerter Dreiklang das doch ist: Humus, Humanität und Humilität.

H.K. Auch David Bohm betrachtet Demut – zusammen mit Aufmerksamkeit und innerer Lehre – als einen der Werkstoffe, aus denen ein »partizipierendes« Bewusstsein entsteht: Bei dem das Denken wie eine Antenne arbeitet, die sich mit der »impliziten Ordnung« verbinden kann, anstatt nur auf der Grundlage von Bisherigem zu funktionieren.

S.S. Und indem wir solche bescheidene Sanftheit üben, machen wir uns selbst immer humaner. Wir praktizieren jenes »feine Bilden«, das in dem Wort »humanus« steckt. Das ist eine echte Herausforderung, nötigt uns doch unser gesamter Alltag mit seinen »Sachzwängen«, darüber hinwegzugehen. Jene Aushilfskraft in der industriellen Milchproduktion, die die Melkmaschinen bedient und dabei das Stöhnen der Kühe überhört, oder auch die Planer in jener Sitzung, die ihre Bedenken angesichts dessen, womit sie ihr Geld verdienen, ignorieren, sind Beispiele hierfür.

Human zu sein heißt nicht zuletzt, Raum für Imagination zu haben, empfänglich und ansprechbar zu sein, fähig, wie Arthur Zajonc es schön formuliert, »gehen zu lassen, um kommen zu lassen«.[43] Der indische Philosoph und Öko-Aktivist Satish Kumar beschreibt diese Art bescheidener Offenheit als »gütige« Haltung. Mit ihr werden wir zu Gefäßen, die etwas aufnehmen können. Wir können in die Welt hineingehen und empfangen, woraus eine verbindende Kreativität erwächst – ein dynamischer Austausch mit Dingen und Situationen, mit Problemen und Fragen. Solche Kreativität ist unverzichtbar für eine zukunftsfähige Welt.

H.K. Was du beschreibst, ruft das Bild des Regenwurms wach. Das sind ja denkbar bescheidene Wesen. Und sie schaffen Humus. Sie arbeiten sich unter der Erdoberfläche in das hinein, was ist. Indem sie sich im Boden bewegen, verwandeln sie ihn. Sie beatmen ihn, belüften ihn, lockern ihn, wo er verhärtet ist, sorgen für neue Durchlässigkeit, kurz, sie verlebendigen ihn. Und das auf allen Kontinenten rings um den Planeten. Im alten Ägypten galt der Regenwurm als heilig, und es war bei Strafe verboten, ein solches Tier außer Landes zu bringen. Heute hingegen macht ihm die Industriezivilisation das Leben schwer. Entspricht seine Tätigkeit nicht auf sehr anschauliche Weise der praktizierten Demut, wie du sie beschreibst?

Auch arbeitet der Wurm ja auf exemplarische Weise mit Verdorbenem; mit dem, was man wegschafft, wovon man sich abwendet. Von daher ließe sich in unserem Gang durch tote Zonen eine Parallele zu dieser Arbeit des Regenwurms sehen.

S.S. Ja, es gibt eine Parallele zwischen der Arbeit des Regenwurms und dem Umstand, dass es essenziell für neues Leben, für Wachstum ist, sich in etwas hineinzubegeben und mit Schwierigem zu arbeiten. Das ist ein zentraler Ansatz auf dem Feld der Sozialen Plastik, wie ich es interpretiert und entwickelt habe. Auf einer inneren Ebene geht es darum, Fragen, Unsicherheiten, sogar Zweifel zu generieren. Zweifel ist nichts Schlechtes, wenn man damit arbeitet. Auch Schwierigkeiten sind nichts Schlechtes, wenn man damit arbeitet. Was beide – Fragen und Schwierigkeiten – tun, ist, die Seele zum Sprechen zu aktivieren. So »belüften« sie die Seele und ermöglichen, dass Samen der Einsicht wachsen.

H.K. Exemplarisch für ein Arbeiten mit Schwierigem oder Verdorbenem, für ein Kompostieren in der gesellschaftlichen Sphäre, ist auch die »Verzweiflungsarbeit«, wie Joanna Macy sie vor gut drei Jahrzehnten auf dem Feld der Tiefenökologie entwickelt hat. Hierbei wird – in Workshops überall auf der Welt – erlebbar, wie

Angst, Schmerz und Verzweiflung, wenn nicht mehr unterdrückt, Energie freisetzen und den Geist reinigen können – und wie solche Alchemie zu einer Grundlage dafür wird, kreativ am »Großen Wandel« mitzuwirken.[44] Erhellend an dieser Stelle dürfte sein, was David Abram in »Im Bann der sinnlichen Natur« in bezug auf Luft ausführt[45] – auf die Substanz also, für die der Regenwurm, indem er sich permanent bewegt, den Boden öffnet, was dessen Fruchtbarkeit mehrt: Das griechische *pneuma* bedeutet »Luft«, »Wind«, »Atem«, aber zugleich auch »Geist«!

Innere und äußere Arbeit verbinden

S.S. Das sind in der Tat aufschlussreiche Zusammenhänge. Erinnern sie doch daran, dass die toten Zonen nicht von außen geschaffen werden. Die äußere Welt verdirbt nur durch falsches Bewusstsein; durch verhärtete, unempfängliche, ausbeuterische, unverbundene Arten, in der Welt zu sein. Wir werden weiteren Schaden nur vermeiden, wenn wir eine Denkweise entwickeln, die sich um den Schmerz kümmert, den wir den Flüssen, den Bergen, den Bäumen, den Tieren und so vielen unserer Mitmenschen zufügen. Diese Art von Sanftheit ist nicht rückgratlos. Sie bedeutet innere Regsamkeit, wofür das unermüdliche, in alle Richtungen gehende Hin und Her des Regenwurms tatsächlich ein gutes Bild abgibt. Und so wie die Würmer neuen Humus schaffen, können wir neue Formen inmitten der alten entwickeln. Das ist nicht unmöglich.

H.K. Ein weiterer Aspekt ästhetischer Praxis, den die Tätigkeit des Regenwurms zum Ausdruck bringt, ist: das Verbinden der inneren und der äußeren Welt, wie du es hier in der Einführung dargelegt hast. Gewöhnlich denken wir ja, ein politisches, gesellschaftliches Engagement erfordere, unsere Aufmerksamkeit ganz auf die äußere Welt zu richten. Umgekehrt kann man sein halbes Leben mit Hilfe von Psychotherapie die eigenen Schwierigkeiten bearbeiten, ohne dabei je in eine wirkliche Verbindung mit der mehr-als-persönlichen Welt zu kommen, was der Psychologe James Hillman im Titel seines Buchs »Hundert Jahre Psychotherapie – und der Welt geht's immer schlechter« auf den Punkt gebracht hat. Was fehlt, ist dieses transformative Verbinden von außen und innen, wie der Regenwurm es vorführt, oder?

S.S. Deshalb gibt es auf dem Feld der Sozialen Plastik eine ganze Reihe kreativer Strategien, die innere und äußere Arbeit verbinden. Wie ließen sich beide voneinander trennen? Wir müssen nach innen gehen, um nach außen zu kommen und nach außen gehen, um nach innen zu kommen. Das ist so offenkundig, dass man es leicht übersieht. In Prozessen wie dem Erdforum, dem wir uns im folgenden Kapitel widmen, wird das erfahrbar. Und schon etwas so Einfaches wie eine Lemniskate – die

Figur einer Acht – gibt ein Gespür davon, weshalb wir zu Beginn eines Erdforum-Trainings eine Lemniskate gehen:

Wenn du das tust und dabei eine Hand seitlich ausstreckst, wird diese nach außen gerichtet sein. Aber sobald du die Mitte zur anderen Seite der Lemniskate überquerst, zeigt deine Hand nach innen. Folgst du der Hand mit den Augen, bemerkst du etwas noch Erstaunlicheres: Wenn deine Hand nach innen weist, liegt dein Blick auf den Leuten in derselben Hälfte der Lemniskate, und deren Blick liegt auf dir. Sobald aber deine Hand nach außen weist und dein Blick ihr folgt, schaust du in die Welt: nach draußen, allein, in die Gesellschaft und noch weiter. Im Prinzip ist dein Blick grenzenlos. Er reicht bis in den Kosmos, wenn du das willst. Das Geheimnis des Erdforum-Prozesses und von Sozialer Plastik generell macht erfahrbar, dass das Individuum wie eine Lemniskate ist: Innen und außen bilden ein Kontinuum!

Raum der Dunkelheit – Raum des Werdens

Um aber dies in seiner Tiefe zu erschließen, braucht es ein weiteres Element, das hier noch gar nicht zur Sprache kam, nämlich Raum – einen dunklen Raum, wofür ebenfalls der Wurm in der Erde ein gutes Bild abgibt.

H.K. Allmählich verstehe ich, warum der Regenwurm einst als heilig galt. Vielleicht wird er ja einmal zu einer Art »Totemtier« ästhetischer Praxis!

S.S. Im Menschen ist dieser dunkle Raum die Sphäre der Imagination. Der eben erwähnte James Hillman – er arbeitet in der Tradition C.G. Jungs – nennt diesen Raum »Memoria«, das Theater der Dunkelheit. Es ist der Dom unseres inneren Kosmos und des äußeren Kosmos in uns. Des Lebenden und des Toten. Der Vergangenheit, der Gegenwart und der Zukunft.

Es ist der Raum des Hörens und der Besinnung; der Ort, wo Einsichten wachsen. Auch in der physischen Welt finden ja primäre Wachstumsprozesse meist in einem dunklen Raum statt, denken wir an das Wachsen eines Fötus. Selbst etwas so Hartes wie ein Kristall braucht Raum, um zu wachsen, und meist geschieht das im Dunkel tieferer Schichten der Erde. Eine weitere Entsprechung dieses dunklen Raums, in dem die Dinge wachsen, ist ein Raum, der uns dunkel erscheint, weil wir ihn nicht sehen können. Und obgleich physisch klein, ist er gewaltig: der Raum des Herzens!

Einer der Gründe, die es heute so schwer machen, sich zu besinnen und zu Einsicht zu gelangen, ist, dass der Platz, wo Einsichten wachsen können, fehlt. Unser innerer Raum ist voll – von Millionen unbearbeiteter Bilder aus Unterhaltungsindustrie und Werbung, von all dem Kram, mit dem wir uns umgeben und unsere Wohnungen dekorieren ... Permanent – und immer früher, siehe die Idee mit den

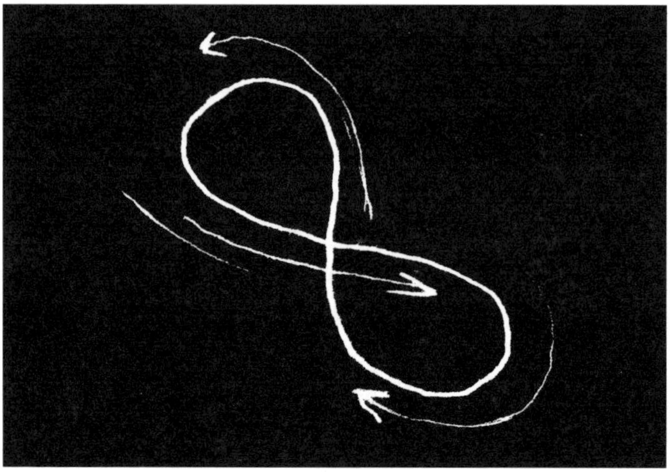

Innere und äußere Arbeit verbinden.

2 Shelley Sacks: Lemniskate: in der Welt sein, 2011.

iPads für jedes Schulkind – werden wir überflutet von Geschichten, Ansichten, Bildern, die wir nicht erlebt haben, die deshalb nicht unsere sind, aber sie besetzen unseren inneren Raum. Sie schaffen Barrieren, die uns zurückdrängen; uns in eine stumme Panik stoßen, in einer inneren toten Zone festsetzen.

H.K. Auch der Stress drückt diesen inneren Raum zusammen. Und das allgegenwärtige abstrakte Denken, das die Welt planbar machen will und damit alles – außen und innen – planiert. So dass in einem fort Situationen wie auf jener Solarkonferenz entstehen, wo die Leute das, was geschieht, und ihr Unbehagen daran ignorieren.

Wahrscheinlich dürfen wir die Sakralbauten quer durch die Zeiten und Kulturen, bis hin zu prähistorischen Orten wie der Höhle von Lascaux vom Grundimpuls her auch als eine Art physische Sinnbilder dieses Raums denken, der innen und zugleich kosmisch ist. So ehrfurchtgebietend viele davon – etwa die Hagia Sophia in Istanbul – nach wie vor sind, werden sie heute ganz oft nicht mehr aufgesucht, sondern besichtigt. Also bloße Relikte der Vergangenheit. Die Geste dabei das Klick, Klick der Kamera. Und die Millionen – oft noch dazu toxischen – Bilder aus Werbung, Medienwelt und Unterhaltungsindustrie oder auch das planierende abstrakte Denken sind lauter Mächte und Akteure, die in unserem »Dom«, um mit Hillman zu sprechen, eigentlich überhaupt nichts zu suchen haben.

S.S. Wie aber sollen wir, wenn es keinen Raum dafür gibt, zu unseren eigenen inneren Wahrnehmungen gelangen? Sehen, was wir sehen und hören, was wir hören? Wie sollen wir, wenn wir auf dieser subtilen Ebene nicht sehen können, wirklich in Situationen hineinschauen und das zu Tuende erkennen?

Doch fehlt nicht nur dieser Raum für Beweglichkeit, Wahrnehmungen und Einsichten. Es fehlt auch die Zeit, die es braucht, um die Perspektive zu wechseln und, noch einmal mit Arthur Zajonc gesprochen, »etwas kommen zu lassen«. Wenn du in Eile und von Fristen belagert bist, kann deine innere Stimme schwerlich vernehmbar werden. Das Kultivieren neuer Ideen benötigt Raum und Zeit. So wie die Humusschicht ausdünnt, schrumpft die Raum-Zeit, ohne die es kaum ein Entfalten, ein Wachsen oder Wandel geben kann.

Und noch einmal zur Dunkelheit: Als Kind war ich vollkommen fasziniert vom Leben und Licht oberhalb des Bodens und ebenso von der Dunkelheit darunter, die sich dem Blick entzieht. Ich liebte den Moment, wenn ein kleiner Spross erstmals den Boden durchstößt und wartete geduldig, um das nicht zu verpassen. Wenn wir in der Schule Bohnen pflanzten, um über das Wachstum der Pflanzen zu lernen, erschien mir der erste Spross wie magisch. Fast unglaublich! Was geschah da, wie er sich aus dem Boden, aus der Dunkelheit ins Licht schob? Und dann grün wurde!

Auch wir brauchen Dunkelheit, Stille, Ruhe, damit wir sehen, hören und entdecken können. Einen dunklen Raum in uns, in dem die Dinge, die wir bei Tageslicht als getrennt und aufeinander folgend wahrnehmen, in ihrer wechselseitigen Verbundenheit gesehen werden können; in dem das, was ist, wie die Organismen und die Pilzgeflechte im dunklen Raum des Bodens, ineinandergreift, sich austauscht und verwandelt.

H.K. Das, dieser Humus in uns, wird im Erdforum erfahrbar. Und wenn, wie die Bodenkunde feststellt, erst circa drei Prozent der Mikroben, die es in lebendiger Erde gibt, bekannt sind: Ist dann vielleicht auch in diesem dunklen Raum in uns, diesem inneren Humus erst ein Bruchteil dessen erschlossen, was es an »Wirkkraft« – »energia« – für das Überwinden toter Zonen gibt? Was, wenn da Wandlungskräfte schlummerten, die jetzt geradezu darauf warten, erkannt, gewürdigt und produktiv zu werden?

2 DAS ERDFORUM: NACH DRAUSSEN GEHEN, UM ZU SICH SELBST ZU KOMMEN – UND UMGEKEHRT

Das Erdforum, ein Soziale-Plastik-Prozess, wurde ursprünglich für Entscheidungs- und Konfliktsituationen in Zusammenhang mit »Nachhaltigkeit« und »Fortschritt« konzipiert. Es richtet sich an Menschen, Gruppen und Organisationen, die zusammenarbeiten und Entscheidungen treffen müssen. Inzwischen wird es auch von anfangs einander fremden Individuen genutzt.

Da das Erdforum zentrale Prinzipien und Strategien einer ästhetischen – im Sinn von verlebendigenden – Praxis enthält, wollen wir in diesem Kapitel gemeinsam mit Ihnen durch diesen Prozess gehen. Das ist natürlich nicht dasselbe, wie selbst daran teilzunehmen. Eine gewisse Entschädigung aber dürfte sein: Sie erleben – oder vielmehr erlesen – das Erdforum hier aus der Perspektive des »verantwortlichen Teilnehmenden«, also der Person, die in den Prozess einführt, durch seine vier Phasen begleitet, ihn hält. Darin zeigt sich, wie ein »plastisches« Arbeiten im Sinn der Sozialen Plastik aussehen kann. Und von dieser Warte »hinter den Kulissen« aus lassen sich gemeinsam Fragen der Bewusstseinsentwicklung im Horizont gesellschaftlichen Wandels reflektieren. Zu Ihrer Orientierung enthält der »Anhang« einen kurzen Überblick über den Ablauf eines Erdforums.

In Europa fand das erste Erdforum im Mai 2011 in Berlin im Rahmen des Initiativprojekts »Über Lebenskunst« der Kulturstiftung des Bundes statt. 2012 folgte eine intensive Auseinandersetzung damit in Kassel und Berlin, wo Hunderte von Menschen an Erdforen teilnahmen und viele ein Training absolvierten, um den Prozess selbst durchführen zu können.

S.S. Das Erdforum ist ein Modul der University of the Trees – einer mobilen, alternativen Universität, in der alle, unabhängig von Alter und Status, Lehrende und Studierende sein können, wo aber auch »anders-als-menschliche« Wesen Lehrer sind.[46]

Es beinhaltet ein »capacity building«, bei dem man »nach innen geht, um nach draußen zu kommen«, und es macht die Verbindung von Imagination und Transformation erfahrbar. Jeder kann – als Teil einer Gruppe oder als Individuum – daran teilnehmen und kann sich ausbilden lassen, um diesen Prozess mit anderen durchzuführen. Die Teilnehmenden schätzen sein transformatives Potenzial sowohl auf einer persönlichen als auch einer ökologisch-sozialen Ebene. Sie erleben subtile Formen eines verbindenden Handelns und erfahren in der Praxis, was es heißen kann, mit »unsichtbaren Materialien« zu arbeiten. Anders als viele zeitaufwendige Erfahrungsprozesse kann das Erdforum leicht in größerem Maßstab durchgeführt werden und so zahlreiche Menschen erreichen.

Eines der stärksten Merkmale des Erdforums ist seine Einfachheit. Diese entspringt nicht zuletzt einer anhaltenden Auseinandersetzung mit Fragen, die ich seit den späten siebziger Jahren über Kontinente hinweg mit mir getragen habe: die ich in einem »Dialog mit mir selbst«, in Dialogen mit anderen und immer wieder durch ein »Tun, um zu verstehen« erkundet habe.

Wie es dazu kam: Ursprünge und Kontexte

Das Erdforum begann 2000 in Oxford an einem runden Tisch, um den eine Gruppe von Leuten saßen, die sich weder auf die Bedeutung von Nachhaltigkeit noch von Fortschritt und Entwicklung verständigen konnten. Auch unsere Ansichten zu den globalen Commons und den Möglichkeiten menschlichen Handelns in der Welt gingen weit auseinander. Die Akteure hatten auf Initiative großzügiger Förderer[47] zusammengefunden, deren Idee es war, engagierte Denkerinnen und Praktiker mit einer offenen Agenda gemeinsam Formen eines Zukunft schaffenden Handelns erkunden zu lassen. Eine faszinierende Idee, aber nicht einfach. Als man mir anbot, eine Konferenz zur »Zukunft in ländlich-urbanen Räumen« zu konzipieren, war mein erster Gedanke, anstelle einer Konferenz einen »Beratungsprozess« zu entwickeln – einen Prozess, bei dem man zunächst mit sich selbst zu Rate geht, um von da aus in einen authentischen Austausch mit anderen zu finden.

Die Förderer hielten das für ein interessantes Experiment. So kam es zu jener Gruppe in Oxford, die wir gemeinsam zusammenstellten und der auch die Förderer angehörten. Sie bestand aus Praktikerinnen und Theoretikern aus den Bereichen Nachhaltigkeit, Naturschutz, Evolutionsbiologie und Tiefenökologie, bis hin zu Befürwortern des Kapitalismus, Antikapitalisten und Leuten, die auf dem Feld der Sozialen Plastik tätig waren. Außer dem Engagement für Wandel verband mehrere Akteure in der Gruppe ihre Teilnahme an früheren Soziale-Plastik-Arenen sowie ein Interesse am Potenzial »ästhetischer Praxis«. In unserer Auseinandersetzung zeigte sich bald, wie wenig die Werte, die den einzelnen Perspektiven zugrunde lagen, zur Sprache kamen. Warum war das so? Weshalb die Scheu, die eigenen Perspektiven auf den Tisch zu legen und sie eingehend anzuschauen? Obgleich die ursprüngliche Einladung gelautet hatte, die Schnittstelle zwischen ländlichen und urbanen Zukünften zu erkunden, gehörte es, so beschlossen wir, zu unserer Arbeit, »unsere Agenda zu entdecken«. Das lehnte sich an David Bohms Ansatz an, mit dem einige in der Gruppe vertraut waren.

Doch bald kam es zu erheblichen Frustrationen, und etwa sechs Monate nach ihrem Entstehen drohte die Gruppe auseinanderzubrechen. Als ich vor Beginn einer intensiven Sitzung, die ich moderieren sollte, den Raum betrat, sah ich in dieser Gruppe auf einmal die Welt im Kleinen. Hier waren wir – alle fest entschlossen, angesichts der gegenwärtigen Krisen zu handeln, unfähig, miteinander zu arbeiten, und noch unfähiger, miteinander zu denken. »Gemeinsames Denken« hatte bis jetzt darin bestanden, viele Kompromisse zu machen, was bedeutete, dass einige ihre Ansichten völlig aufgeben mussten. Das aber war keine Lösung. Die einzige Möglichkeit schien zu sein, die verschiedenen Ansichten zu Nachhaltigkeit, Entwicklung und Fortschritt sorgfältig anzuhören: jeder Perspektive Platz einzuräumen. Von da aus würden wir versuchen, den einzelnen Sichtweisen auf den Grund zu gehen, und sehen, was sich daraus ergibt. Das funktionierte in gewisser Weise. Alle fanden den Prozess des Zuhörens hilfreich, doch dann zogen sich mehrere Akteure zurück. Einige, weil sie ihre Zeit nicht in einen Prozess mit solch offenem Ausgang stecken konnten, und andere, weil sie ihre Sichtweise nicht wirklich offen darlegen wollten. Dies war ein kleiner Sieg: ein ehrlicher Ausgangspunkt. Nun beschloss eine noch immer sehr heterogene Gruppe, die den Wert eines solchen Prozesses sah, weiterzumachen.

Jemand in der Gruppe[48] hatte viele Jahre lang in Südamerika gearbeitet, in und zwischen drei Regionen, die einen großen Fluss miteinander teilen. Er kannte einen der Vorläufer des Erdforums, die Installation »Mound«, zu der eine sich über drei Monate erstreckende »ästhetische Praxis« für die Bewohner einer britischen Stadt gehörte.[49] Er spielte mit dem Gedanken, eine ähnliche Arena zu schaffen, um Leute aus diesen drei Amazonas-Regionen zusammenzubringen.

2001 begannen die verbliebenen fünf Akteure jener Gruppe, mit Individuen und Nichtregierungsorganisationen (NRO) in Peru, Russland, Großbritannien und Südafrika zu arbeiten – Orte, zu denen von früheren Aktivitäten her enge Verbindungen bestanden. Wir wollten herausfinden, ob Menschen in diesen Regionen es für hilfreich hielten, Arenen für den Austausch verschiedener Ansichten über Nachhaltigkeit und Fortschritt in ihrer Region zu schaffen. Unsere ersten Vorschläge stießen auf großes Interesse. Zurück an unserem Tisch in Oxford beschlossen wir, ausgehend von einer »verbindenden Ästhetik« – wie in der Einführung dieses Buchs dargelegt – eine Praxis zu entwickeln, die möglichst einfach sein sollte und von den jeweiligen Akteuren vor Ort ohne uns durchgeführt werden konnte.

2002 war ich eingeladen, mit einer Gruppe von Leuten in einer abgelegenen Region in Südafrika zu arbeiten, wo es Konflikte wegen eines Nachhaltigkeitsprojekts gab, das aus dem UN-Gipfel für Nachhaltige Entwicklung in Johannesburg hervorgegangen war. Im Kontext des Gipfels war Exchange Values – ein Soziale-Plastik-Projekt, das einem Produkt, Bananen, in der Weltwirtschaft folgt – präsentiert und genutzt worden.[50] Es hatte eine Arena für wirklich produktive Auseinandersetzungen mit Fragen nachhaltiger Entwicklung geschaffen – was einmal mehr die Bedeutung einer verbindenden ästhetischen Praxis bestätigte, in der die »unsichtbaren Werkstoffe« des Sprechens, des Austauschs und des Denkens ebenso zentral wie die sichtbaren, physischen Formen sind.

Jene Einladung aus dem Dorf – sie war aufgrund des Exchange-Values-Projekts ausgesprochen worden – bot die Gelegenheit, eine einfache verbindende Praktik zu entwickeln. Doch musste ich hierfür zunächst vor Ort in Erfahrung bringen, was – wenn überhaupt – gebraucht wird und ob jemand von außen dabei helfen könnte. So ging ich mit einem Vertrauen in verbindende Praktiken, mit Unwissenheit und Offenheit in das erste Treffen. Dort zeigte sich, dass niemand dem anderen zuhörte. Sobald die einzelnen Personen etwas von ihrem Dilemma mitgeteilt hatten, schienen sie zurück in ihre eigene Welt zu verschwinden. Bei dem Konflikt ging es um »Entwicklung« und »Fortschritt« in der Region. Ob vielleicht ein wenig Bewegung in die ziemlich verfahrene Situation kommen könnte, wenn man einfach zuhören würde, wie die Einzelnen diese Region beschreiben und was »Entwicklung« und »Fortschritt« für sie bedeutet?

Eine Woche später trafen wir uns erneut, zu siebt: die Bürgermeisterin, eine Repräsentantin der Postapartheid-Regierung, ein Vertreter des beteiligten Wirtschaftskonzerns, der Pfarrer, der Leiter der örtlichen Jugendgruppe, ein Lehrer, einer der traditionellen Heiler, die die Standorte ihrer Heilpflanzen bedroht sahen, und ich selbst als eine Art Moderatorin. Obgleich man sich zuvor über den

Gesamtprozess verständigt hatte, gab es gewisse Zweifel im Blick auf die Ergebnisse. »Im neuen Südafrika«, erklärte man mir, »muss alles ergebnisorientiert sein.« Aus der Arbeit mit Bananenfarmern in der Karibik und aus unserem eigenen Prozess an jenem runden Tisch in Oxford wusste ich, was geschieht, wenn Leute ihr eigenes »Bild« wirklich sehen und dabei einander »aktiv«, das heißt, ohne zu urteilen, zuhören. So bat ich die Teilnehmenden, dem Geschehen einige Stunden ihrer Zeit zu schenken und zu vertrauen, dass dabei etwas Nützliches herauskommen würde. Am Ende waren alle verblüfft über die sechs verschiedenen Vorstellungen von »Fortschritt« und »Entwicklung«, die zutage getreten waren; und wie das urteilsfreie »aktive Zuhören« diesen Austausch ermöglicht hatte. Sie hielten das einhellig für ein gutes Ergebnis und beschlossen, sich weiter zu treffen und einander zuzuhören.

In Oxford dachten wir über den Wert dieses Prozesses nach und darüber, wie eine physische Form wie die in Mound oder in Exchange Values das verbindende Potenzial dieses Prozesses noch verstärken könnte. Könnten wir etwas entwickeln, was den Leuten eine greifbare Erfahrung des »Imaginationsraums« geben würde – wie ihn die Farmer und Aktivisten erfahren hatten, die mit Exchange Values gearbeitet hatten? Falls ja, würde dies helfen, zu neuen Wahrnehmungen, vielleicht gar zum Finden neuer Lösungen zu kommen?

2007 entwickelte ich eine neue Form für Exchange Values mit dem Titel: Exchange Values: on the table.[51] An die Stelle der offenen Diskussionsforen mit Konsumenten, wie sie mehr als ein Jahrzehnt praktiziert worden waren, trat nun ein strukturierter imaginativer Prozess, der die eigene Teilhabe an der Weltwirtschaft erfahrbar macht – an einem großen runden Tisch, dessen Mitte mit getrockneten Bananenschalen gefüllt war. Nun wurden die Teilnehmenden rings um den Tisch in den »Imaginationsraum« und in »aktives Zuhören« eingeführt, was ich bis dahin nur mit den Bananenfarmern getan hatte. Mit Prozessen zu arbeiten, aus denen unmittelbar erfahrbar wird, was es heißt, mit »unsichtbaren Werkstoffen« zu arbeiten, machte das Feld der Sozialen Plastik zugänglicher und den Satz »Jeder Mensch ist ein Künstler« konkreter!

Eine weitere Entwicklung gab es 2008. Die neuen Praktiken des Imaginierens und des Zuhörens in Exchange Values, die helfen, »zu sich selbst zu kommen«, bildeten in Hannover die Grundlage von »Ort des Treffens«, einer Praxis, die auf bewusste, aktive Bürgerschaft zielt.[52] Bei diesem Prozess, der einfacher und mobiler als Exchange Values ist, wurden Bürgerinnen und Bürger zunächst zu einem »Selbsttreffen« und anschließend einem »Einander-Treffen« eingeladen. In der Mitte eines mobilen gelben Filzkreises sitzend – auf der Straße, in Büros, zu Hause, in Parks – reflektieren die Teilnehmenden, ausgehend von der Frage »was tue ich in der Welt?«, zunächst einzeln und anschließend in kleinen Gruppen mit anderen, die ebenfalls ein solches »Selbsttreffen« hatten, im lokalen Rathaus.

Das eigentliche Erdforum wurde 2010 für Gruppen in Südafrika im Vorfeld des Klimagipfels in Durban konzipiert. Es kombiniert die Praxis, den Ansichten der anderen zu nachhaltiger Entwicklung zuzuhören, mit Praktiken aus Exchange Values zur inneren Aktivierung. Auf diese Weise schafft das Erdforum an jedem beliebigen Ort des Planeten einen autonomen Raum für »aktives Zuhören« und um »zu sich selbst zu kommen«. Dabei werden jene imaginativen Freiheitsfähigkeiten erlebbar, die helfen können, uns eine lebensfördernde Welt vorzustellen und sie zu gestalten.

Bevor ein Erdforum beginnt

Hildegard, zusammen mit einigen Leuten in Südafrika und in Deutschland gehörst du zu denen, die sich am intensivsten mit dem Erdforum auseinandergesetzt haben. Du hast mehrmals in verschiedenen Kontexten daran teilgenommen, was einer der Wege ist, diesen Prozess selbst als »verantwortliche Teilnehmende« durchzuführen und hast dies inzwischen selbst etliche Male getan. Dann hast du mich bei dem intensiven Training unterstützt, das an einem Februar-Wochenende 2012 im Rahmen der »Citizen Art Days« in Berlin für fünfzig der einhundertzehn Menschen stattfand, die in der Woche zuvor an Erdforen teilgenommen hatten. Wobei das Wort »Training« nicht wirklich passt. Als wir die Teilnehmenden fragten, ob sie ein besseres Wort dafür wüssten, schlug einer der Permakultur-Akteure vor, es eine »Initiation in unsere erweiterten Fähigkeiten« zu nennen. Magst du uns nun in das Erdforum hineinführen?

H.K. Gern. Aber wäre es nicht gut, zunächst zu sagen, was es mit der Rolle des »verantwortlichen Teilnehmers« auf sich hat?

S.S. Stimmt. Der oder die »verantwortliche Teilnehmende«[53] nimmt, wie das Wort besagt, selbst teil, trägt aber zugleich die Verantwortung für den Prozess. Das sollte den übrigen Teilnehmenden gleich zu Anfang vermittelt werden.

Die verantwortliche Teilnehmende schafft den Kontext und sorgt dafür, dass alle wissen, was geschieht. Sie führt durch alle Phasen des Prozesses, ist zur Stelle, falls unvorhergesehene Schwierigkeiten auftreten, und bringt sich gleichzeitig wie alle anderen selbst in den Prozess ein. Wir sprechen hier bewusst nicht von »Leiter« oder »Moderator«. Beim Erdforum gibt es nichts zu moderieren! Und obgleich die verantwortliche Teilnehmende im Erdforum keine Leiterin ist, die außerhalb des Prozesses steht, tut sie etwas, was Leiter oft tun, nämlich sie inspiriert! Sie inspiriert zum Beispiel zu Ehrfurcht vor den Fähigkeiten, die wir haben und entwickeln können – mit denen wir eine bessere Welt gestalten können! Im Training lernen künftige verantwortliche Teilnehmer, nicht primär über den Prozess zu berichten, sondern diesen so zu vermittelten, dass die Teilnehmenden seinen Wert innerlich erleben.

H.K. Ein Erdforum beginnt, indem an irgendeinem Ort der Welt das ausgebreitet wird, was auf dem Umschlag dieses Buchs zu sehen ist: ein rundes Tuch aus ungebleichtem Leinen, worum sich dann eine Gruppe von Menschen versammelt. Tatsächlich braucht es an sichtbaren Utensilien – zu den unsichtbaren Werkzeugen und Werkstoffen kommen wir noch – nichts weiter als ein solches Tuch.

S.S. Dieses Tuch ist bedeutsam, weil es den Ort schafft, an dem das Erdforum stattfindet, aber auch wegen des Bilds, das es transportiert. Dieses Bild besagt: Überall auf dem Planeten gibt es einen Ort, um sich zusammenzusetzen und nachzudenken; um zu entschleunigen, zu sich selbst und zur Welt zu kommen. Eine reflektierte Auseinandersetzung mit dem »Anderen« und der Welt »dort draußen« kann an jedem Ort der Welt stattfinden. Wenn das Tuch, wie oft der Fall, in übersehenen Bereichen oder Zwischenzonen – Parkplätzen, Foyers, Durchgängen, Bahnhöfen, Bürgersteigen, Kreuzungen zwischen öffentlichem und privatem Raum oder einmal sogar in einem ausgetrockneten Flussbett – ausgebreitet wird, veranschaulicht dies das Potenzial des Erdforums, buchstäblich jeden Ort für das Schaffen wertvoller »sozialer Substanz« zu »vereinnahmen« und zurückzugewinnen. Das ist eines seiner kraftvollen Geheimnisse.

In diesem Sinn bringt das runde Tuch einen Mittelpunkt oder Knotenpunkt zum Ausdruck, der an sich immer da ist. Der Erdforum-Prozess bestätigt dies nur und erinnert uns daran. Es verkörpert das Geheimnis, dass die Mitte überall dort ist, wo wir bereit sind, zu uns selbst, zueinander und zur Welt zu kommen: zu Bewusstheit und zu »rechtem« Handeln. In alten Weisheitstexten heißt es, wo immer man stehe, sei »heiliger« Boden. So, wie es nötig ist, die kontemplativen Wissensformen der alten spirituellen Kulturen in säkulare Formen und Kontexte zu bringen, braucht es ein neues Bewusstsein vom »heiligen« Boden und vom Archetyp der Mitte. Ein bewusstes Zu-sich-selbst-Kommen und Zueinander-Kommen ist die Mitte. Der unserer Zeit gemäße Tempel ist kein Gebäude mehr. Er entsteht aus wachen, achtsamen Individuen im Dialog mit sich selbst, miteinander und mit der Welt. Diesen Tempel zu entdecken dürfte elementar sein: nicht nur für unsere persönliche Reise zu etwas Besserem, sondern auch für die nichtmenschlichen Wesen, die mit uns leben müssen, sowie für uns als Bürger und Entscheidungsträger, die zusammenkommen müssen, um eine lebensfördernde Welt zu gestalten.

Auch dass das Tuch bei seiner Anfertigung geölt wurde, ist wichtig. Rein funktional dient das Öl dazu, die Spuren des Geschehens festzuhalten. Darüber hinaus hebt es das Tuch aus dem Alltäglichen heraus, »verfremdet« es im Brecht'schen Sinn. Das Tuch ist nicht mehr nur ein Baumwolltuch. Es sammelt Substanz, indem es von Ort zu Ort wandert, was es mit dem Archetyp der allgegenwärtigen Mitte verbindet.

Das Erdforum vorbereiten – sich selbst vorbereiten

H.K. Das Erdforum enthält vier Phasen und zwei zentrale Prozesse oder Fähigkeiten. Es beginnt damit, dass eine Gruppe von Menschen sich auf Stühlen rings um das Tuch in der Mitte versammelt. Die Gruppe sollte nicht zu groß sein, möglichst nicht mehr als zwölf Personen, und alle sollten darauf eingestellt sein, diesem Prozess etwa drei Stunden ihrer Lebenszeit zu schenken. Wenn wir also im Kreis sitzen, zwischen uns das Tuch, sehe ich meine erste Aufgabe als verantwortliche Teilnehmende darin, einen Prozess in mir selbst zu aktivieren, nämlich eine angemessene innere Haltung zu finden: Ich versuche, die hier versammelten Menschen zu spüren als das, was sie sind – einmalige Individuen. Ich stelle mir vor, dass jede und jeder hier im Kreis Ideen, Fähigkeiten, Potenziale in sich trägt, von denen ich keine Ahnung habe und von denen sie vielleicht selbst nichts wissen, die aber sehr bemerkenswert sind. Ich bin also bereit, mich in jedem Moment überraschen zu lassen von dem, was geschehen wird. Ich vergewissere mich meines wirklichen Interesses an diesen Menschen.

Und bevor von einem Raum gesprochen wird, der nun durch den Prozess zwischen uns entsteht, ist es meine Aufgabe, in mir selbst diesen Raum zu finden. Damit ich die scheinbar einfachen Schritte, aus denen das Erdforum besteht, nicht einfach benenne oder wie Techniken vermittele. Als verantwortliche Teilnehmende versuche ich also, vor Beginn des Prozesses diesen entscheidenden imaginativen Raum in mir zu schaffen, ihn, solange er noch nicht geteilt werden kann, so gut es geht zu verkörpern – und alles Weitere aus diesem Raum heraus zu tun. Ich versuche ihn zu halten, in ihm zu sein, so dass ich die anderen in ihn einladen kann, anstatt sie irgendwohin zu schicken, wo ich selber nicht bin. Es muss in der Runde jemanden geben, der den Raum in sich spürt, damit er sich dann auch für die anderen öffnen kann.

S.S. Das ist in der Tat eine Kernaufgabe des verantwortlichen Teilnehmenden und eines der sehr wichtigen unsichtbaren Elemente. Sich so für diejenigen, die jetzt in den Prozess eintreten werden, vorzubereiten, aktiviert die Möglichkeiten jedes einzelnen Erdforums.

Wirkliche Freiheit in einem Prozess zu ermöglichen bedeutet ja nicht, die Teilnehmenden einfach nur sich selbst zu überlassen. Gewiss, letztlich sind sie es selbst, die durch das, was sie gemeinsam tun, den Raum des Erdforums schaffen. Doch macht es einen spürbaren Unterschied, wenn der verantwortliche Teilnehmende daran arbeitet, sich diesen Raum des Potenzials, in dem das Ganze mehr als die Summe der Teile werden kann, schon vor Beginn vorzustellen und etwas davon zu verkörpern.

H.K. Eine Frage, die in dieser Vorbereitung steckt, ist: Kann ich mein Herz aktivieren? Ist es möglich, bewusst Liebe in mir zu wecken? Zu jemandem, den ich gar nicht kenne? Gewöhnlich betrachten wir ja Liebe als etwas, das einem geschenkt wird oder widerfährt, also mehr oder weniger ohne eigenes Zutun entsteht. Das Herz aktivieren – was ist das überhaupt? Das Erdforum bietet eine wunderbare Gelegenheit, in diese Richtung zu experimentieren.

S.S. Hat das nicht mit »aktivem Willen« zu tun? Denn dieses innere Annehmen geht aus dem Wunsch und dem Bemühen hervor, anderen wirklich zu begegnen – was bedeutet, ihre Welt zu bewohnen und anzunehmen, ohne sie zu übernehmen! Diese Art »Liebe« zu entwickeln ist richtige Arbeit. Empathie-Arbeit oder »Wärmearbeit«, wie Beuys es nannte. Man könnte meinen, »Wärmearbeit« handle nur von Gefühlen. Aber das Aufbringen der Energie, sich einem anderen zu öffnen, hat wirklich mit dem Willen zu tun. Das ist gleichzeitig ein Energieanstieg. Du hast hervorgehoben, wie wichtig es sei, ein wirkliches Interesse für jede und jeden Teilnehmenden zu entwickeln. »Interesse« kommt von lateinisch *inter esse*, »dazwischen sein«. Das weist auch auf diese Bewegung aus einem selbst heraus zum anderen. Ja, Interesse hat viel mit steigender Energie zu tun, die wir Liebe oder auch Eros nennen können. Es ist der Wunsch nach wirklichem Begegnen.

H.K. Es ist eine Form der freien Liebe. Bei freier Liebe denken wir gewöhnlich an Sexualität und Partnerwechsel. Hier aber gibt es eine Liebesqualität, die den anderen vollkommen frei lässt und sich an seiner Freiheit erfreut. Die daraus entsteht, dass du die Freiheit des anderen siehst und sie dich berührt. Das ist völlig frei von allem Besitzenwollen. Diese Liebe entzündet sich daran, dass du etwas vom Wesen des anderen erleben darfst.

S.S. Es ist der Prozess, die Existenz eines anderen anzuerkennen, der anders denkt, sieht und handelt. Hierzu ist es nötig, nicht zu urteilen und Unterschiede anzunehmen, ohne sie unbedingt im Einzelnen zu akzeptieren. Diese innere Nähe zu ganz verschiedenen Menschen, die sich wie man selbst mit Fragen einer zukunftsfähigen Welt herumschlagen, ist am Ende eines Erdforums oft eine wirkliche Überraschung für die Teilnehmenden.

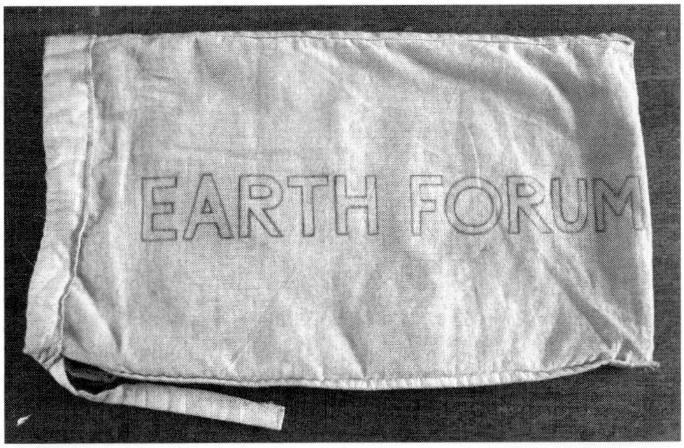

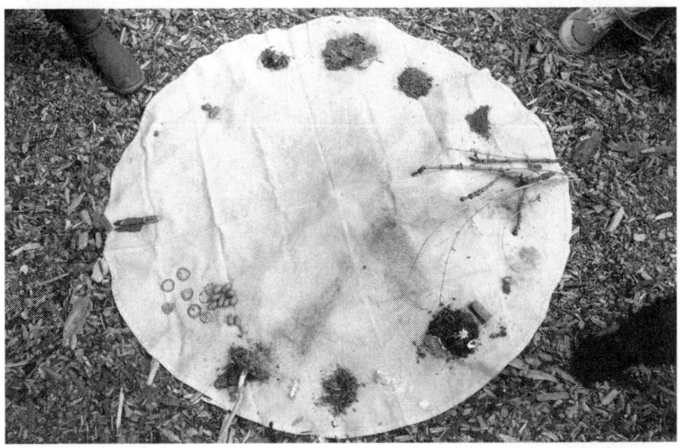

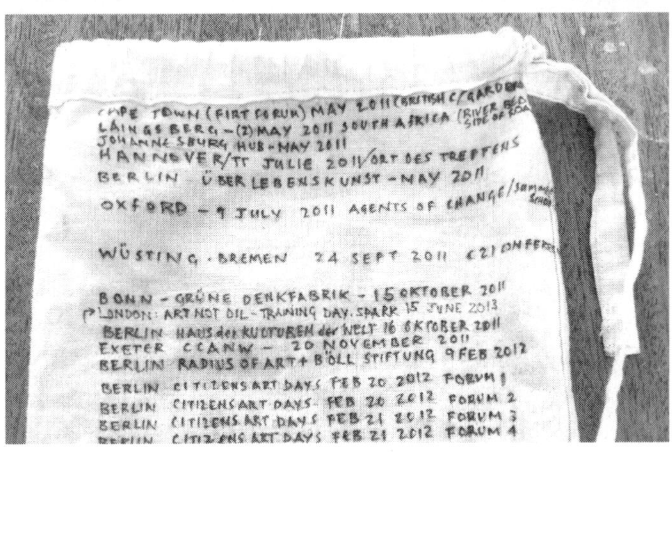

3–5 Bewusstheitsinstrumente des Erdforums: die Tasche einer verantwortlichen Teilnehmenden (3); geöltes Tuch am Ende eines Erdforum-Prozesses (4); Rückseite der Tasche mit Orten und Daten durchgeführter Erdforen (5).

Phase 1: Der Gang auf dem Planeten

H.K. Jetzt sind wir ganz am Beginn. Wir sitzen auf Stühlen um das runde Tuch. Manchmal liegt das Tuch auf der Erde oder dem Fußboden, manchmal auf einem runden Tisch. Die Stühle sollten möglichst gleich sein. Auch legst du Wert darauf, nicht auf dem Fußboden zu sitzen. Weil das einen enormen Unterschied macht.
S.S. Wenn möglich. Und wenn es passt. An manchen Orten und in manchen Kulturen kann es merkwürdig zu sein, nicht auf dem Boden zu sitzen.
H.K. Interessanterweise gibt es nun keine große Vorstellungsrunde, auch wenn die Teilnehmenden einander völlig fremd sind. Sie werden lediglich eingeladen, ihre Namen zu nennen mit dem Hinweis, dass man sich sehr bald durch den Prozess kennenlernen wird. Dann erzählt der verantwortliche Teilnehmende etwas zu Kontext und Geschichte des Erdforums und zur University of the Trees, zu der wir im fünften Kapitel kommen werden. Und er skizziert den Ablauf: dass das Erdforum aus vier Phasen und zwei zentralen Prozessen oder Fähigkeiten besteht.

Die erste Phase beginnt mit der Einladung an alle Teilnehmenden, für einen Moment nach draußen zu gehen, einen kleinen »Gang auf dem Planeten« zu unternehmen und »etwas von der Erde« mit zurückzubringen. Und die Teilnehmenden mögen währenddessen darauf achten: Was erfahre ich da? Was nehme ich wahr? Wie fühlt sich das an? Welche Fragen tauchen auf? Welche Bilder? Welche Zweifel? Auch wird betont, dass es hierbei nichts Überflüssiges und nichts Falsches gibt.

Wir bitten darum, nach der vereinbarten Zeit – zehn Minuten genügen vollauf – pünktlich zurückzukehren, weil der Prozess erst weitergehen kann, wenn alle wieder um das Tuch versammelt sind. Und die ganz große Bitte lautet, während dieses »Gangs auf dem Planeten« nicht zu sprechen. So merkwürdig es sich auch anfühlen mag, gemeinsam draußen zu sein, ohne sich zu unterhalten, ...

S.S. ... ist es ja nur für ein paar Minuten. Wir betonen, dass jetzt die besondere Gelegenheit besteht, für ein paar Minuten allein mit sich selbst auf dem Planeten zu sein.
H.K. Ja. Und bevor dann alle – auch die verantwortliche Teilnehmende – nach draußen aufbrechen, führt diese noch die erste der beiden Fähigkeiten ein, die beim Erdforum zentral sind: das »imaginative« Arbeiten.

Der Imaginationsraum

S.S. Um diese Fähigkeit zu veranschaulichen, hat sich das Bild eines »mietfreien Raums« eingebürgert, den jeder Mensch auf seinen Schultern mit sich herumträgt und in dem wir ganz erstaunliche Dinge tun können. Was uns kaum je bewusst wird. Von einem »Raum« zu sprechen ist keine Metapher. Es ist wirklich ein Raum, in dem wir Bilder aller Art sehen können. Und: Er ist frei! Es ist wahrscheinlich der einzige mietfreie Raum, zu dem wir permanenten Zugang haben: ein innerer Raum, dessen Inhalte privat sind, es sei denn, wir entschließen uns, sie zu teilen und ihnen Form zu geben. Ja, es ist ein mietfreies inneres Atelier, ein mietfreier innerer Arbeitsraum!

Die verantwortliche Teilnehmende beschreibt diesen Raum möglichst so, dass alle ein Gespür für ihn bekommen, etwa indem sie fortfährt: »Über die Tatsache hinaus, dass er mietfrei ist, hat dieser Raum weitere bemerkenswerte Qualitäten. Er ist ›mobil‹. Da wir ihn auf unseren Schultern tragen, haben wir ihn bei uns, wo immer wir gerade sind!« Und in diesem Raum gibt es eine besondere Art von Dunkelheit. Vielleicht wird die verantwortliche Teilnehmende an der Stelle jenes »Theater der Dunkelheit« (James Hillman) anführen, von dem wir hier im vorangehenden Kapitel nach unserem Gang durch tote Zonen gesprochen haben.

Um das »imaginative« Arbeiten weiter zu verdeutlichen, fokussiert der verantwortliche Teilnehmer nun zunächst auf Erinnerungen: auf vergangene Ereignisse, die in der Gegenwart erlebt werden können. Er holt die übrigen Teilnehmenden in den Imaginationsraum, indem er innerlich ein paar Bilder aus der eigenen Vergangenheit Revue passieren lässt: er selbst mit vier Jahren, mit acht oder neun Jahren, mit achtzehn, dreißig und so weiter. Es ist wichtig, hier sorgfältig vorzugehen und die Teilnehmenden zu ermutigen, das ebenfalls zu tun: einige Bilder aus der Vergangenheit wachzurufen, eines nach dem anderen; von ganz frühen Erinnerungen bis in die jüngste Vergangenheit.

H.K. Oft hilft es, kurz ein Beispiel einzubringen, etwa: »Ich erinnere mich, wie wir als Kinder auf dem Bauernhof sonntags nach dem Mittagessen mit unserer Tante den Hofhund, einen Schäferhund, ausführen, der unter der Woche immer erst abends von der Kette kam. Wie er, hungrig nach Freiheit und Bewegung, in weiten Sprüngen über die Felder den Hang hinaufsetzt. Aber dann, o Wunder, auch bald wieder zurückkehrt – zur Tante, die sich gut um ihn kümmerte.« Wenn danach ein Moment Stille ist, zeigt sich auf den Gesichtern, wie innerlich etwas in Gang gerät.

S.S. Ja, binnen Sekunden ist jeder in seinem eigenen »Theater der Erinnerung« und sammelt aktiv Bilder! Durch das Vergegenwärtigen eigener Erinnerungen erlebt jede Person ihre eigene imaginative Fähigkeit und den mietfreien Raum, den wir alle auf unseren Schultern tragen. Es genügt, Aufmerksamkeit auf diesen Raum und diese Fähigkeit zu lenken, und etwas so Einfaches wie eine Erinnerung wird fast zu einem Wunder. Ein sehr subtiler und komplexer Prozess, den man normalerweise nur erkundet, wenn man Philosophie und Erkenntnistheorie studiert, kann nun von jedem überall, ob mit oder ohne formale Bildung, erlebt werden. Was für eine erstaunliche Fähigkeit: Bilder, die der Vergangenheit angehören, jetzt zu erleben, in der inneren Gegenwart!

An der Stelle lohnt es sich, auch auf den bemerkenswerten Umstand hinzuweisen, dass bei diesem Erinnern jede und jeder von uns woanders ist, während zugleich alle hier sitzen. Zur selben Zeit hier und anderswo zu sein und das »Anderswo« in die jetzige Situation bringen zu können ist eine sehr besondere Fähigkeit. Jede Person ist voll von Bildern, die niemand sonst sehen kann. Und doch sitzen wir hier alle beisammen. Wie staunenswert das doch ist.

Der oder die verantwortliche Teilnehmende wird also einige Sorgfalt auf dieses Vergegenwärtigen von Bildern aus der Vergangenheit verwenden. Denn das ist nicht nur eine wirkliche Handlung in der Sphäre der unsichtbaren Materialien – ich kann Bilder aus meiner eigenen inneren Bibliothek einladen, entdecken und auswählen. Es ist darüber hinaus etwas Einfaches, was jeder auf der Erde tut. Jeder hat Erinnerungen, auch ohne sich des inneren Arbeitsraums, in dem sie erscheinen, bewusst zu sein. Diese mit allen geteilte Fähigkeit gibt uns eine unmittelbare Gleichwertigkeit. Hier sitzen wir, unabhängig von Herkunft, Position oder Bildung, alle mit unserem eigenen »mietfreien Raum« auf den Schultern, in dem wir Bilder aus der Vergangenheit vergegenwärtigen können.

Nun führt der verantwortliche Teilnehmende einen weiteren Aspekt des inneren Arbeitsraums ein: dass es ein Ort ohne Wände und ohne Zeit ist. Beim Anschauen der Bilder, die wir wachgerufen haben, können wir feststellen, dass es zwischen ihnen keine Grenzen gibt und wir sie alle gleichzeitig sehen können, jetzt, in diesem Moment. Du kannst die Bilder verschieben. Du kannst dich mehr auf das eine oder mehr auf das andere konzentrieren. Sie können nebeneinander da sein, einander durchdringen.

Und weiter: In diesem Raum können wir nicht nur Bilder aus der Vergangenheit wachrufen. Auch das, was jetzt geschieht, die Gegenwart also, ist dort. An dem Punkt des Prozesses empfiehlt es sich, als verantwortliche Teilnehmende in die Runde zu schauen und konkrete Beispiele zu geben: die gelbe Strickjacke dort, die roten Schuhe, jemandes Lächeln. Man sollte hier besser nicht nur auf Gesichter fokussieren, weil das zu persönlich und intensiv werden kann. Worum es geht, ist, allen Teilnehmenden ein Gespür davon zu vermitteln, dass auch das, was in der Gegenwart geschieht, in Form von Bildern in uns ist: Was immer ich jetzt sehe, ist nicht in meinen Augen. Auch ist mein Auge nicht dort draußen, auf deiner Strickjacke, deinen Schuhen oder deinem Gesicht. Und doch ist dein Gesicht in mir. Du bist in mir. Ein Bild-Klang-Duft-Ensemble, das ich halten kann, das potenziell für immer bei mir bleiben kann! Und dein Bild koexistiert mit meiner Welt – mit meinen Bildern aus der Vergangenheit, die du nicht sehen kannst. Dies zeigt uns, dass wir zwei Zeitsphären sehen können: die Vergangenheit und die Gegenwart. Und dass beide gleichzeitig da sind, ohne Abgrenzungen.

Je mehr den Leuten bewusst wird, was in dem »mietfreien Raum« geschieht, desto faszinierender finden sie diese neuen Entdeckungen. Es ist gut, wenn der verantwortliche Teilnehmende sein eigenes Staunen, seine eigene Ehrfurcht zum Ausdruck bringt.

Von da aus werden die Teilnehmenden in die dritte Raum-Zeit geführt, die Zukunft. Hier bietet der verantwortliche Teilnehmende ein paar Bilder und Beschreibungen an, die es den Leuten ermöglichen, sich gemeinsam etwas auszumalen, was es noch nicht gibt!

Falls das Erdforum im Winter stattfindet, kann die verantwortliche Teilnehmende auf einen Baum draußen zeigen und sagen: »Der Baum dort hat keine Blätter. Aber wir können uns gut vorstellen, wie er in drei Monaten aussehen wird, wenn er grün ist.« Oder umgekehrt. Du weist auf einen grünen Baum und sagst: »Wir können uns vorstellen, wie er, falls die Welt sich nicht drastisch ändert, in einigen Monaten aussehen wird, wenn er völlig kahl ist.« Solche Bilder veranschaulichen sowohl unsere Fähigkeit, uns die Zukunft vorzustellen, als auch, wie unsere Annahmen auf Vergangenem basieren, auf der Voraussetzung also, dass die Dinge wie bisher weiterlaufen.

Anhand des Baums kann die verantwortliche Teilnehmende auch die Frage aufwerfen, ob die Vorstellung grüner Blätter an einem kahlen Baum wirklich ein Zukunftsbild ist oder nicht vielmehr ein auf die Zukunft projiziertes Bild aus der Vergangenheit. An diesem Punkt, wo einige Teilnehmende sich vielleicht zu fragen beginnen, ob nicht alle Zukunftsbilder irgendwie mit der Vergangenheit verbunden sind, ist es wichtig, ein Bild von etwas einzubringen, das es noch nie gegeben hat. Wie etwa das Bild einer komplett asphaltierten Welt. In der jeder Quadratmeter mit Asphalt bedeckt ist. Es gibt keinen einzigen Grashalm, überhaupt nichts Lebendiges. Während die Leute sich das vorstellen, betont der verantwortliche Teilnehmende, so etwas Schreckliches möge hoffentlich nie eintreten. Dass aber die Art, wie wir dieses innere Bild erzeugt haben, uns zeigt, wie wir Bilder einer Zukunft schaffen können, die es nie zuvor gab.

Nun sollte die verantwortliche Teilnehmende unsere erstaunliche Fähigkeit, Bilder von Dingen zu formen, die es noch nicht gibt, mit ein paar positiven Beispielen veranschaulichen: »Wir können uns neue Formen einer Landwirtschaft vorstellen, die die Welt nicht vergiftet, sondern sie sogar immer lebendiger macht; neue Formen eines Familienlebens, die Alternativen zu Isolation bieten; Gemeinschaften, die nicht auf Macht oder auf dem Unterdrücken von Individualität basieren.«

Der verantwortliche Teilnehmende sorgt dafür, dass dieser Vorstellungsprozess sich Schritt für Schritt vollzieht. Es ist ein wenig wie »Storytelling«, was nichts anderes als das Schaffen von Bildern ist. Und dies, das Schaffen von Bildern, bringt Menschen in ein Erleben hinein. Vielleicht wird deshalb im Kontext gesellschaftlichen Wandels »Storytelling« zunehmend als aktivierende Methode eingesetzt. Indem die Teilnehmenden den Bildern folgen, die der verantwortliche Teilnehmende anbietet, werden sie innerlich aktiv. Sie bekommen ein Gespür dafür, wie dieser selbe Raum auch genutzt werden kann, um zu sehen, was noch nicht existiert ... und sich eine lebensfördernde Zukunft vorzustellen.

Aber damit sind wir noch immer nicht am Ende. Es gibt noch einen weiteren sehr bemerkenswerten Aspekt dieser imaginativen Arbeit: Während wir in unserem inneren Raum, in dem es keine Wände und keine Abtrennungen gibt, Bilder aus drei verschiedenen Zeitsphären – Vergangenheit, Gegenwart und Zukunft – sehen, findet dort etwas vielleicht noch Erstaunlicheres statt. Ich kann dort nämlich gleichsam einen Schritt beiseite treten und sehen, was ich sehe, hören, was ich höre. Ich kann also auch sehen, wie ich die Welt sehe: Mit welchen Linsen, welchen Werten, welchen Haltungen ich die Welt betrachte. In anderen Worten – ich sehe die geistige Verfassung, mit der ich die Welt anschaue. Und wenn mir die Linsen, durch die ich schaue, nicht gefallen, kann ich beschließen, sie abzulegen. Das ist vielleicht das Unglaublichste an dieser Fähigkeit: Wenn ich sehe, was ich sehe, stellt sich mir nicht nur eine Perspektive auf mich selbst und darauf ein, wie ich in der Welt lebe, sondern ich habe auch die Wahl, meine Perspektive zu ändern. Gewöhnlich nennen wir das Reflexion oder Besinnung. Hier geht es darum, wie ich mein Leben gestalte, und hier ist Freiheit. Nicht Freiheit von den äußeren Bedingungen, aber Freiheit, um meine Perspektiven, Vorstellungen und Begriffe zu erkunden und mit ihnen zu arbeiten.

Und da es keine Wände zwischen den Bildern der Vergangenheit, Gegenwart und Zukunft gibt, können die Bilder – je mehr ich lerne, sorgfältig in sie hineinzuschauen – zu Ein-sichten werden. Ja, hineinschauen in das, was ich sehe. Hineinlauschen in das, was ich höre. Neue Verbindungen herstellen zwischen all diesen Bildern, zu denen auch Sehnsüchte und Ideen gehören. Indem ich in meinem »mietfreien Raum« reflektiere, kann ich eine neue Sicht weniger auf, sondern vielmehr in all das haben. Und daraus kann ich Sinn erzeugen, neuen Sinn. Ich arbeite mit den unsichtbaren Materialien in meinem inneren Atelier. Ich habe die Freiheit, noch einmal hinzuschauen, wie Künstler das tun; andere Bilder zu formen, mir neue Zukünfte auszumalen – allein und in einem gemeinsamen Prozess.

H.K. Vielleicht sollte man hier darauf hinweisen, dass jenes Beiseitetreten, von dem du sprichst, kein Neben-sich-Stehen ist. Es ist nicht der kritische Blick mit gerunzelter Stirn auf mich selbst, den wir alle ja nur zu gut kennen. Sondern hier trete ich eher ein wenig hinter mich zurück, um den Blick zu weiten, um mehr Überblick zu haben, wohlgemerkt, ohne mich dabei zu beurteilen.

S.S. Dieses Beiseitetreten oder Hinter-sich-Treten hat mit dem zu tun, was viele Weisheitslehren den »ständigen Betrachter« nennen. Es ist ein Blick auf sich selbst, der nicht urteilt, sondern wohlwollend und großzügig nach Möglichkeiten sucht.

H.K. Der Begriff *observer*, den du im Englischen verwendest, wird meist mit »Beobachter« übersetzt. Doch hier sagen wir bewusst »Betrachter«. Denn es handelt sich um das Gegenteil eines Beobachters im Sinn jenes »inneren Zensors«, von dem Christa Wolf in ihrer Erzählung »Was bleibt« spricht – einem inneren Pendant der Stasi. Diese Form der Selbstzensur wurde einem ja nicht nur in der ehemaligen DDR eingeimpft. Nein, der Blick auf einen selbst, zu dem das Erdforum einlädt, ist keine Selbstzensur, aber auch nicht selbstgefällig. Er ist, wie du sagst, großzügig. Warm. Denn es braucht Wärme, um Erstarrtes neu in Bewegung zu bringen. Und aus solchem Bewegen und Bewegtsein wiederum entsteht Spielraum, Möglichkeitsraum, Gestaltungsraum. Es entsteht neue Freiheit. Beim »stillen Betrachten« begegnen wir also uns selbst wie jemandem, der uns am Herzen liegt.

S.S. Bei all meinen Projekten und auch bei der Arbeit mit den Studierenden ist dieser »Dialog mit sich selbst« eine integrale Strategie. Natürlich sehen wir, wenn wir nach innen schauen, vieles, das uns gar nicht gefällt, aber Reflexion muss nicht urteilend sein. Ein sorgfältiges, eher phänomenologisches Betrachten kann zu neuen Einsichten führen und viel Energie freisetzen. Vielleicht hängt es weniger davon ab, wo man steht, also von den Linsen, durch die man auf die eigenen Bilder von der Welt schaut.

Aber zurück zum Erdforum. Wir sind noch immer in Phase 1, wo die verantwortliche Teilnehmende beschreibt, wie wir in jenem inneren Atelier uns selbst, unsere Werte und Einstellungen wahrnehmen können. Auch hier helfen Beispiele: Wir können uns eine Person vorstellen, die – aus welchen Gründen auch immer – alles schönfärbt, durch eine rosa Brille anschaut und immerzu sagt, alles sei prima. Mit einer pessimistischen Sicht hingegen nimmt man nicht nur ganz andere Dinge wahr, sondern sieht alles durch eine beschlagene Brille, durch die Linsen des Unmöglichen und der Verzweiflung, was ebensowenig hilfreich sein dürfte. Auch Vorurteile und Annahmen sind Linsen. Solche Beispiele verschiedener innerer Haltungen helfen zu sehen, wie elementar wichtig es ist, uns unserer Linsen bewusst zu werden!

Wie ein solches Bewusstwerden sich anfühlt, zeigte sich bereits bei den ersten beiden Erdforen, die 2011 an einem Wahltag in einer südafrikanischen Kleinstadt – am Straßenrand und in einem ausgetrockneten Flussbett –mit Farmern und Landarbeiterinnen stattfanden. Und selbst wenn ein Erdforum auf einem hektischen, lauten Bürgersteig in Johannesburg oder, wie im letzten Sommer während der documenta 13 in Kassel vor dem Fridericianum, in fünf parallelen Foren stattfindet, stellt sich bei diesem Bewusstwerden eine fokussierte, absorbierte Aufmerksamkeit ein.

H.K. Es geschieht im Grunde etwas Magisches. Die Teilnehmenden beginnen zu spüren, dass sie Träger von etwas sind: von etwas Großartigem, zutiefst Erstaunlichem. In der Sprache des Mythos könnten wir sagen, jeder von uns trägt einen Gral. In dem Moment, wo ich davon etwas spüre, spüre ich meine Würde und auch meine Verantwortung. Da verwandelt sich etwas in mir.

S.S. Ja, man erkennt, dass man ein Geschenk, einen Schatz hat, den es zu hüten gilt. Wenn ich vom inneren Arbeitsraum spreche, beschreiben meine Hände automatisch einen Raum um meinen Kopf, die Schultern und den Brustbereich. Es ist ein Dom, wie James Hillman sagt, aber einer, der weit über den Kopf hinausgeht. Fast, als säße man auf einem Thron. Und ohne groß zu betonen, dass man die Gaben ehren sollte, die einem per Geburt geschenkt sind, siehst du in den Gesichtern der Teilnehmenden und hörst danach, wie verblüfft sie über das sind, was sie mit sich umher tragen.

H.K. Oft kann man sehen, wie die Leute sich dann sogar anders bewegen.

S.S. Diesen Raum für imaginatives Arbeiten einzuführen weckt ein Gespür für unerkannte Fähigkeiten. Auch wird hier ein subtiler und essenzieller Prozess, den man sonst nur in komplexer philosophischer Sprache diskutiert, in einfacher Sprache erfahrbar und reflektiert. Doch hängt das, was Teilnehmende tatsächlich von einem Erdforum haben, stets auch davon ab, wie der verantwortliche Teilnehmende all das vermittelt. Er sollte beim Vergegenwärtigen des »mietfreien Raums« und unserer imaginativen Fähigkeiten wirklich sorgfältig vorgehen. Denn der daraus entstehende Zustand – belebt, fokussiert, still – ist nicht nur für das ganze Erdforum essenziell, sondern auch eines der wichtigsten »Ergebnisse«, das die Teilnehmenden mit nach Hause und in ihr eigenes Arbeitsfeld nehmen. Im weiteren Verlauf des Erdforums reden dann primär die Teilnehmenden. Die zweite Fähigkeit, das »aktive Zuhören«, lässt sich viel einfacher beschreiben. Man tut das, nachdem die Teilnehmenden von ihrem kurzen »Gang auf dem Planeten« zurückgekehrt sind.

H.K. Jetzt also, nachdem die »imaginative« Fähigkeit eingeführt ist, gehen alle nach draußen: ohne zu sprechen und bewusst mit ihrem »mietfreien Raum.

S.S. Vielleicht wird der verantwortliche Teilnehmende sie noch ermutigen, das, was auf ihrem »Gang auf dem Planeten« geschieht, nicht zu beurteilen oder zu zensieren. Denn nichts daran kann »falsch« sein. Es ist ihre Erfahrung: Alle Wahrnehmungen und Zweifel, Fragen, Bilder und Einsichten, die sich dabei einstellen, sind real. So begegnen sie nicht nur der Welt auf eine Weise, wie das sonst kaum geschieht, sondern sie werden auch ermutigt, ihre eigene Erfahrung wertzuschätzen. In diesem Sinn beinhaltet die erste Phase des Erdforums ein Akzeptieren der eigenen Erfahrung, wofür es jene Haltung der Offenheit braucht, die der »verantwortliche Teilnehmende« vor Beginn des Prozesses zu finden versucht.

Das aktive Zuhören

H.K. Nach der vereinbarten Zeit, sagen wir zehn Minuten, kommen alle mit »etwas von der Erde« in der Hand zurück. Damit sitzen wir nun also in der Runde. Und jetzt beginnt ein erster Austausch: darüber, welche Bilder, Gedanken, Fragen, Erfahrungen sich bei diesem kurzen »Gang auf dem Planeten« eingestellt haben. Zuvor aber führt die verantwortliche Teilnehmende den zweiten elementaren Prozess beziehungsweise die zweite elementare Fähigkeit ein – das »aktive Zuhören«.

S.S. Während beim »aktiven Zuhören« derselbe Sinnesapparat wie beim alltäglichen Zuhören beteiligt ist, ändert sich die innere Haltung des Zuhörenden. Das Ziel ist, urteilsfrei zuzuhören. Ohne Sympathie und Antipathie. Denn beides entfernt von den Inhalten und der Substanz dessen, was die sprechende Person mitteilt. Wie Diskussion und Debatte es tun, bei denen wir auf unsere Reaktionen fokussieren. Daher wird im Erdforum erst in der letzten Phase, dem offenen Austausch, diskutiert. Das sollte der verantwortliche Teilnehmende jetzt erwähnen, so dass die Leute wissen, dass es dazu Gelegenheit geben wird, nur eben später.

Beim »aktiven Zuhören« versuchen wir nicht nur, ohne Sympathie und Antipathie zuzuhören, sondern auch, innerlich nicht zu antworten; was bedeutet, auch auf Reaktionen wie eigene Gedanken und Ideen nicht weiter zu achten. Das fällt besonders schwer. Denn es ist ein natürlicher und wichtiger Prozess, durch Anregungen von außen, zum Beispiel durch etwas, das wir hören, aktiviert und inspiriert zu sein. Das gehört zu unserer menschlichen Kreativität. Aber selbst diese entfernt uns in gewisser Weise vom anderen und verringert unsere Fähigkeit, in das Gesagte hineinzuhören. Wir kennen die Erfahrung, Teile des Gesagten zu verlieren und kurz darauf wieder einzusteigen. Das geschieht nicht nur, weil ich urteile, sondern auch, weil ich, durch das Gesagte aktiviert, auf meine eigene innere Schiene gewechselt bin. Falsch ist das nicht. Nur hilft es uns kaum, beim Sprechenden zu bleiben. Aktives Zuhören bedeutet also, beim Sprechenden zu bleiben und das Mitgeteilte wirklich entgegenzunehmen, möglichst ohne dass die eigenen Geschichten und Reaktionen dazwischenfunken. Wann immer das dennoch geschieht, hilft es, dies einfach nur zu bemerken und so rasch wie möglich zur sprechenden Person zurückzukehren. Das ist eine gute Schulung und ähnelt dem, was man in Praktiken geführten Denkens lernt. Bleib beim Gegenstand. Behalte den Fokus. Sei präsent.

Manchmal führt die verantwortliche Teilnehmende hier – oder in der nächsten Runde aktiven Zuhörens in Phase 2 – noch etwas ein, was das aktive Zuhören verstärkt, nämlich: Wir können beim Zuhören auf verschiedene Dinge auf verschiedenen Ebenen achten – zum Beispiel auf den Inhalt des Gesagten, auf das Gefühl und auf den Impuls darin. Das zu betonen hilft den Teilnehmenden manchmal, noch aktiver zuzuhören. Doch bleibt in der jeweiligen Situation abzuwägen, ob es gut ist, das einzuführen oder nicht. Dieses differenzierte Zuhören funktioniert besser, wenn man mehr Zeit hatte, sich damit vertraut zu machen.

H.K. Meiner Erfahrung nach ist es in der ersten Runde hierfür zu früh. Denn schon das aktive Zuhören beinhaltet eine ziemliche Herausforderung. Wenn ein Geschehen übermäßig komplex wird, neigt man dazu, sich innerlich davon zu verabschieden, oder?

S.S. Es ist wirklich komplex. Worauf es ankommt, ist, bei der mitteilenden Person zu bleiben, und wenn man abdriftet, sich so schnell wie möglich zurückzuholen! Die Zuhörenden sollen nicht in Panik geraten oder sich schuldig fühlen, wenn sich eigene Gedanken einschleichen. Zwar fordert die verantwortliche Teilnehmende dazu auf, nicht »in den eigenen Film zu kippen«, doch betont sie auch, dass dies ein natürlicher, kreativer Prozess ist, den wir nur jetzt ein wenig dämpfen wollen.

H.K. Gut. Dann werden die Teilnehmenden eingeladen, mitzuteilen, was während ihres »Gangs auf dem Planeten« geschehen ist.

Stille als Mitarbeiterin

S.S. Wobei niemand dazu verpflichtet ist. Zwar sagt der verantwortliche Teilnehmende, wie schön es wäre, von jedem etwas zu hören, doch dürfen die Teilnehmenden sich während des gesamten Erdforums nie zu etwas genötigt oder verpflichtet fühlen.

H.K. An dieser Stelle kann man darauf hinweisen, dass in dem Wort »mitteilen« »teilen« steckt. Wir teilen also etwas miteinander. Und wir schenken einander Aufmerksamkeit. Bei dieser Art des Austauschs findet mithin ein wirkliches Geben und Nehmen statt. Vielleicht wird die verantwortliche Teilnehmende dann noch sagen: »Es geht nicht im Uhrzeigersinn und nicht gegen den Uhrzeigersinn, sondern wir sprechen, wenn wir so weit sind.« Und nun kommt es darauf an, als verantwortliche Teilnehmende keine Angst vor Stille zu haben. Weil jetzt sehr wahrscheinlich eine lange Stille eintritt. Denn wer wäre es gewohnt, auf diese Weise das Wort zu ergreifen, von Dingen zu sprechen, wie man das gleich tun wird, und auch noch ohne Aufforderung? Wir könnten die Sache vereinfachen, indem wir jemanden ermuntern, ihm zunicken. Aber das mache ich bewusst nicht. Denn an der Stelle arbeitet die Stille. Durch sie und in ihr geschieht ganz viel.

S.S. In dieser Stille kann etwas entstehen, nicht wahr?

H.K. Ja.

S.S. Und man muss diesen Raum zulassen. Denn er ist wie der Raum in der Mitte einer Blume; oder in der Mitte einer Gruppe.

H.K. Genau. Doch dazu braucht es wirklich Mut. Was, wenn niemand spricht? Du sitzt da mit nichts als dem Vertrauen: Wenn du einfach nur liebevoll die Stille hältst, ganz gleich wie lange, wird schließlich irgendjemand sprechen können, weil die Stille den Raum dafür schafft. Und tatsächlich beginnt dann jemand.

Einige teilen sich länger mit, andere kürzer, jeder auf seine Weise. Der verantwortliche Teilnehmende hört so aktiv wie nur möglich zu und wird jetzt vielleicht den Sprechenden ab und an mit einem Nicken oder einem Lächeln Resonanz geben. Wenn eine Person ihre Mitteilung beendet hat, dankt der verantwortliche Teilnehmende und bietet der Person an, das, was sie von draußen mitgebracht hat, auf das runde Tuch zu legen. Wichtig ist, nach jeder Mitteilung wieder Stille zuzulassen. Denn hier wurde gerade etwas eingebracht; etwas Substanzielles, das zwar nicht sichtbar ist, aber doch eine Art Körper hat. Dieser braucht jetzt ein wenig Raum.

S.S. Und man braucht ein wenig Zeit, um das Gehörte wirklich aufzunehmen und zu halten. Weil es nicht dein Bild ist, musst du sehen, was du siehst. Das geschieht in der Stille dazwischen. Sie schafft Raum, um »zu sehen, was man sieht«. Dann wird das Bild deines, dann ist es in dir. Ansonsten wird es von den nächsten Bildern weggeschwemmt.

H.K. Was in der Welt permanent passiert. In dem Moment, wo wir einem solchen Prozess Raum geben, spüren wir, wie gut das tut.

S.S. Wie bereichernd es ist, das Bild einer anderen Person zu haben, das nun wirklich dein eigenes ist, weil du es in dir selbst gesehen und erlebt hast. Das ist die Grundlage von wirklicher Empathie und von Mitgefühl – auch wenn du mit dem, was du gesehen hast, nicht einverstanden bist.

H.K. Man beginnt die aktive, volle, in sich bewegte Ruhe zu spüren, die daraus entsteht. Oft merken die Teilnehmenden erst, wenn so etwas geschieht, wie empfänglich sie dafür sind. Auch kann, nachdem drei oder vier Personen gesprochen haben, die verantwortliche Teilnehmende fragen: »Haben wir noch alles? Ist das, was wir von den einzelnen Personen gehört haben, noch da«? Und hierauf einen Moment innehalten, damit man sich alles bisher Gehörte noch einmal vergegenwärtigt. Das stärkt diese Fähigkeit des Zuhörens zusätzlich. Wir können sie uns ja wie einen Muskel vorstellen, der umso stärker wird, je mehr wir ihn betätigen.

S.S. Das »aktiven Zuhören« beinhaltet und aktiviert eine Fähigkeit auf der reflexiven Ebene: der Bewusstseinsebene, auf deren Stärkung und Entwicklung das gesamte Erdforum zielt – wie im Grunde alle anderen Formen ästhetischer Praxis, die wir in diesem Buch beleuchten.

Phase 2: Die Reise in die Zukunft

H.K. Wenn der Austausch über den »Gang auf dem Planeten« zu Ende ist, beginnt die zweite Phase des Erdforums. Hierbei bleiben die Teilnehmenden, wo sie sind, nämlich im Kreis um das runde Tuch, auf dem jetzt das liegt, was sie von draußen mitgebracht haben.

Die zweite Phase enthält einen weiteren Austausch, und zwar auf der Grundlage der Frage: »Was sind meine Wünsche und meine Hoffnungen für die Erde? Wie würde ich mir wünschen, dass die Erde in fünf, in zehn, in fünfzig Jahren aussieht«?

Der verantwortliche Teilnehmende räumt Zeit ein, um ein wenig – jede und jeder für sich – in diese Fragen hineinzuhorchen. Eventuell wird man dabei die Augen schließen. Gemeinsam im Kreis sitzend, versuchen wir also auf die Spur dessen zu kommen, was wir an Wünschen und Hoffnungen in uns tragen. Vielleicht wird der verantwortliche Teilnehmende dazu einladen, diese Fragen eher im Brustbereich und nicht so sehr im Hirn zu bewegen.

S.S. Hier hilft es auch, zum »mietfreien Arbeitsraum« zurückzukehren, etwa indem die verantwortliche Teilnehmende sagt: »Anstatt uns Antworten nur auszudenken, können wir in unser inneres Atelier gehen und Bilder kommen lassen. Was wohlgemerkt nicht bedeutet, nicht mehr zu denken. Stattdessen praktizieren wir vielmehr ein anderes Denken: ein bildnerisches, imaginatives Denken – das Gefühle, Einsichten, Sehnsüchte und Wahrnehmungen mit einschließt. Und wir versuchen wieder, die eigenen Gedanken und Bilder zu sammeln, ohne zu urteilen oder zu zensieren – so wie wir es taten, als wir nach draußen gingen, um etwas von der Erde zu holen.«

H.K. Nach einigen Minuten erinnert die verantwortliche Teilnehmende noch einmal daran: »Wenn wir jetzt einander etwas von unseren Wünschen und Hoffnungen mitteilen, werden wir dabei neuerlich das aktive Zuhören praktizieren«.

In dieser Phase des Prozesses ist jener Raum, den es anfangs noch nicht gab, da. Jetzt sitzt die verantwortliche Teilnehmende entspannt in der Stille, die ein weiteres Mal entsteht. Auch die übrigen Teilnehmenden sind entspannt. Sie haben inzwischen in den ruhigen Rhythmus hineingefunden und haben Vertrauen geschöpft: in sich selbst, in die anderen und in den Prozess mit seiner ganzen Offenheit. Sie sind gewärtig und voller Erwartung, was jetzt wohl zu hören sein wird.

An der Stelle würde ich theoretisch zum ersten Mal die drei verschiedenen Ebenen des Zuhörens einführen, die du beschrieben hast – mit Fokus jeweils auf dem Inhalt, dem Gefühl und der Motivation. Aber ehrlich gesagt, habe ich das noch nie getan. Weil es mir auch da zu komplex erscheint. Bei unserem Training in Berlin haben wir den zukünftigen verantwortlichen Teilnehmenden zu verstehen gegeben, das nur zu tun, wenn es sich für einen selbst gut anfühlt.

S.S. Es muss nicht sein. Aber manchmal hilft es. Einer der Gründe, die dafür sprechen: Wenn von aktivem Zuhören die Rede ist, kann der Eindruck entstehen, das bedeute, einfach nur aufzunehmen, was gesagt wird. Sobald aber auf die Möglichkeit hingewiesen wird, beim Zuhören auf Verschiedenes zu achten, wird deutlich, dass wir wählen können, wie wir zuhören und was wir aufnehmen; dass dieses Zuhören – trotz des Nichturteilens und Nichtsympathisierens – nie etwas Passives ist! In dem Moment, wo du dich fragst, worauf du achtest, ob auf den Inhalt, die Gefühle oder die Motivation, erkennst du, dass du selbst als nichturteilende Zuhörende permanent eine Wahl triffst. Das ist Teil der Verantwortung des aktiv Zuhörenden.

Diese Qualität von Verantwortung, die sich durch den gesamten Erdforum-Prozess zieht, macht erfahrbar, dass wir in der Tat unsere Aufmerksamkeit fokussieren können. So gesehen, findet hier eine Schulung in kontemplativen Prozessen statt. Obgleich wir nicht groß davon reden, wird das geschult, was bei Rudolf Steiner »praktisches Denken« heißt und was östliche Lehren »geführtes Denken« nennen. Richtig verstanden, geht es hierbei nicht nur darum, zu fokussieren und urteilsfrei aufzunehmen. Denn wenn wir – auch uns selbst – zuhören, geschieht das stets, wiewohl meist unbewusst, auf der Grundlage von Entscheidungen. Diese filtern das Gehörte wie die Linsen, durch die wir sehen. Daher ist es gut, sich bewusst zu werden: Selbst wenn es uns gelingt, die Filter und Linsen unserer Vorlieben und Vorurteile zu entfernen, indem wir nicht sympathisieren oder urteilen, können wir immer noch wählen, auf verschiedene Aspekte und Dimensionen dessen zu achten,

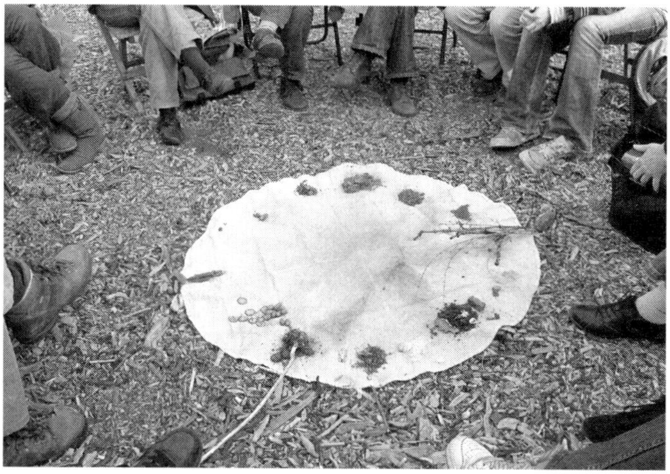

6 Ein Erdforum als Teil der University of the Trees-Kassel. Kassel, Lutherplatz, 2012.

was uns entgegengebracht wird. Obwohl die verschiedenen Ebenen des Zuhörens in einem Erdforum nicht eingeführt zu werden brauchen, schadet es nicht, wenn der verantwortliche Teilnehmende ihr Potenzial und ihre Bedeutung versteht.

H.K. Wunderbar. So erklärt, kann das in der Tat sehr hilfreich sein. Wir sind nun am Ende von Phase 2 des Erdforums. In der auf eine von außen betrachtet unglaublich einfache Art ungemein viel geschieht. Man kann oft erleben, wie die Teilnehmenden während des Austauschs in dieser zweiten Phase beginnen, sich auf ihren Stühlen nach vorne zu lehnen. Der Kreis wird enger. Es entsteht eine auch physisch und räumlich sichtbare Intensität. Da ist jetzt deutlich etwas zu spüren, das wir bereits angedeutet haben, uns aber am Ende noch mal richtig anschauen sollten, nämlich: Was ist das eigentlich, dieser Raum in der Mitte? Zwischen den Menschen?

Phase 3: Die Rückkehr

Nachdem der Austausch über die eigenen Hoffnungen und Wünsche für die Erde zu Ende ist, beginnt die dritte Phase. Manchmal bleibt keine Zeit für die vierte. Aber jedes Erdforum sollte die ersten drei Phasen umfassen: Nach draußen gehen und etwas von der Erde mitbringen als erste Phase. Die Frage »Was wünsche ich mir für die Erde« als zweite Phase. Die dritte Phase nun basiert auf der Frage: »Was, wenn überhaupt, haben meine Wünsche und Hoffnungen für die Erde mit dem zu tun, wie ich lebe und wie ich arbeite?«

S.S. Eine Variante der Frage in Phase 3 wäre: »Gibt es irgendetwas in meinem täglichen Leben, dem inneren wie äußeren, das mit meinen Wünschen und Hoffnungen für die Erde zu tun hat, und sei es nur tendenziell?« Mit dieser abgeschwächten Formulierung können auch Entwicklungen sichtbar werden, mit denen man vielleicht erst ganz am Anfang steht, die noch nicht im sichtbaren Feld manifest sind.

Phase 3 führt uns also auf die Erde zurück, gemäß der Bewegung, die das Erdforum insgesamt vollzieht: »nach innen kommen, um nach draußen zu gehen« und »nach draußen gehen, um nach innen zu kommen«. Im vorstehenden Kapitel, im Anschluss an unseren Gang durch tote Zonen, haben wir von der Figur der Lemniskate gesprochen, in der das zum Ausdruck gelangt. Nachdem die Phasen 1 und 2 hinaus auf den Planeten, dann in entfernte Zeiten und an ferne Orte bis hinaus in den Kosmos geführt haben, tragen wir jetzt, in Phase 3, die neugesammelten Einsichten und Erfahrungen in die Gegenwart zurück. An genau den Ort, wo wir derzeit sind. Das sollte der verantwortliche Teilnehmende betonen: »Wir gehen nun in die dritte Phase, in der wir alle neuen Gedanken, Einsichten und Erfahrungen in unsere jetzige Situation bringen.« Denn die Frage nach den Hoffnungen und Wünschen für die Erde in Phase 2 kann einen sehr weit hinaus holen. Daran zu erinnern, dass die jetzt beginnende Phase in die Realität zurückführt, ist auch für Teilnehmende hilfreich, die zweifeln, ob das Erdforum praktische Ergebnisse hat – wie jene frühe Gruppe in dem südafrikanischen Dorf.

H.K. Gut. Und dieser Austausch erfolgt wieder auf die bereits beschriebene Weise, nämlich ohne jemanden zum Sprechen zu drängen, und im Modus des aktiven Zuhörens. Haben wir hier im Buch eigentlich schon betont, dass es nach den einzelnen Mitteilungen kein verbales Feedback gibt? Als verantwortliche Teilnehmende hast du womöglich viele Gedanken oder Ideen dazu, von denen du meinst, sie könnten wichtig für die betreffende Person sein. Aber die Resonanz der Gruppe – und auch die des verantwortlichen Teilnehmenden – besteht darin, mit größter Sorgfalt zuzuhören.

S.S. Wobei es in seltenen Fällen doch nötig werden kann, während einer Phase des aktiven Zuhörens etwas zu sagen. Wenn jemand in der Runde sich für völlig unfähig hält, irgendetwas beizutragen, oder wenn jemand ängstlich, verstört oder erschüttert ist, sollte der verantwortliche Teilnehmende kurz darauf eingehen. Etwa indem er sagt, wie wunderbar es sein kann, auch Schwieriges miteinander zu teilen. Einfach nur, damit die Person beruhigt ist. Falls sie sich entschließt zu sprechen, dankt er anschließend dafür, wie er es nach jeder Mitteilung tut, aber erkennt auch alles Schwierige, das hier vorliegt, an. Dann wechselt er den Ton und bringt den Fokus zurück auf das »aktive Zuhören« ohne Einwürfe oder Kommentare.

Im Grunde ist der verantwortliche Teilnehmende so etwas wie der Joker in einem Kartenspiel. Indem er in den Phasen 1 bis 3 ganz wie die anderen Teilnehmenden jeweils auch seinen eigenen Beitrag in den Austausch einbringt, kann er den Prozess auf verschiedene Weisen fördern. Normalerweise wird er am Ende jeder Runde sprechen, um nicht durch das, was er sagt, die anderen zu beeinflussen. Wenn sich aber zeigt, dass die Teilnehmenden sich aus Scheu, zu viel Raum zu beanspruchen, nur ganz kurz oder vielleicht ein wenig oberflächlich äußern, kann ein Beitrag von ihm mittendrin dazu ermutigen, länger zu sprechen, mehr in die Tiefe zu gehen.

Es gibt hier keine festen Regeln, die man brechen könnte, sondern eher Prinzipien, die wirkliche Flexibilität zulassen. Jede verantwortliche Teilnehmende entscheidet selbst, wie sie mit den Prinzipien arbeitet, die Integrität des Prozesses wahrt und auf die Bedürfnisse der Situation eingeht. Das erfordert Gestaltungskraft im Blick auf zwischenmenschliche Prozesse. Daher ist die Arbeit der verantwortlichen Teilnehmenden »plastisch« – eine Praxis im Sinn der Sozialen Plastik.

Phase 4: Der freie Austausch

H.K. Nun sind wir am Beginn der vierten Phase angelangt, die das Erdforum mit einem freien Austausch abschließt. Die verantwortliche Teilnehmende lädt dazu ein, etwa indem sie sagt: »Das ist jetzt eine privilegierte Situation. Denn wir haben auf eine Weise Erfahrungen, Fragen und Einsichten miteinander geteilt, wie es nicht alle Tage geschieht. Daher dürfte es sich für uns alle lohnen, wenn wir die verbleibende Zeit nutzen, um gemeinsam zu schauen: Was ist jetzt da? Was will noch einmal betrachtet, was angesprochen werden? Was würde verlorengehen, wenn wir es jetzt nicht noch miteinander teilen?«

S.S. So kann der Einstieg aussehen. Der große Unterschied zwischen dieser und allen vorangegangenen Phasen ist, dass hier die verantwortliche Teilnehmende ihre Rolle ablegt – und das auch gleich zu Beginn kundtut. Hier wird also nicht mehr zum aktiven Zuhören eingeladen und auch nicht mehr dazu, in den »mietfreien Raum« zu gehen. Dadurch entsteht ein Kontrast zum ganzen bisherigen Geschehen, der sehr aufschlussreich sein kann. Auch besteht jetzt die Gelegenheit, sich darüber auszutauschen, was das Gesagte, Gehörte, all das gemeinsam Erlebte für die Arbeit und die Ziele der Organisation bedeutet, der die Teilnehmenden angehören, oder was es in Bezug auf einen bestimmten Konflikt bedeutet. Denn ursprünglich wurde das Erdforum ja für Gruppen von Leuten konzipiert, die in irgendeiner Weise zusammenarbeiten und Entscheidungen treffen müssen; oder für Gruppen unterschiedlicher Akteure, die aufgrund eines alle betreffenden Anliegens zusammenkommen, um sich mit Problemen auseinanderzusetzen – wie damals in jenem südafrikanischen Dorf.

Wenn das Erdforum mit Individuen durchgeführt wird, die sich zuvor nicht kannten, ist, was in Phase 4 geschieht, vollkommen offen und wird von den Teilnehmenden bestimmt. Sie werden sich dann zumindest darüber verständigen, was mit all den Dingen geschehen soll, die, vom »Gang auf dem Planeten« mitgebracht, nun auf dem Tuch in ihrer Mitte liegen.

Es ist interessant zu sehen, was geschieht, nachdem die verantwortliche Teilnehmende zu Beginn erklärt hat, dass sie ihre Rolle jetzt aufgibt. Man bemerkt dann mitunter nicht ohne Schrecken, wie schnell die Runde zu den gewohnten Formen einer offenen Diskussion zurückkehrt, bei der keine Erfahrungen mehr geteilt werden und es auch kaum noch ein sorgfältiges Zuhören gibt. Als ganz normale Teilnehmerin bin ich jetzt frei, alles zu sagen, und kann daher in einer solchen Situation die Frage stellen: »Was ist mit unserem aktiven Zuhören passiert«? Die Rolle der verantwortlichen Teilnehmenden aufzugeben macht deutlich, dass nun jeder ein verantwortlicher Teilnehmender ist! Am Ende eines Erdforums ist fast jede Gruppe, auch wenn die Einzelnen sich zuvor nicht kannten, eine Gemeinschaft geworden. Als eine Teilnehmende unter anderen gehöre ich zu dieser Gemeinschaft und kann zugleich immer noch Dinge beitragen, die eventuell weiterhelfen.

H.K. Es ist nicht einfach, ein Erdforum so durchzuführen, dass innerhalb der sagen wir drei Stunden, die dafür vereinbart wurden, am Ende wirklich Zeit für diese Phase bleibt. Aber wenn die Teilnehmenden aus einer NRO, einer Organisation oder Ähnlichem kommen, sollte die vierte Phase auf keinen Fall fehlen.

S.S. Ja. Einige Aktivisten sehen im Erdforum, wenn sie es nicht selbst erlebt haben, einen Prozess der Persönlichkeitsentwicklung – was es nicht ist, obwohl es Elemente davon enthält. Dieser Eindruck kann entstehen, weil das Erdforum selbst dort, wo es im Blick auf ein gemeinsames politisches Anliegen oder einen Konflikt eingesetzt wird, nicht direkt auf das Lösen eines Problems ausgerichtet ist! Vielmehr zielt es darauf, den Teilnehmenden zu ermöglichen, durch das hier Erlebte nun in das jeweilige Anliegen hineinzugehen und so zu neuen Einsichten zu gelangen, aufgrund deren Lösungen sich zeigen können. Dazu bietet die vierte Phase Gelegenheit: Was ist zum Vorschein gekommen? Was hat sich entfaltet? Welche Substanz, welche Einsichten sind uns begegnet? Es ist also ein wenig wie das Ergebnis eines Bohm'schen Dialogprozesses, bei dem die Teilnehmenden ohne Agenda zusammenkommen, um zu sehen und zu verstehen, was in ihnen, zwischen ihnen oder in ihrer Organisation vorliegt, lebendig ist und zum Vorschein kommen will.

H.K. Hier, in Phase 4, kann man als bis eben noch verantwortlicher Teilnehmender leicht den Fehler begehen, eine Art Evaluation zu beginnen. Etwa indem man fragt, wie der Prozess selbst gewesen sei, wie er sich angefühlt hat. So zu fragen führt

sofort aus dem gemeinsam geschaffenen Innenraum heraus in eine Außenperspektive, wo über ihn gesprochen, wo beurteilt und bewertet wird. Der Fokus muss wirklich sein: Was will jetzt in unserer gemeinsamen Runde gesehen werden?
S.S. Wenn so etwas passiert, kann man das anschließend als ein Teilnehmer unter anderen zur Sprache bringen. Dann entsteht vielleicht eine Art fünfte Phase – eine Phase der Reflexion über die Relevanz des Prozesses selbst.

Das Geheimnis der offenen Mitte

H.K. Interessant auch, wie in dieser Phase des freien Austauschs, in der es keinen verantwortlichen Teilnehmenden mehr gibt, dennoch oft nicht das übliche Debattieren einsetzt, sondern weiter ein eher betrachtendes Sprechen stattfindet. Manchmal weise ich dann darauf hin, wie erstaunlich es doch ist, sich mehrere Stunden lang über Wichtiges auszutauschen, ohne dabei zu diskutieren oder zu debattieren; ohne Positionen und Argumente austauschen zu müssen. Und in der vierten Phase komme ich gerne auf etwas im Erdforum zu sprechen, das für mein Empfinden ein wahres Mysterium ist: auf den Raum zwischen uns.
S.S. Kannst du mehr dazu sagen?
H.K. In einem von Volker Harlans Büchern[54] sind zwei Bilder einander gegenübergestellt: Das eine ein Pfingstbild aus dem 14. Jahrhundert, auf dem die zwölf Apostel und Maria in einer Runde um einen Tisch versammelt sind, während der Heilige Geist in Gestalt einer leuchtenden Taube in ihre Mitte zu ihnen herabkommt. Das andere Bild, eine Fotografie, zeigt die geöffnete weiße Blüte einer Blume mit dem goldgelben Rund des Blütenkörbchens und der Fruchtblüten in der Mitte. Dieses Goldgelb ist ...
S.S. ... wie eine Sonne, die von Planeten umkreist wird.
H.K. Für mein Empfinden handelt das Erdforum von diesem Mysterium.
S.S. Hier kehren wir zu jenem Geheimnis zurück, das zu Beginn unseres Gesprächs in Zusammenhang mit dem runden Tuch zur Sprache kam und in dem Tuch einen Ausdruck findet. Dass nämlich die Mitte überall dort ist, wo wir bereit sind, zu uns selbst, zueinander und zur Welt zu kommen – zu Bewusstheit und zu »rechtem« Handeln. Aus dem Sufismus gibt es dazu den Spruch: »Gott ist das Wesen, dessen Mitte überall und dessen Rand nirgends ist.«

Die offene Mitte. Offen nicht, um gefüllt zu werden, sondern um uns selbst gemeinsam in dem, was wir noch nicht sind, zu finden. Das ist ein wirkliches Emergenzphänomen. Eine neue Substanz, die wir zusammen hervorbringen und die mehr als die Summe der Teile ist. In diesem Sinn zeigt sich hier ein Bild wahrer

Gemeinschaft, die aus Individuen besteht, aber mehr als die Summe der Individuen ist. Gemeinschaften dieser Art sind wie der Honig, der aus all dem Nektar entsteht, den die einzelnen Bienen beisteuern. Das Phänomen Honig ist weitaus mehr als die Summe der Teile.

H.K. Da liegt zum einen die tiefe geistige Dimension und zugleich die unmittelbar gesellschaftliche Relevanz. Im Erdforum wird erfahrbar, dass wir jetzt in der Lage sind, eine neue Qualität von Gemeinschaft in die Welt zu bringen. Eine Gemeinschaft, bei der wir unsere Individualität nicht mehr verneinen, sie nicht an der Garderobe abgeben. Die vielmehr dadurch entsteht, dass wir in und mit unserer Individualität voll erkennbar werden.

S.S. Und nur so. Ansonsten ist eine Gemeinschaft kaum mehr als ein Aggregat, eine Anhäufung von Leuten, die kaum wirklich gemeinsame Entscheidungen treffen und Verantwortung tragen können.

H.K. Was wir in der Geschichte zur Genüge gehabt haben ...

S.S. ... und es noch heute haben. Unsere Gesellschaft ist noch viel zu sehr wie ein Aggregat, eine Anzahl von Leuten, die die Öffentlichkeit bilden. Die existierenden Strukturen laden kaum dazu ein und erfordern es kaum, sich als aktive, reflexive Individuen, die ihrer selbst und des Ganzen bewusst sind, einzubringen. Wobei Entwicklungen wie das Aufkommen einer globalen Zivilgesellschaft das Potenzial zeigen, dass sich hier etwas ändern könnte. Das war auch der Impuls des Projekts »Ort des Treffens«: einzelne Bürgerinnen und Bürger zu inspirieren und zu befähigen, präsenter zu werden – und zu betonen, dass der »dritte Ort«, identisch weder mit dem Staat noch mit dem Privaten, ein Raum der Commons ist, die von selbstreflexiven Bürgern geschaffen werden.

H.K. Das in seiner Tiefe zu erleben kann zu einer revolutionären Umstülpung des Verständnisses von Gemeinschaft führen. Denn hier wird Gemeinschaft durch die einzelnen Mitglieder als Individuen gehalten und ermöglicht. Wobei die Mitte leer bleiben muss.

S.S. Ich würde lieber »offen« sagen.

H.K. Wir sind alle aufgerufen, das Lebendige in uns einzubringen. Aber nur, um den gemeinsamen Raum zu schaffen und zu halten, nicht jedoch, um ihn zu besetzen.

S.S. Nur dann kann Gemeinschaft sich wirklich herausbilden. Der generative Raum ist offen für das, was einströmt und eine Form finden will.

H.K. Für etwas, was mit niemandem von uns identisch ist und doch uns alle braucht.

S.S. Und die Unterschiede nicht verleugnet – was auf die Grundprinzipien wirklicher Demokratie weist: Wir müssen die gleichen Rechte haben, weil wir verschieden sind und um verschieden zu sein. Nur durch dieses Wertschätzen von

Verschiedenheit können wir zu Formen von Gemeinschaft finden, die mehr als die Summe der Teile sind.

H.K. In Hinblick auf diese neue Qualität von Gemeinschaften, darauf, was Gemeinschaften jetzt werden wollen und werden können, dürften wir noch ganz am Anfang stehen. Das Erdforum hilft, an der Stelle weiterzukommen.

S.S. Ja. Für mich ist das eine Ausgestaltung des Satzes »Nachhaltigkeit ohne Ich-Sinn ist Unsinn«, den ich 2011 für einen Prozess im Rahmen des »Über Lebenskunst«-Projekts der Bundeskulturstiftung und für einen Vortrag auf der »Radius of Art«-Konferenz der Heinrich-Böll-Stiftung entwickelt habe. Dieser Satz ist schon für sich ein »Bewusstheitsinstrument«. Er deutet darauf hin, dass eine lebensfördernde Welt nicht ohne die Präsenz des erwachten, verlebendigten Individuums entstehen kann. Eine neue Gesellschaft, der es nicht darum geht, alle als reflexive und ihrer selbst bewusste Individuen an den Tisch zu holen, ist Unsinn. Und genau das liegt auch im Erdforum-Bild. Der »Tisch« oder das Tuch ist diese offene Mitte. Ursprünglich gab es ja beim Erdforum einen Tisch. Jetzt denke ich, dass ein physischer Tisch die Dinge eher durcheinanderbringt. Denn es geht darum, an den Tisch schlechthin zu kommen – einen Tisch, der im Prinzip immer, aber in der Praxis oft nicht da ist. Wir müssen also den Tisch schaffen und auch an den Tisch kommen!

H.K. An der Stelle löst sich definitiv der Dualismus zwischen einem Arbeiten auf gesellschaftlichem und politischem Terrain einerseits und dem Arbeiten am inneren Material andererseits auf. Das dürfte ein elementarer Paradigmenwechsel sein im Blick darauf, was Gemeinschaft und Gesellschaft im 21. Jahrhundert bedeuten und – hoffentlich – werden können.

S.S. Genau darum geht es im Erdforum – wie überhaupt in diesem Buch. Ganz viele der Prinzipien und Prozesse, die wir hier gemeinsam erkunden, handeln ja davon, zu sich selbst zu kommen, um zu neuen, lebensfördernden Formen von Gemeinschaft zu finden.

In Laotses Tao Te King heißt es an einer Stelle: »Man höhlet Ton und bildet ihn zu Töpfen: in ihrem Nichts besteht der Töpfe Werk.«[55] Auch das ist ein Bild der neuen Gemeinschaft, die es für lebensfördernde Verhältnisse braucht. Die Vase erfüllt ihren Zweck nur dank des Raums in ihrem Inneren, der von den Wänden geschaffen wird. Wir sind die Wände. Indem selbstreflexive Individuen zusammenarbeiten, schaffen sie Raum für noch nicht Gewusstes, worin Zukunft gestaltet werden und zutage treten kann.

H.K. Raum, der aus dem Gewärtigsein aller Beteiligten hervorgeht, von diesen gemeinsam gehalten wird und dabei alle in ein Neues hinein übersteigt.

Der Philosoph Martin Buber bringt diesen offenen Raum in Verbindung mit jenem »Du«, worin das Lebendige – die Wirklichkeit – in Erscheinung trete. Er erklärt, um tragfähige Gemeinschaften zu bilden, die keine »Bündelungen«, sondern »Verbindungen« sind, genüge es nicht, sich direkt aufeinander zu beziehen.[56] Ein Zukunft schaffendes Miteinander entstehe erst, wenn die Beteiligten aus »Beziehungswille« eine »lebendige Mitte« als gemeinsames Du hervorbringen. Dieses Du ist transpersonal, hebt aber das Personhafte nicht auf, sondern steigert und bestätigt es.

S.S. Das Geheimnis der offenen Mitte: des offenen Raums, in dem ich zu Bewusstheit komme, um anders zu handeln. Im Erdforum das runde Tuch zwischen den Menschen, auf dem die sichtbaren Spuren der Beiträge jeder und jedes Einzelnen versammelt sind. Indem die Teilnehmenden am Ende beraten, was damit geschieht, um schließlich vielleicht das Tuch mit den Relikten gemeinsam draußen an einem passenden Ort zu leeren, tragen sie bereits etwas von diesem Geheimnis in die Welt.

3 (R)EVOLUTIONÄRE WERDEN UND EINANDER DABEI HELFEN

Unser Gang durch tote Zonen im ersten Kapitel dieses Buchs führte uns unter anderem zu einer Solarkonferenz – einem Ort, an dem über Zukunftsfähigkeit verhandelt wird und den man daher an sich nicht mit toten Zonen in Verbindung bringen würde. Vor diesem Hintergrund wollen wir hier nun versuchen herauszufinden: Was braucht es bei Zusammenkünften wie einer Tagung oder Konferenz, damit alle Anwesenden sich mit ihrem Potenzial als Agentinnen und Agenten des Wandels verbinden können? Was kann – über Formate wie World Café, Open Space oder Fishbowl hinaus – jeder und jedem Teilnehmenden die eigene (r)evolutionäre Kraft[57] erfahrbar werden lassen? Ist das überhaupt möglich? Und falls ja, wie können wir einander dabei unterstützen?

Mit einer Reihe von Vortrags- und Tagungssituationen als rotem Faden erkundet dieses Kapitel darüber hinaus, wie Emergenz entsteht, inwiefern selbst im Kontext der Nachhaltigkeit vielerorts ein zukunftsfähiges Menschenbild fehlt, wie ein Zukunft schaffendes Verständnis unserer selbst wahrnehmbar wird, und wie all das auch mit der Thematik der erneuerbaren Energien zusammenhängt. Insgesamt werden hier Wege ausgeleuchtet, auf denen sich etwas von der »Werdekraft« in Individuen, Gemeinschaften und in der Welt öffnen kann.

Vertrauen wagen

H.K. Als Einstieg eine Situation beim Kongress »fairventure. Wirtschaft neu gestalten« vergangenen Sommer in Leipzig. Die Veranstalter waren Initiativen für neue, ökologisch tragfähige Wirtschaftsformen um die Geldexpertin Margrit Kennedy.

Laut Programm sollte ich am Vormittag des zweiten Tags ein Impulsreferat halten. Die Veranstalter erwarteten keinen im engeren Sinn thematischen Input. Vielmehr wünschten sie sich ein paar Ideenkerne, die den Prozess nähren und voranbringen sollten. Was genau das sein würde, wollte ich auf dem Kongress herausfinden. Aus dem Wahrnehmen des Geschehens vor Ort wollte ich versuchen zu erkennen, welche Fragen, Themen, Konflikte, Ideen, Notwendigkeiten es dort gibt. Der Titel des angekündigten Vortrages lautete »Zu einem zukunftsfähigen Verständnis unserer selbst«. Doch es kam alles ganz anders. Der Vortrag fand gar nicht statt.

Während des ersten Kongresstags hatte ich an den Plenen und Vorträgen, den Arbeitsgruppen, Diskussionen und dem »Socialising« in den Pausen mit einer ganz bestimmten Art von Aufmerksamkeit teilgenommen: Ich hatte versucht, das Geschehen auf eine bewusst unscharfe Weise zu erleben – den Fokus aus meinem Blick herauszunehmen. Wenn man auf diese Weise schaut, wird man bald bemerken, dass die Aufmerksamkeit nicht mehr so sehr von den einzelnen Phänomenen in Anspruch genommen wird. Das Blickfeld weitet sich. Man nimmt das, was einem vor Augen liegt, als eine Art Feld wahr. Als ein weites, lebendiges Ganzes. Von da aus kann sich nach einer Weile ein Gespür für die Räume und Beziehungen zwischen den einzelnen Phänomenen einstellen; für das, was sich in – und aus – diesem komplexen Miteinander all der Menschen entfaltet.

S.S. Das lernt man auch in der Ausbildung zum Künstler: die Augen ein wenig zu verengen, um den Fokus zu mildern und das Blickfeld zu weiten, so dass man auf das Ganze und die Elemente darin schauen kann. Im Soziale-Plastik-Studiengang wird das als Methode gelehrt, »das Phänomen zu sehen« – in einer Pflanze, aber auch in einem Gespräch, einer Beziehung, einer Situation, einem Wirtschaftssystem. Dieses Hineinschauen in Situationen, worin Beuys so geschickt war, gehört zu Goethes »anschauender Urteilskraft«. Man kann das eine Art Hell-sichtigkeit nennen, zu der wir jedoch alle in der Lage sind. Und es ist keineswegs etwas Abgehobenes! Es hilft, ein Bild oder eine Situation aus anderer Perspektive zu sehen – wobei sich zeigen kann, was fehlt und was getan werden sollte. Das Wechseln zwischen scharfem und weichem Fokus lässt sich gut üben und kann in jede Disziplin getragen werden.

H.K. Diese Praxis veranlasste mich schließlich am zweiten Tag dazu, auf den Vortrag zu verzichten. Stattdessen sollte die halbe Stunde, die es dafür gab, für etwas ganz anderes genutzt werden – für einen Prozess, den ich »Vertrauen wagen« oder, alternativ, »Ich sehe dich« nannte. Einer der Veranstalter hatte in seiner Eröffnungsrede erklärt, »fairventure« bedeute »Vertrauen wagen«. Daher der Titel. Ich hatte keine Ahnung, ob die Anwesenden, gut über hundert Menschen, sich auf das, was ihnen da als Experiment angeboten wurde, einlassen würden. Doch klar war, dass dieses Risiko jetzt gewagt werden wollte.

Zu dem Prozess selbst später. Hier zunächst nur: Das Ganze fand am Rand des Chaos statt. Allein das Durcheinander und der Lärm, als alle sich von ihren Plätzen erhoben und begannen, die Stühle, die zu langen Reihen ineinander verhakt waren, aus ihren Verankerungen zu lösen, um einander gegenüberzusitzen ... Einige verließen dabei den übervollen Saal, aber nur wenige. Und siehe da – es ist möglich gewesen, einen Prozess durchzuführen, der für alle Mitwirkenden Neuland war.

Jetzt meine Frage an dich: Du praktizierst seit langem solche kreativen Strategien. Bei der »Ursache Zukunft«-Konferenz vor einigen Jahren in Dornach hast du dich auch im letzten Moment von allem Geplanten verabschiedet. Was geschieht in einer solchen Situation? Was ist es, das einen dazu bewegt, anstatt des Vortrags, für den man eingeladen wurde, etwas ganz anderes zu tun, um danach festzustellen, wie richtig das war? Dieses Geschehen vollzog sich außerhalb des Erwartbaren, erfüllte aber offenbar, was in dem Moment gebraucht wurde. Was liegt da vor?

S.S. Deine Frage richtet sich unter anderem auf den Augenblick dieser Entscheidung. Wie kommt es dazu, dass man plötzlich die Notwendigkeit erkennt, sich von Geplantem zu verabschieden? Auch andere erleben das, nicht nur wir, aber ich vermute, es passiert nicht sehr oft. Und wenn es geschieht, schaut man selten genauer, was da vor sich geht. Deswegen ist das eine spannende Frage.

Ein Aspekt dürfte sein: Sobald ich anfange, das, was man normalerweise Publikum nennt, als lauter individuelle, potenziell aktive, engagierte, zuhörende Wesen, als Agenten des Wandels mit Bedürfnissen, Interessen und Fähigkeiten zu betrachten, beginne ich, ein lebendiges Feld zu sehen, worin ich selbst eine der Kräfte, eines der Potenziale bin. Dabei entferne ich mich von der Position, die mir von den Veranstaltern zugedacht wurde, und stehe vor einer Entscheidung: Was kann ich all diesen Menschen, diesen wundervollen Potenzialen, anbieten? Ist das, was ich vorbereitet habe, sind meine Erfahrung und Einsichten oder auch die Art, wie ich sie vortragen wollte, wirklich geeignet, dieses Feld zu aktivieren?

Falls du nach jemand anderem sprichst, spürst du auch, in welcher Verfassung die Anwesenden jetzt sind. Wenn der Beitrag davor sehr intellektuell, akademisch oder vielleicht auch sehr amüsant war, sich aber an die Anwesenden als Publikum richtete, liegt oft eine gewisse Schwere, Mattheit oder auch Reizüberflutung im Raum. Man erwartet einfach nur die nächste Ladung Stoff. Wie hier neu Bewegung und Offenheit hineinbringen? Früher hätte ich selbst – und hätten Kollegen, Fluxus-Kollegen – in einer solchen Situation irgendeine Störung herbeigeführt. Aber meist hilft eine Störung nicht wirklich weiter. Was hier gebraucht wird, ist ein Öffnen – damit jede und jeder Anwesende sich einbringen kann, auch wenn die meiste Zeit vielleicht nur eine Person redet.

Ist es nicht erstaunlich: Sobald man beginnt, sich in das, was in den Menschen wirklich vorgeht, hineinzuleben, tut sich etwas von der plastischen, flüssigen Dimension auf – jene Ebene, auf der die unsichtbaren Werkstoffe zugänglich werden können.

Sich auf Kommendes einstimmen

H.K. In der Tat ist der Entschluss, sich von allem Geplanten zu verabschieden, weniger aus meinem Kopf entstanden als aus dem, was sich sozusagen ringsum mitgeteilt hat. Das war wohl auch der Grund, weshalb die Anwesenden – nach einem Überraschungsmoment – zu diesem Risiko bereit waren.

S.S. Sie haben offenbar gespürt: Das ist nicht irgendeine clevere Idee oder Technik, die diese Referentin sich ausgedacht hat, um sich interessant zu machen. Sondern das kommt von einem Ort, einem Raum, an dem wir alle teilhaben. Es kommt quasi aus einem Feld heraus, das wir alle bilden.

H.K. Diese Frau da vorne – ich – versucht, Worte zu finden, eine Form zu finden für etwas, was jetzt zwischen uns zum Ausdruck kommen will. Was eigentlich schon da ist. Was darauf wartet, gesehen und ergriffen zu werden.

S.S. Ich würde nicht sagen, dass es bereits da ist, aber es ist latent als Potenzial vorhanden, wenn man sehen kann, was gebraucht wird. Aufschlussreich hier dürfte ein Austausch zwischen dem Poeten Allen Ginsberg und dem Philosophen D.T. Suzuki sein, nachzulesen in »The Culture of Spontaneity«.[58] Darin erkunden die beiden, was Spontanität eigentlich ist und wie sie sich von Zufall oder Unfall unterscheidet. Sie beschreiben, wirkliche Spontanität bedeute und erfordere, sich einzustimmen auf das, was ist; eine Intention oder einen Plan aufzugeben, um das zuzulassen, was in einer Situation gebraucht wird.

Indem du von dir selbst als »diese Frau« sprichst, wird deutlich: Hier gibt tatsächlich jemand die eigenen vorgefassten Annahmen auf und macht sich zu einem Instrument, zu einer Art »Instrument des Geists«. Man erlaubt etwas und opfert etwas, doch wohlgemerkt: die Annahmen, die man mitgebracht hat – nicht sich selbst. Man lässt es zu, sich wirklich auf das, was hier gebraucht wird, einzustellen. Das erzeugt viel Energie. Es verändert auch die Anwesenden und aktiviert sie. Sie bemerken, wie hier jemand dabei ist, sich auf sie und auf die Situation einzustimmen. Es ist, wie wenn Musiker vor einem Konzert gemeinsam ihre Instrumente stimmen.

Alle sind präsent. Aufmerksam. Solches Gewärtigsein – das Suzuki und Ginsberg mit »Spontanität« verbinden und das in vielen östlichen Lehren zentral ist – wird auf dem ganzen Feld des Wandels zunehmend als transformative Kraft erkannt. Das Potenzial, loszulassen, aus den eigenen Annahmen und festen Vorstellungen herauszufinden, ist ein Aspekt jener inneren Mobilisierung, die ich in der Einführung beschrieben habe und die es braucht, um zu Agentinnen und Agenten des Wandels zu werden. Von da aus kann dann ein Parallelprozess stattfinden, der widersprüchlich erscheint, es aber nicht ist: Die Situation sehend, ermöglicht man die Entfaltung dessen, was da ist, indem man an deren Gestaltung teilhat.

H.K. Offenbar ist es deutlich zu spüren, wenn jemand sein Koordinatensystem verlässt und in dieses vollkommen offene Feld tritt; über Gesichertes, Bekanntes, Bewährtes hinaus. Man ist an einem Punkt, wo es für mein Empfinden nur noch dreierlei gibt: Freiheit, Kreativität – weil alles aus dem Moment entsteht – und Mut. Und man ist in dem Moment wirklich ungeschützt. Vielleicht trägt gerade auch die Schutzlosigkeit dazu bei, dass der Impuls angenommen werden kann.

S.S. Es gibt eine Art Nacktheit in einer solchen Situation, oder?

H.K. Ja. Das Bild, das sich dazu einstellt, ist das eines Ritters – einer Ritterin – ohne Rüstung. Völlig verwundbar. Diese Verwundbarkeit schafft, wie es scheint, eine Wärme, die den Anwesenden hilft, ebenfalls ins Offene zu gehen, weil sie sehen, hier vor ihnen ist ein Mensch ganz ohne Rüstung.

S.S. Aber ist man sich nicht zugleich auch all seiner Erfahrung bewusst – und seiner Verantwortung? Ich fühle mich dann nicht nur insofern lebendig, als ich jeden Augenblick einen Fehler begehen kann, sondern auch insofern, als ich eine große Verantwortung spüre, gerade weil ich nicht am Geplanten festhalte. Indem ich bereit bin, Sicherheitsnetze zu opfern, meine Position als Wissende zu opfern, öffnet sich, so scheint es, ein Zugang zu dem, was ich wirklich weiß. Und ich kann dann auch Verantwortung dafür übernehmen, intuitiv einschätzen, was vom eigenen Wissen und den eigenen Erfahrungen jetzt gebraucht wird. Die Verantwortung wird keineswegs geschmälert dadurch, dass man etwas in Erscheinung treten lässt. Im Grunde wächst sie dabei sogar. Weil du wirklich erlebst, dass du etwas hast und was du hast. Und dann ist die Frage: Wie dieses Etwas einbringen in Anerkenntnis der Freiheit und Lebendigkeit aller anderen Wesen im Raum?

H.K. An der Stelle lässt sich erstaunlich gut unterscheiden zwischen allem, was irgendwie willkürlich wäre, und dem, was wirklich vorliegt und stimmig ist.

S.S. Ja. Du hattest angefangen, von Leipzig zu berichten. Wie ging das weiter?

H.K. Ich beschreibe diesen Prozess einfach mal. Weil er in ganz vielen Kontexten durchgeführt werden kann – und auf erstaunlich einfache Art Einsichten fördern kann. Auch ist er exemplarisch für bestimmte Aspekte der Soziale-Plastik-Arbeit, wie du sie während der letzten Jahrzehnte entwickelt hast und wie sie in Oxford gelehrt wird.

Ich sehe dich

S.S. Voraussetzung dabei ist stets ein wirkliches Verständnis der zugrundeliegenden Prinzipien, die mit innerer Bewegung, Respekt und Freiheit zu tun haben. Damit wird es möglich, in den verschiedensten Situationen spontan zu arbeiten, ohne auf vorgefertigte Werkzeuge und Techniken zurückzugreifen. Sehr wichtig ist auch, etwas zu haben, das man teilen möchte. Das gibt einem die Motivation und Energie, solche Risiken einzugehen. Doch sollte man die eigenen Motivationen stets sorgfältig in den Blick nehmen. Zu predigen oder zu meinen, man hätte etwas, das die anderen unbedingt kennen und annehmen sollten, wäre eine Travestie der Freiheit, die im Herzen von Sozialer Plastik liegt, als Ziel wie auch als Praxis.

H.K. Entscheidend für das Gelingen eines Prozesses dieser Art dürfte außerdem sein: Finde einen Anfangsimpuls, der in ebendiesem Moment mit ebendiesen Menschen für dich selbst stimmig ist. Und gehe nur so weit, wie du selbst aus dem Inneren des Geschehens heraus agieren kannst. Das ähnelt dem, was in Zusammenhang mit der Rolle des »verantwortlichen Teilnehmenden« beim Erdforum beschrieben wurde. Zu Beginn kommt es darauf an, erst einmal den Raum, in dem das Geschehen stattfinden soll, für die Anwesenden spürbar werden zu lassen, was nur geht, wenn ich selbst darin bin. Kann ich aus ihm heraus, anstatt über ihn zu sprechen?

In Leipzig war der Saal bis zum letzten Platz mit Menschen gefüllt – und somit ein Bild der Welt im Kleinen. Unsere Erde ist ja auch ziemlich voll. Wir sind sieben Milliarden Menschen, bis zur Mitte des Jahrhunderts sollen es neun Milliarden sein, mit all den immensen Herausforderungen, die das mit sich bringt. Damit begann die Einführung. Und sie ging weiter:

Im Blick auf den Zustand der Welt, aber auch generell, vergessen wir meist etwas, das im Grunde atemberaubend ist, nämlich: Egal wie viele Menschen es auf der Erde gibt und geben wird, ist und bleibt jeder Einzelne einmalig. Einmalig! Das Leben bringt also mit jeder und jedem Einzelnen von uns etwas hervor, das es so zuvor buchstäblich nicht gegeben hat. Machen wir uns das je angemessen klar? Was bedeutet das? Und liegt es angesichts dieser zutiefst erstaunlichen Tatsache nicht nahe, sich zu fragen: Was ist es, das durch mich in die Welt kommt? Was würde fehlen, wenn es mich nicht gäbe? Was ist das Spezifische, das vielleicht nur ich beitragen kann?

S.S. Womit wir im Zentrum von Soziale-Plastik-Arbeit und auf dem Terrain von verbindenden Praktiken wie dem Erdforum sind: nämlich angesichts gleich welcher Thematik oder Aufgabe auch »zu sich selbst zu kommen«, um sich über die eigenen Motivationen, Visionen und Wünsche klarzuwerden und ein Gespür für die eigenen Fähigkeiten und deren Erweiterung zu entwickeln.
H.K. Ja. Auf dem Kongress war am Vortag viel von einer »Fähigkeiten-Wirtschaft« die Rede gewesen: Bei einem zukunftsfähigen Wirtschaften jenseits des Kapitalismus seien nicht mehr Geld, sondern unsere Fähigkeiten das eigentliche Kapital. Das legt die Frage nahe: Wenn dem so ist, kommt es dann nicht elementar darauf an, herauszufinden, was unsere tatsächlichen Fähigkeiten sind – und uns gegenseitig dabei zu helfen?

An dieser Stelle nun – so die Einführung weiter – zeigt sich noch etwas Staunenswertes: In der Regel können wir, wie die Psychologie herausgefunden hat, das Besondere in uns, das Einmalige, unsere Fähigkeiten, unser Vermögen kaum selbst erkennen. Wir sind darauf angewiesen, dass es jemand anderen gibt, der dies – oder etwas davon – sieht. Wir brauchen ein Du, um zum Ich zu werden. Was für eine geheimnisvolle Dialektik. Daher kann man diesen Prozess auch »Ich sehe dich« nennen. Betrachten wir ihn als eine Art Experiment. Als eine eher seltene Gelegenheit, durch eine kleine Aktion mit etwas in Berührung zu kommen, das bedeutsam sein könnte.

Nach dieser Einführung wurden die Anwesenden eingeladen, sich jeweils zu zweit wie zu einem Gespräch einander gegenüberzusetzen. Doch würde nun nicht gesprochen werden. Stattdessen würden wir versuchen, einander ein paar Minuten lang auf eine ganz bestimmte Weise anzuschauen: nämlich so, dass sich vielleicht etwas von den Fähigkeiten zeigt, die es in dem Menschen mir gegenüber ohne jeden Zweifel gibt. Kann ich etwas von dem Vermögen, dem Kapital, dem Potenzial dieses Menschen vor mir erahnen? Kann ich meinen Blick öffnen für etwas, wovon ich nichts weiß und das womöglich meine Vorstellungen übersteigt? Wovon vielleicht dieser Mensch vor mir selbst nichts – noch nichts – weiß, was aber einen solchen imaginativen Blick braucht, um sich verwirklichen zu können?

Es ist, wie ich ebenfalls von dir, Shelley, gelernt habe, ratsam, in der Einführung eines solchen Prozesses darauf hinzuweisen, dass das Ganze sich, da eher ungewohnt, zunächst wohl ziemlich merkwürdig anfühlen wird – was aber mit zum Prozess gehört. Und, wichtig: Hier gibt es, wie auch in den ersten Phasen des Erdforums betont wird, kein Richtig und kein Falsch.

Daraufhin sollte die Art des Sehens, mit der dann experimentiert wird, ein wenig beschrieben werden, als ein »aktives Sehen«, und zwar etwa so: Man könnte meinen, »aktiv« heiße, ganz genau und scharf hinzuschauen. Aber das Gegenteil ist der Fall. Aktiv zu sehen bedeutet, das eigene Sehen bewusst »auf unscharf zu stellen«, den Fokus herauszunehmen. Dadurch kann sich eine andere Ebene des Wahrnehmens öffnen.

Falls es die Zeit erlaubt, ließe sich das auf folgende Weise weiter erläutern:

Der Alltagsverstand – wir können ihn als logisch-kausal charakterisieren – sucht Klarheit zu gewinnen, indem er die einzelnen Phänomene scharf ins Auge fasst. Er misst so den Unterschieden große, zu große Bedeutung bei. Je schärfer ich definiere, je eindeutiger ich festlege, desto mehr schließe ich aus. Auch beschränkt sich ein solches Sehen ganz auf das, was real, mit den äußeren Augen zu sehen ist. Es erfasst daher lediglich Vergangenes, Gewesenes, Bisheriges. Wenn ich aber das Potenzial, die Werdekraft in einem Menschen oder überhaupt einem Phänomen sehen will, darf mein Blick nicht mehr kalt und scharf sein. Ich muss mit dem inneren Auge schauen: meine Wahrnehmung warm, weit, sanft machen, den Fokus herausnehmen, um so näher an das Geschehen heranzukommen.

S.S. Dies zu verstehen und zwischen scharfem und unscharfem Sehen wechseln zu können ist zentral für ein plastisches, verlebendigendes Arbeiten im Sinn der Sozialen Plastik.

H.K. Eine Parallele dazu findet sich in der Quantenphysik mit der Unschärferelation, die besagt: Wenn man weiß, wo ein Elektron ist, kann man nicht wissen, was es tut. Ort und Impuls eines Teilchens können nicht gleichzeitig gemessen werden, die Messung verschwimmt und wird daher »unscharf«. Der Grund hierfür sind nicht etwa unzureichende Messgeräte. Das Elektron hat vielmehr seine Eigenschaften noch nicht angenommen, ist sowohl das eine als auch das andere. Es legt sich erst fest, wenn es durch eine Messung bestimmt wird – und je nachdem, wie diese Messung erfolgt.

Indem ich einen Menschen, wie hier beschrieben, aktiv, imaginativ anschaue, fokussiere ich nicht auf das, was er bis jetzt ist. Sondern ich halte Ausschau nach der Werdekraft in ihm.

S.S. Nach den Möglichkeiten, wozu es eine Haltung der Großzügigkeit braucht. Deshalb nenne ich das gerne »mit Großzügigkeit sehen«. Und hier kommt das ins Spiel, was Beuys von Goethes »anschauender Urteilskraft« aus »Zeitgefühl« nannte.

H.K. Ein solches Anschauen will den Menschen vor einem nicht durchschauen. Sondern es will ihn in seinem Geheimnis schauen. Kann ich den »Star« in dieser Person sehen? Star nicht wie in den Casting Shows, sondern den Stern im Sinn der Einmaligkeit, die dieser Mensch verkörpert? Oder auch im Sinn dessen, was man einst die Entelechie – den unvergänglichen Wesenskern – genannt hat?

Dieses »aktive Sehen« aktiviert beide Beteiligte. Es lässt sich mit einer Person, mit der man seit zwanzig Jahren verheiratet ist, ebenso praktizieren wie mit jemandem, dem man zum ersten Mal begegnet. In beiden Fällen wird sich mit ziemlicher Wahrscheinlichkeit etwas zeigen.

In Leipzig sagte ich dann noch, wer meine, das ginge überhaupt nicht, möge diese Gelegenheit für sich alleine nutzen: einfach die Augen schließen und versuchen, sich selbst mit diesem weichen, warmen, ermöglichenden Blick anzuschauen.

S.S. Großzügig. Ohne zu urteilen. Als handle es sich um jemand anderen, den man gerne mag.

H.K. Genau. Manchen Menschen ist es schlicht nicht möglich, so direkt angeschaut zu werden oder jemanden anzuschauen. Sie haben vielleicht eine Phobie oder ein Trauma. Oder sie haben eine Schuld auf sich geladen und befürchten, etwas davon könnte zum Vorschein kommen. Oder aus anderen Gründen. All das gilt es zu respektieren.

Hoffentlich betonen wir hier deutlich genug, wie kontraproduktiv es wäre, zu solchen Prozessen in irgendeiner Weise zu nötigen: dass, ganz gleich in welchem Kontext und wie alt oder jung, nur die uneingeschränkte Freiheit jeder und jedes Einzelnen Grundlage dieser ästhetischen Praxis sein kann.

Bis alle Anwesenden zu zweit einander gegenüber oder auch allein bereit saßen, blieb für den Prozess selbst nicht viel Zeit. Doch stellte sich nach dem lauten, chaotischen Stühlerücken, als das »aktive Sehen« begann, unversehens eine bemerkenswerte Stille ein. Anschließend gab es noch einmal ein wenig Zeit für jenen Austausch mit dem Partner, der zu solchen plastischen, ästhetischen Praktiken dazu gehört: Wie habe ich geschaut? Wie war es, so angeschaut zu werden? Wie hat der Prozess sich angefühlt? Ist etwas zum Vorschein gekommen? Gibt es etwas, das jetzt gesagt werden möchte? Und siehe da: Sofort begann ein reges Sprechen, sprudelnd und dynamisch wie ein Wasserfall. Offenbar gab es vieles mitzuteilen.

Im weiteren Verlauf des Kongresses zeigte sich, dass dieser Prozess ein reges Nachdenken ausgelöst hatte. Besonders darüber, wie sehr die Welt, um sich zu zeigen und um ihre Potenziale entfalten zu können, darauf angewiesen ist, auf eine gewisse Weise wahrgenommen zu werden. Auch wurde darüber diskutiert, wie sehr wir in unserem Engagement für den Wandel oft ganz auf das Was, die Inhalte, fokussieren – und dabei die so entscheidende Bedeutung des Wie aus den Augen verlieren. Und es war spürbar geworden, in welch hohem Maß unsere gewöhnliche Art des Sehens auf die Unterschiede und auf das Gewordene fokussiert. Das sind grundlegende erkenntnistheoretische Fragen, die sich ja auch durch das ganze vorliegende Buch ziehen.

S.S. Und die in jenen »mietfreien Raum« führen, in dem wir sehen, wie wir sehen und hören, wie wir hören; in dem man zu sich selbst, damit auf ganz neue Weise zueinanderkommt und auch im gemeinsamen Raum präsent wird. Wo das geschieht, lässt sich eine Belebung verspüren. Das Miteinander ist dann von den lebendigen Strömen der Bewegung in jeder Person verstärkt.

H.K. Du forschst seit geraumer Zeit danach, wie es im Rahmen von Vorträgen und Konferenzen möglich werden kann, dass Ideen sich verkörpern und der »mietfreie Raum« sich öffnet. Ein Beispiel ist die Vortrags-Aktion »Remembering, Rethinking, Re-Envisioning« auf der Konferenz »Public Art, Public Needs« 1996 in Bristol: Bei deinem Vortrag zur Sozialen Plastik waren deine Unterarme mit rohem Schinken bandagiert – als Bild für all die Unverbundenheit und Falschheit, an der die Welt zugrunde geht. Ein Beispiel aus jüngerer Zeit ist der »Denkkeil«-Prozess auf der Nobelpreisträger-Klimakonferenz 2009 in London.[59] Unlängst warst du nach Schweden eingeladen, wo es, wie du sagtest, zum ersten Mal gelang, eine sehr große Zuhörerschaft im Rahmen eines Vortrags aktiv einzubeziehen.

Emergenz erleben

S.S. Ja. Die Konferenz hieß »Youth Initiative Programm« und fand im schwedischen Jarna statt, organisiert von einem Netzwerk engagierter und inspirierter junger Leute aus der ganzen Welt. Das zentrale Thema war »Emergenz«. Auf der mehrtägigen Veranstaltung gab es nur eine Referentin pro Tag, darunter ich. Wir sollten jeweils zu Beginn eines Tags einen Impulsvortrag halten. Obwohl die Veranstalter bewusst viel Platz für Partizipation eingeräumt hatten, war die Situation nicht einfach. Zwei vorgesehene Referenten fielen schließlich aus, weil sie keine Visa bekommen hatten. Andere sprangen ein, von denen ich bei meiner Ankunft spät am zweiten Tag nichts wusste. Bereits die Anfrage für einen solchen Impulsvortrag hatte mich vor viele Fragen gestellt. Ich würde eine Stunde Zeit haben, etwas zum Thema Emergenz beizutragen, möge aber bitte nicht einfach nur referieren. Der Vortragssaal mit den dreihundertfünfzig angemeldeten Personen würde fest bestuhlt sein. Ich war also keineswegs frei. Wie und was sollte da in einer Stunde mit so vielen Leuten geschehen? Wie diesen Menschen ein Emergenz-Erlebnis verschaffen? Brauchen die Prozesse, die da in Frage kommen, nicht viel mehr Zeit? Ich war drauf und dran, die Sache abzusagen.

Im Zug dorthin gingen mir immer wieder die Worte durch den Kopf: »Es gibt eine Partitur. Aber diese Partitur muss sich zeigen.« Diese rätselhaften Worte in mir wirken zu lassen war, das wusste ich, Teil meiner eigenen Auseinandersetzung mit

»Emergenz« – ins Unbekannte zu gehen, zuzulassen, dass etwas auftaucht, emergiert und zugleich, scheinbar paradox, dieses Etwas in einen »Impulsvortrag« zu formen! Doch wie konnte das aussehen? Ich kam in Jarna mit kaum mehr als jenem Satz an. Was dann mit den mehr als dreihundert Menschen stattfand, entschied sich am Tag selbst, nur sehr kurz bevor mein Beitrag begann. Besonders hilfreich dabei war das Bild: Was immer ich hier tue, geschieht in einem Feld. Und es ist möglich, in diesem Feld Bewegung zu erzeugen. So wie die Stimme physische Schwingungen im akustischen Feld erzeugt, schaffen auch Bilder und Gedanken Bewegung und Schwingungen. Ich begann also, die Situation als ein wunderbares Geschenk zu betrachten; als Gelegenheit, etwas in dieses Feld von dreihundertfünfzig anderen Feldern einzubringen, die alle zusammen ein immenses Feld bilden, besonders wenn die Anwesenden ähnliche Motivationen und Fragen teilen. In der Lage zu sein, sich auf die noch nicht bekannte Gesamtsubstanz einzustimmen, die wir erst gemeinsam schaffen würden, hat unmittelbar mit Emergenz zu tun. Und das ist die Partitur! Sie existiert, ohne irgendwo aufgeschrieben zu sein.

In der Tat passt hier einmal mehr der Vergleich mit einem Konzert – wo es auf jeden individuellen Beitrag ankommt, wobei das Gesamte mehr als die Summe der Teile ist. Als Musikerin hörst du dir selbst zu, bist bei dir und gleichzeitig bei dem, was gebraucht wird. Du stimmst dich auf die anderen ein, trägst deinen Teil bei, wobei dir stets dieses Ganze bewusst ist, dieses größere Wesen, an dessen Entfaltung alle mitwirken. In Schweden war es dann wunderbar, einen Impulsvortrag zu Emergenz zu geben, verbunden mit einem Prozess, in dem genau das erlebbar wurde.

H.K. Wie ging es weiter?

S.S. Der komplexere Teil ist, was ich gerade beschrieben habe, während der Prozess selbst im Grunde ziemlich einfach war. Er begann, indem ich zunächst ein paar Fragen und Ideen einbrachte, die für Emergenz, aber auch für das Feld der Sozialen Plastik zentral sind: etwa die Rolle der »Richtkräfte« (Beuys),[60] des Individuums und der menschlichen Intention bei Prozessen des Zulassens. Ich hatte auch ein paar Gegenstände dabei, die ich zeigte, zum Beispiel die Bänder, mit denen wir in der University of the Trees ein »Bewusstheitsfeld« schaffen.

So entstand ein Kontext für das, was danach geschah. Und während der erste Teil wie ein üblicher Vortrag verlief, wurde dann das Geschehen quasi umgestülpt. Ich lud in eine Praxis ein, die zu einem erlebten Verstehen befähigen sollte – was nicht zuletzt den Unterschied verdeutlicht zwischen einem Vortrag, dem die Anwesenden nur logisch folgen, und einem, bei dem es möglich ist, das Vorgetragene zu erfahren. Beides hat ja vollkommen verschiedene Wirkungen, und bei Ersterem fehlt das Erleben.

Zu Beginn des Praxisteils führte ich den »mietfreien Raum« aus dem Erdforum ein und erklärte, inwiefern diesen Raum in sich zu erkennen eine Art neuer Fähigkeit erzeugt. Dabei hob ich besonders das Moment der Freiheit hervor. Denn sobald du in diesem Raum zu sehen beginnst, was du siehst, erlebst du Freiheit – zumindest einen wesentlichen Aspekt davon. Weil es, wie im vorangehenden Kapitel beschrieben, möglich wird, die Dinge durch »andere Linsen« zu sehen.

Dann wurden die Anwesenden eingeladen, sich – jeder und jede für sich – fünf Minuten lang mit der Frage zu beschäftigen: »Was emergiert gegenwärtig – in meinem eigenen Leben und in der Welt«? Darüber kann man, erklärte ich, so nachdenken, wie wir »denken« gewöhnlich verstehen. Hier aber sei Gelegenheit, einmal auf eine Weise zu denken, bei der man Bilder aufsteigen lässt.

Wie dicht das Geschehen wurde, als all die vielen Menschen still in dem großen Vortragssaal saßen, wo es morgens mit Ansagen, Einführungen und Nachbereitungen des Vortages so viel Trubel gegeben hatte. Du konntest förmlich sehen, wie sie sich nun, jede und jeder für sich, in ihren »mietfreien Raum« hineintasteten. Zuvor hatte ich auch betont, wie es den Prozess steigert und unterstützt, wenn er in einer großen Gruppe stattfindet, weil dann spürbar wird, wie aus dieser gemeinsamen Arbeit ein Mehr als die Summe der Teile entsteht.

Im Anschluss daran gab es Zeit, jeweils fünf Minuten lang dem Nachbarn etwas von dem, was sich gezeigt hatte, mitzuteilen. An dieser Stelle führte ich das »aktive Zuhören« und »aktive Sehen« ein und bat die Mitteilenden, beim Sprechen die Augen zu schließen. Nach diesem fokussierten Mitteilen fand – wie am Ende des Erdforums – ein kurzer offener Austausch statt, aber jetzt zu zweit. Wenn man die Prinzipien und Bedeutungen, die solchen Praktiken zugrunde liegen, versteht, kann man sie auf vielfältige Weisen einsetzen und kombinieren. Die Leute waren begeistert von dem Prozess. Sie konnten kaum glauben, was er bewirkte. Er befähigt tatsächlich, das eigene Wissen zu erweitern und zu sich selbst zu kommen. Dann die unerwartete Steigerung zu erleben, wenn du all diese Dinge mit einer anderen Person teilst, wenn die andere Person aktiv zuhört und nicht urteilt; oder auch zu erleben, was geschieht, wenn du die Augen schließen kannst, ohne Angst haben zu müssen, was die andere Person von dir denkt. Das Schließen der Augen hilft, bei sich und in diesem inneren Raum zu bleiben.

Im energetischen Austausch und der inspirierten Atmosphäre in dem großen Vortragssaal verkörperte sich die dichte Substanz, die entsteht, wenn alle bei sich, in ihrer Vorstellungs- und Reflexionskraft aktiviert sind. Am Ende konntest du fast greifen, dass bedeutsame Einsichten und Wahrnehmungen zutage getreten waren. Wie gut wäre es gewesen, jetzt etwas davon in der großen Gruppe miteinander zu teilen. Da aber die Zeit dafür fehlte, lud ich dazu ein, sich nun noch einmal – wieder mit geschlossenen Augen – für einen Moment zu vergegenwärtigen, was in einem selbst und dann zwischen einem selbst und dem Partner geschaffen wurde. Dafür verwendete ich, wie in der letzten Phase des Erdforums, das Bild der Bienen. Sie bringen, jede für sich, den Nektar, den sie gesammelt haben, zurück. Aber Honig können sie nur gemeinsam machen.

H.K. Wie erklärst du dir, dass so etwas in so kurzer Zeit möglich ist? Und warum finden solche Prozesse nicht öfter statt, obwohl sie, wie es scheint, unmittelbar in Reichweite liegen? Das ist doch paradox, oder?

S.S. Vielleicht nicht. Ich denke, du hast vorhin selbst einen wesentlichen Grund dafür angesprochen. Dass wir nämlich einzelne Objekte, Personen oder auch eine Masse sehen, aber nicht in der Lage sind, das Feld wahrzunehmen. Und im Blick auf das Feld geht es nicht nur um die Verbindungen zwischen den einzelnen Dingen. Das wäre noch immer eine dualistische Sichtweise. Das Feld ist ein Ganzes, das mehr als die Summe der Dinge und die Verbindungen enthält. Wir sehen die Ganzheit, die daraus entsteht, nicht, weil ...

H.K. ... uns die Übung fehlt?

S.S. Weil wir nicht die Linsen dafür haben. Wenn ein Wesen nur nach oben und nach unten schauen kann, dann ist die Welt nur oben und unten.

H.K. Das ist also eine kulturelle Prägung.

Aus den Rahmungen fallen

S.S. Und hat etwas mit dem jeweiligen Temperament zu tun oder wird dadurch verstärkt. Auch die innere Haltung prägt die Linsen. Aber ja, die Hauptursache dürfte eine sehr tiefe, alte Gewohnheit sein, die bereits vor Jahrzehnten als dualistische und mechanistische Sichtweise identifiziert wurde. Wie interessant, dass gerade Wissenschaftler – David Bohm, Arthur Zajonc und andere – immer wieder Impulse für ein anderes Wahrnehmen und Denken geben. Arthur Koestler erklärte in den sechziger Jahren, wenn wir uns den Tisch, an dem wir sitzen, richtig anschauten, wenn wir ihn wirklich sähen als das, was er ist, würden wir erkennen: In Wirklichkeit ist da gar nichts, nur elektrische Ladungen. Denn ein Tisch besteht aus Atomen, und jedes Atom aus positiven und negativen Ladungen. Wo also ist der Tisch? Diese Art des Sehens kann durch bewusstseinsverändernde Substanzen unterstützt werden, weshalb einige der Visionäre damit experimentiert haben. Aber es gibt auch andere Wege, zu den tiefverwurzelten Seh- und Denkgewohnheiten vorzudringen, die uns daran hindern, neue Möglichkeiten zu erkennen und zu bearbeiten.

H.K. Arthur Koestler dürfte in unserem Zusammenhang auch deshalb interessant sein, weil er ein Pionier der »holonischen« Sichtweise ist, worauf die Allgemeine Systemtheorie aufbaut, die wiederum transformativen Ansätzen wie der Tiefenökologie oder auch der Integralen Theorie Ken Wilbers mit zugrunde liegt.

Als jüdischer Schriftsteller hatte Koestler fast das gesamte 20. Jahrhundert mit zwei totalitären Regimes – dem Faschismus und dem Stalinismus – erlebt. Der von ihm geprägte Begriff »Holon« bezeichnet ein Ganzes, das Teil eines größeren Ganzen ist, selbst aber kleinere Ganzheiten enthält, wobei jedes Teil sich seine relative Freiheit bewahrt. So entsteht eine natürliche »Holarchie«: ein Gegenmodell zur Hierarchie, die auf von oben nach unten verlaufender Kontrolle basiert.

Aus holonischer Sicht emergieren bei jedem Übergang auf eine neue holonische Ebene, zum Beispiel vom Atom zum Molekül, von der Zelle zum Organ, von der Person zur Familie neue Eigenschaften, die sich nicht auf die Eigenschaften der getrennten Einzelteile zurückführen lassen. Die Nässe von Wasser lässt sich nicht aus den Eigenschaften seiner Komponenten, nämlich Wasserstoff und Sauerstoff, voraussagen, so wie die Festigkeit von Stahl die Summe der Festigkeit von Eisen und Nickel weit übertrifft. Genau dieses Emergenzphänomen beschreibst du ja mit jenem neuen Ganzen in Gemeinschaftsprozessen, das mehr als die Summe der Teile ist und aus Beziehung, aus Verbindendem hervorgeht. Die Tiefenökologinnen Joanna Macy und Molly Young Brown sprechen hier von einem »holonischen Wandel des Bewusstseins«, der jetzt nötig, aber auch möglich wird: Das selbstreflexive Bewusstsein, bislang auf das einzelne »Ich« beschränkt, müsse sich nun zur nächst höheren Ebene, nämlich zu selbstreflexiven Gruppen entwickeln.[61] Das ist auch der Ansatz, von dem aus Kosha Anja Joubert, Vorsitzende des Global Ecovillage Network, die »Kraft der kollektiven Weisheit« erkundet.

S.S. Wobei hierfür ein differenziertes Verständnis des »Ich« mitentscheidend sein dürfte. Im Systemdenken wird das Ich oft missverstanden, als etwas Negatives angesehen, was in der gängigen Formel »ökozentrisch statt egozentrisch« zum Ausdruck kommt. Dem steht in gewisser Weise jener Gedanke entgegen, den ich zu Beginn dieses Buchs angeführt habe: »Nachhaltigkeit ohne Ich-Sinn ist Unsinn«. Tatsächlich ließe sich unser Buch als Praxisbuch für eine neue Ich-Entwicklung verstehen, die von einem ganz anderen Verständnis von Ich, Individuum und Individualität ausgeht. Wobei es zu unterstreichen gilt, dass in diesem Zukunft schaffenden Feld das freie Individuum aufs engste mit neuen Formen von Gemeinschaft verknüpft ist.

Wenn Geschehnisse wie in Leipzig oder in Jarna jetzt quasi aus dem Stand heraus möglich werden, dann deshalb, weil wir alle reif dafür sind. Reif für Erfahrungen und damit auch Bestätigungen des erweiterten Ich-Sinns. Immer mehr Menschen warten nur auf eine solche Gelegenheit. Nicht um den eigenen Kram öffentlich auszubreiten und irgendwie Aufmerksamkeit zu erhalten, wobei es oft bleibt, weil nichts angeboten wird, was hilft, mit den eigenen Reichtümern zu arbeiten und sie wirklich zu teilen. Dann erschöpft sich die Sache in einem willkürlichen Geschehen. Was fehlt, sind Formen des Miteinanders, die zulassen, dass etwas in Erscheinung tritt, während zugleich – in einem scheinbaren Widerspruch – ein gewisses Gestalten stattfindet; Formen des Miteinanders, die der Reife aller Beteiligten erlauben, sich zu zeigen, indem sie dafür sorgen, dass das Geschehen nicht in Beliebigkeit kippt und dass Einsichten auch durch das Miteinanderdenken von Individuen gewonnen werden können.

H.K. Das ist eine Umschreibung der Soziale-Plastik-Arbeit, wie du sie seit den siebziger Jahren erkundest. Du würdest also sagen, ein solches Arbeiten ist jetzt eher möglich als noch vor ein, zwei Jahrzehnten?

S.S. Schon vor fünfzig Jahren, in den Sechzigern, hatten die Leute keine Lust mehr, sich den Mund verbieten zu lassen. Die Emanzipation von damals hat in vielen Ländern quer durch die Gesellschaft spürbar gemacht, dass jede und jeder das Recht hat, sich auszudrücken, sie selbst, er selbst zu sein. Aber wie die Befreiung des Individuums mit neuen Qualitäten von Gemeinschaft zusammenhängen kann, blieb weithin im Dunkeln.

Heute sind wir sicher durch die ökologische und andere globale Krisen, aber auch durch die Internet-Kultur – trotz all ihrer Defizite und Schattenseiten – unmittelbarer in Kontakt miteinander als vor fünfzig Jahren. Ja, es gibt dadurch jetzt tausendfach mehr Gelegenheiten für vielfältiges Miteinander und für mehr Bewusstheit. Was wohlgemerkt nicht heißt, dass das alles frei von Egoismus wäre. Aber im großen, stetig wachsenden Spektrum derer, die überzeugt sind, dass »eine andere Welt möglich ist«, zeigt sich in mancherlei Hinsicht mehr Willen, Potenzial und Fähigkeit für einen Austausch, für ein Sich-Öffnen, für Wärme. Das findet auch in der wachsenden Leidenschaft für Selbstorganisation Ausdruck: Immer mehr Individuen beteiligen sich daran, zukunftsfähige Gemeinschaftsformen zu gestalten. Ja, das ist eine Seite der Bewegung ... der Bewegung selbstreflexiver und ver-antwortlicher (»response-able«) Individuen als der einzigen Basis für Solidarität und neue soziale Formen.

H.K. Wobei auch weltweit etwas ins Spiel kommt, was der Psychiater Kazimierz Dabrowski »positiven Zerfall«[62] nennt: Immer schmerzhafter, immer existenzieller wird allerorts spürbar, wie marode und dünn einst tragende Strukturen – gesellschaftliche, ökonomische, ökologische – geworden sind. Von Tag zu Tag mehr Menschen befinden sich in einem Zustand zwischen alten, nicht mehr tragfähigen Mustern und Normen und einem notwendigen – die Not wendenden –, aber noch nicht wirksamen Neuen. Wo scheinbar nichts mehr zueinander passt. Wo sich im Kleinen wie im Großen die Fundamente auflösen. Das schürt Angst, Panik, Verzweiflung, Aggression. Doch gehören solche Finsternisse, wie Joanna Macy mit Dabrowski betont, unvermeidlich zu jeder kulturellen Umwälzung, zu einem »Großen Wandel« dazu.

Ein Vergleich, der das Positive an diesem Zerfall erkennbar macht: Indem einst gegebene Normen, Sicherheiten und Strukturen immer weniger greifen, ähnelt unsere Existenz zunehmend einem Bild ohne Rahmen. Wir fallen aus unseren Rahmen oder ent-rahmen uns selbst. Wodurch natürlich Halt schwindet. Aber ohne die alten Rahmungen können wir das eigene Bild auf ganz neue Weisen mit den Bildern ringsum, mit anderen Wesen und Wirklichkeiten in Verbindung bringen.

S.S. Ja. Aber wir müssen auch den Rahmen sorgfältig anschauen. Sonst besteht die Gefahr, Einzelheiten zu ändern, während der alte Rahmen, von dem wir dachten, wir hätten ihn verloren, derselbe bleibt.

Hilfreich an der Stelle ist, sich unsere »Antennen« vor Augen zu führen, die es zu entdecken und auszufahren gilt – wozu viele Menschen nun fähig sind.[63] Besonders junge Leute. Wir haben diese feine Fähigkeit, die Probleme und die Verbindungen zwischen den Problemen zu spüren – sowie auch Wege hinaus! Indem die Menschen flüssiger werden und überkommene Annahmen aufgeben, bilden sich diese neuen Fähigkeiten wie neue Geweihe und befähigen ihre Träger, der eigenen Sinnes- und Sinn-Erkenntnis zu trauen.

H.K. So können wir uns, wenn es – wie etwa bei den Konferenzen in Jarna und in Leipzig – eine Gelegenheit dafür gibt, in den feinen Verästelungen unserer Antennen begegnen: im Potenzial dessen, was wir sind und was durch uns in die Welt kommen will.

Hier zeigt sich auch noch einmal, wie berechtigt es ist, das englische »sustainability« mit »Zukunftsfähigkeit« zu übersetzen, was ja bereits in der Einführung dieses Buchs zur Sprache kam. Positiv kann der derzeitige Zerfall in dem Maße werden, wie wir die menschliche Fähigkeit praktizieren, Phänomene nicht nur auf der Grundlage bisheriger Erfahrungen und von bislang Gewesenem wahrzunehmen, sondern auch in ihren Potenzialen – in dem, was sie noch nicht sind. Weshalb »zukunftsfähig« bedeutet, sich nicht allein an dem zu orientieren, was faktisch vorliegt, sondern empfänglich zu werden für die Werdekräfte der Welt, die auf solche Bewusstheit in gewisser Weise angewiesen sind.

S.S. Ja, das ist sehr wichtig!

H.K. Strategien, die darauf zielen, solche Zukunftsfähigkeit für den »Großen Wandel« zu erschließen, finden sich zum Beispiel in den »Zukunftswerkstätten« nach Robert Jungk, in der »Presencing«-Methode Otto Scharmers, auf dem Feld der Tiefenökologie, in der gemeinsamen Visionssuche von Transition-Town-Initiativen oder auch im Cradle-to-Cradle-Ansatz für nachhaltige Güterproduktion.[64]

Und solche Strategien – oft haben sie mit Gewärtigsein und Spontanität zu tun – sind auch ein zentraler Bestandteil von Sozialer Plastik. Aufschlussreich hier dürfte jener Beitrag von dir auf dem »Ursache Zukunft«-Kongress vor einigen Jahren sein, der am Anfang unseres Gesprächs erwähnt wurde – was uns auch wieder zum roten Faden dieses Kapitels, dem Arbeiten auf Tagungen oder Konferenzen, zurückführt. Magst du davon berichten?

Die rote Blume bringen

S.S. Alles begann, während mein Vorredner seinen sorgfältig ausgefeilten und sehr langen Vortrag hielt, über Kunst und Ökologie, und ich bald nicht mehr zuhören konnte. Es war, als werde mein Geist mit logischen Annahmen, Thesen und Schlussfolgerungen abgefüllt, die, so interessant sie gewesen sein mögen, in dieser Form und Dosis verabreicht, geradezu erstickten. Ab einem gewissen Punkt war ich gar nicht mehr da. War eine isolierte, fensterlose Monade[65] in einer Welt voll erschöpfter Monaden – nicht im Leibniz'schen, sondern in einem wirklich negativen Sinn. Ich war ausgelaugt und völlig ratlos. Hatte keine Ahnung, wie es nun weitergehen sollte. Dann endete der Vortrag. Nun war ich an der Reihe. Mein Herz sank ins Bodenlose.

H.K. Du warst in einer toten Zone – wie auf jener Solarkonferenz in Florenz.

S.S. Ja. Was für ein schrecklicher Moment. Nach dem gerade Gewesenen konnte ich mir nicht vorstellen, einen Vortrag zu halten. Es fehlte nicht nur die Energie dazu, sondern mir schien, das würde die Leute umbringen. Während ich ans Rednerpult ging, dachte ich nur, was werde ich bloß tun? Ob ich vielleicht sagen sollte, was mit mir geschehen war? Nein, das wäre zu unhöflich. Und dann ging alles sehr schnell. Als ich die Leute im Saal sah, begriff ich: Das Einzige, was ich tun kann, ist zu versuchen, alle zurück in den Raum zu bringen. Und indem ich dies tun würde, würde vielleicht auch ich selbst zurückkehren. So wagte ich etwas, das ich nie zuvor getan hatte – ich sagte gar nichts.

Viele Minuten lang herrschte Stille. Während dieser Zeit versuchte ich, den Augen aller Anwesenden zu begegnen. Mir war klar, dass ich jedem in die Augen schauen musste. Ich hoffte, sie würden nicht zu befremdet oder schockiert sein, würden nicht anfangen zu protestieren oder zu fragen, was los sei. Ich versuchte also erkennbar zu machen, dass hier etwas stattfand; dass dies kein Trick war. Welch ein Risiko. Aber was für ein Geschenk auch – für sie, für mich und für den Planeten. Nicht nur Stille zu haben nach all dem intellektuellen Lärm, sondern neu ins Hier und Jetzt zu finden. Das war einfach nötig. Aber ich hatte keine Ahnung, ob es gelingen und was anschließend geschehen würde. Wenn es nicht gelingen sollte, könnte ich immerhin danach etwas darüber sagen, weshalb ich das getan hatte. Ich ergriff also den Moment und versuchte, ganz gewärtig zu werden, weil wir ganz und gar nicht gewärtig waren. Wir hatten uns in unseren Köpfen verirrt. So könnte man diese tote Zone beschreiben. Wie nutzlos, wie unnötig, wie destruktiv das war, was für eine Verleugnung jeden reifen Wesens.

Schließlich, noch immer die Anwesenden anschauend, merkte ich, dass es möglich wurde, zu den Inhalten, die ich vorbereitet hatte, zu finden. Doch würde ich diese nun nicht als Vortrag bringen, sondern in einem Bild. Ich würde eine Geschichte erzählen, als eine Art Geschenk.

Es muss nicht falsch sein, wenn eine Person spricht und die anderen zuhören. Hier liegt eine Parallele, aber auch ein Unterschied zu dem Geschehen in Schweden, wo eine Praxis stattfand. Worum es geht ist, den Anwesenden, auf welche Weise auch immer, zu ermöglichen, in einem tiefen Sinn anwesend zu sein.

So erzählte ich eine Geschichte – meine Lieblingsgeschichte, die später jemand die »Predigt von der roten Blume« nannte. Beim Erzählen erlebte ich sie von neuem und begriff, wie eine solche Begebenheit sich auf ein ganzes Leben auswirken kann – welch ein Geschenk das war:

Ich hatte, damals etwa fünf Jahre alt, im Garten eine wundervolle Blume entdeckt. Ihre Schönheit, ihre Pracht in leuchtendem Rot mit ein wenig Orange zog mich geradezu in ihren Bann. »Das muss das Gesicht Gottes sein«, dachte ich, bevor ich ins Haus lief, um meine Mutter zu holen. Aber da wartete eine Enttäuschung. Meine Mutter stand am Herd und kochte einfach weiter, während ich ihr diese Botschaft überbrachte. Es war klar, dass sie nicht kommen würde. Sie war keineswegs teilnahmslos, nur eben mitten im Kochen. Doch dann hatte sie eine Idee, und ich erinnere mich an die Begeisterung in ihr. »Weißt du was«, sagte sie: »Du gehst noch mal nach draußen und schaust dir die Blume sehr, sehr sorgfältig an. Dann kommst du zurück und erzählst mir, was du gesehen hast.«

Nun rannte ich nach draußen, denn ich hatte ja einen Auftrag. Es war also teilweise ihre Energie, ihre Begeisterung, die mich die Enttäuschung vergessen ließ und zurück nach draußen brachte. Und ich begann, diese rote Blume ganz sorgfältig anzuschauen, so intensiv, dass ich sie jetzt noch vor mir sehe. Danach, auf dem Weg zurück in die Küche, rannte ich zunächst, bis mir einfiel, ich solle besser vorsichtig sein, weil ich dieses Bild trug – als sei es ein kostbarer Gegenstand. Und das wirklich Wunderbare geschah, als ich anfing, meiner Mutter die Blume zu beschreiben, sie zuhörte und ein Lächeln auf ihrem Gesicht entstand. Ihr ganzes Gesicht veränderte sich dabei.

In dem Moment erkannte ich, wie nichtphysische Dinge – eine Idee oder ein inneres Bild – Materie verändern können. Natürlich verstand ich das damals nicht mit diesen Worten. Doch wurde jenes Erlebnis zu einem Knäuel von Bedeutung, das mich durch Jahrzehnte begleitet hat. Dieser Prozess, dass sie die Blume nicht gesehen hatte und ich das Bild zu ihr trug. Dass wir die Fähigkeit haben, Bilder zu tragen. Und wie Bilder Situationen verwandeln können. Diese Geschichte hebt eine Fähigkeit hervor, die jeder Mensch hat: etwas als Bild zu sehen und auf eine Weise mitzuteilen, dass dadurch Veränderung entsteht. Paul Klee und Joseph Beuys nannten das ein »bildnerisches« oder »bildhaftes« Denken.[66]

Und während ich jetzt gesprochen habe, ist mir bewusst geworden, wie in Dornach das Schweigen zuvor, dieses Schweigen vom Rednerpult aus, es ermöglichte, zu einem solchen bildnerischen Denken zu finden, indem es das Feld jeder einzelnen Person – einschließlich meines eigenen – aktivierte. Wie kreativ, wie produktiv dieses Schweigen war!

Die aktive Stille

H.K. Das führt uns zur »aktiven Stille« – einem Prozess, den du, wenn ich nicht irre, 2006 auf dem Symposium »Stetig wachsen – Sprechen über Bäume« im Residenzschloss in Darmstadt erstmals praktiziert hast.

S.S. Wo jemand das eine »Ruhepause« nannte, was die Sache völlig verzerrt. Überhaupt kann dieser Prozess leicht missverstanden werden.

H.K. Die »aktive Stille« findet jeweils vor einem Beitrag und am besten noch einmal danach statt. Ob sie gelingt, hängt wesentlich davon ab, wie sie eingeführt wird. – Wie führst du sie ein?

S.S. Indem ich etwa sage: Sie alle haben einen Grund, weshalb Sie zu dieser Tagung, dieser Konferenz gekommen sind. Sie bringen ein Interesse für das Thema mit. Sie haben eigene Fragen, Ideen, Gedanken dazu. Das ist etwas Echtes; eine lebendige Substanz, mit der es sich lohnt zu arbeiten. Daher wollen wir uns nun, bevor gleich der Vortrag beginnt, ein wenig Zeit nehmen, um zu schauen: Was eigentlich sind meine Gedanken, Ideen, Fragen, mit denen ich auf diesem Feld unterwegs bin? Das ist also eine Gelegenheit, sich zunächst mit sich selbst zu verbinden. Und wenn dann der Vortrag – oder welcher Input auch immer – beginnt, kann man in einen aktiven inneren Austausch damit treten.

H.K. Bei dieser aktiven Stille wird immer wieder etwas höchst Bemerkenswertes spürbar, nämlich: Zu Besinnung zu kommen ist ein Akt des Empowerment! Indem die Anwesenden sich selbst ergreifen, entsteht in und zwischen ihnen eine Kraft, die es zuvor nicht gab.

S.S. Ja. Im Anschluss an einen Vortrag oder einen Input fordert normalerweise der Moderator die Anwesenden dazu auf, Fragen zu stellen. Eine zweite aktive Stille hier, ebenfalls für vier oder fünf Minuten, hat den Sinn, sich nach dem Gehörten noch einmal die eigenen Gedanken und Fragen vom Beginn, das eigene Material zu vergegenwärtigen: Was ist inzwischen damit geschehen? Was liegt jetzt vor? Haben sich neue Fragen ergeben? Neue Einsichten? Das kann helfen, dann auch in einen tieferen Austausch miteinander zu kommen. Ich habe gute Erfahrungen damit gemacht, so wie du.

Aber auch sehr schlechte. In der Tat kommt es entscheidend darauf an, diesen Prozess sorgfältig einzuführen. Den Teilnehmenden muss wirklich verständlich sein, worum es geht: Dass diese Stille einen Raum schafft, um das zu würdigen und anzuerkennen, was jede und jeder mitbringt. So unterschiedlich die Einführung je nach Kontext und verfügbarer Zeit sein mag, ist zentral, um jeder und jedem ein Gespür dafür zu geben, dass niemand als leerer Eimer da ist, der gefüllt werden müsste. Wir alle tragen Hoffnungen, Erwartungen, Fragen, Einsichten, Interessen, Schwierigkeiten in uns, auch spezielle Fragen dazu, was jetzt wohl im Vortrag zu hören sein könnte. Sich das – oder etwas davon – zunächst ein wenig bewusst zu machen bereitet eine Grundlage dafür, dass der Vortrag – oder was immer dann folgt – ganz anders bereichert.

An der Stelle würde ich gerne von einem Desaster berichten, das ich erlebte, nachdem ich die »aktive Stille« mehrmals mit Erfolg eingesetzt hatte. Denn das zeigt, worauf es bei diesem kleinen, feinen Instrument zu achten gilt.

Es geschah bei einer »Social Banking«-Konferenz 2010. Man war erst spät, als das übervolle Programm bereits fertig war, an mich herangetreten. Während der vier Tage gab es an die fünfzig Referenten. Ich sollte einen Soziale-Plastik-Prozess beisteuern. Die Organisatoren waren begeistert von diesem Ansatz, und mir schien, als seien wir auf einer Linie. Ich suchte nach etwas, das in einem mit Aktivitäten vollgestopften Programm wie ein Geschenk aufgenommen werden könnte. Da die verfügbare Zeit so begrenzt war, bestand der sogenannte sozial-plastische Prozess schließlich allein aus dieser »aktiven Stille« vor und nach jedem Beitrag. Sie sollte es den hundertfünfzig Konferenzteilnehmern ermöglichen, einen Imaginations-

und Reflexionsraum, also den »mietfreien Raum« zu schaffen, um jeweils vor einem Beitrag zu sich selbst zu kommen und danach, bevor es Fragen und Antworten gab, zu sich selbst zurückzukehren. Der kurze Prozess war mit Intentionen überfrachtet. Schließlich wurde er auf verschiedene Weisen zerstört.

Erstens wurde er von fünf auf eine Minute vor und eine Minute nach jedem Beitrag reduziert – was bald begann, sich lächerlich anzufühlen. Zweitens gab es ein Mikrophon, das ein scharfes Geräusch im Raum erzeugte. Damit wurden, bevor ich jeweils für meine Minute aufstand, lange, wortreiche Einführungen gehalten. Wenn ich im Anschluss daran an die aktive Stille erinnerte, erschien es mir notwendig, noch einmal zu erklären, weshalb wir das tun. Das frustrierte, weil es nur eine Minute gab, während der ich auch noch redete. Einige hielten den Prozess ohnehin für lächerlich. Warum sollten sie eine Minute in Stille verbringen? Das aber hing damit zusammen, dass ich selbst am ersten Tag meine Rolle nicht klar genug dargelegt hatte und wie ich eingeführt worden war. Der Person, die mich vorstellte, war das Wesentliche irgendwie entgangen, obwohl man so begeistert gewesen war, diesen Ansatz dabeizuhaben. So nahm das Desaster seinen Lauf. Am vierten Tag setzte ich mich draußen hin und dachte über alles nach. Viele Teilnehmende hatten mir während der Pausen gesagt, wie hilfreich dieser Prozess sei. Doch hätten sie sich mehr Zeit dafür gewünscht und auch, dass er besser als wirklicher Bestandteil des Ganzen integriert sein sollte. Dieses Instrument ist so subtil. Wenn es nicht ein Minimum an Zeit und Raum dafür gibt und wenn der Prozess ungenau – etwa als »Ruhepause« – eingeführt wird, kann er die entgegengesetzte Wirkung haben. Er kann alle Arten von Irritation hervorrufen.

Zu einem zukunftsfähigen Verständnis unserer selbst

H.K. Du hast einmal mehr den so schlüssigen Vergleich gebracht: Menschen, die eine Konferenz oder dergleichen besuchen, sind keine leeren Eimer. Auch wenn sie selbst nichts vortragen, haben doch alle Teil an dem Geschehen. Das führt zu dem Titel zurück, den wir für dieses Kapitel gewählt haben, »(R)Evolutionäre werden und einander dabei helfen«. Denn die Ideen, Methoden und Praktiken, die wir hier, aber auch im ganzen vorliegenden Buch betrachten, handeln davon, das Lebendige in jedem Menschen zu aktivieren und zu kultivieren – um von dieser so oft brachliegenden Lebendigkeit aus wünschenswerte »Zukünfte« (Robert Jungk) zu gestalten.

Eine Frage, die diese ästhetische, im Sinn von verlebendigende Praxis wie ein Ostinato, ein immer wiederkehrendes Bassthema, durchzieht, ist: Welches Verständnis von uns selbst als Menschen brauchen wir, um wahrhaft Zukunftsfähiges in die Welt zu bringen? Auf jener Solarkonferenz in unserem Gang durch tote Zone wurden alle erdenklichen Facetten einer postfossilen, nachhaltigen Welt beleuchtet, nur nicht die Frage: Wer ist eigentlich der Akteur des Ganzen? Und wie wollen wir einen grundlegenden Wandel in der äußeren Welt herbeiführen, ohne unser Menschsein in Entwicklung zu bringen? Es verwundert schon, wie selten diese grundlegende Frage thematisiert wird, wie wenig die Diskurse, Initiativen, Institutionen und Organisationen in Politik, Gesellschaft und Wissenschaft sich bei ihrer Arbeit auf dem Feld des Wandels damit befassen.

Bei der Forschung, aus der das Buch »Wachsen!« hervorging, kam in dem Zusammenhang ein Paradox zum Vorschein:[67] Bekanntlich ist die Industriemoderne durch und durch anthropozentrisch. Wir haben uns selbst an die Stelle gesetzt, die einst Gott vorbehalten war. Und die gesamte außermenschliche Natur wird auf die vermeintlichen Bedürfnisse des Menschen zugerichtet. Aber was nützt dieses gigantische Projekt, wenn es das Entscheidende zuschüttet – den Zugang zu jener Mitte im Menschen, worin alles Lebendige zum Bewusstsein seiner selbst zu gelangen sucht. In diesem Sinn beinhaltet der Anthropozentrismus ein kümmerliches, armes Menschenbild; führt er den Anthropos weg von sich selbst.[68] Überspitzt formuliert, bedeutet Bildung gegenwärtig primär, Funktions- und Leistungsträger zu produzieren. Wirklich gefördert werden nur die kognitiven, rationalen Fähigkeiten. Die Entfaltung anderer Fähigkeiten – wie Einfühlungsvermögen, Gerechtigkeitssinn, Kreativität, Solidarität, Mut – bleibt meist eher dem Zufall überlassen.

S.S. Die Förderung richtiger Kreativität, nicht nur dessen, was die Kreativindustrie braucht, um die Wirtschaft zu fördern oder den Leuten Unterhaltung zu bieten, damit sie nicht verrückt werden.

H.K. Für den Ökonomismus, wie er sich jetzt über die ganze Erde verbreitet, ist die »Kultur des inneren Menschen« schon deshalb kontraproduktiv, weil dieses System den ängstlichen, innerlich unfreien, kleinen, egoistischen Menschen braucht, um zu funktionieren.

Aber trifft man nicht auch auf dem Terrain der Nachhaltigkeit oft auf ein merkwürdig verkürztes, schwaches, um nicht zu sagen negatives Menschenbild, bei dem das »Mangel- und Bedürfniswesen« (Arnold Gehlen) einseitig im Vordergrund steht? Darauf wurde bereits in der Einführung hingewiesen. Und mir scheint, genau das ist die Matrix, vor der das erweiterte Verständnis von Kunst – wovon Beuys sagte, er habe es nicht er-funden, sondern ge-funden – seine Relevanz entfaltet. Denn im Kern beinhaltet die Aussage »Jeder Mensch ein Künstler« eine neue Anthropologie: ein starkes, emphatisches Menschenbild, das aber, richtig verstanden, nicht mehr anthropozentrisch ist. Du führst das in der Einführung unseres Buchs besonders dort aus, wo du die neue Verbindung von Freiheit und Verantwortung thematisierst.

Keine leeren Eimer

S.S. Vielleicht hilft es an der Stelle, noch ein wenig beim Bild vom »leeren Eimer« zu bleiben und zu fragen: Wenn ein Mensch kein leerer Eimer ist, bedeutet das, dass er ein voller Eimer oder ein halbvoller Eimer ist?

H.K. Oder gar kein Eimer?

S.S. Oder gar kein Eimer. Aber sicher ein Gefäß. Wenn jeder Mensch immer etwas mitbringt, was ist das? Jemand, der eine Tagung besucht, bringt nicht zuletzt eine innere Substanz mit, die flüssig ist; die mit dem Inneren und dem Äußeren verbindet, etwas ganz Subtiles. Jeder Mensch ist ein Kraftfeld mit dem Potenzial, alles, was existiert, was da ist und fest ist, in Bewegung zu bringen. Wir könnten dies das Potenzial für Wandel nennen. Wenn du mit dem inneren Auge auf dieser Ebene schaust, kannst du in einer Ansammlung von Menschen etwas von dieser lebendigen Potenzialität, die nicht an unseren physischen Grenzen endet, wahrnehmen.

Eine solche Sichtweise lässt sich schulen. Früher musste ich mich bewusst dazu anhalten, Menschen in erster Linie als ein lebendiges Feld von Fähigkeiten – und von Fragen – zu sehen. Jeder Mensch ist, um einen etwas veralteten Begriff zu verwenden, ein »Sucher«, ein Sucher nach Wahrheit, nach Wissen. Alle, die eine Tagung oder einen Vortrag besuchen, auch diejenigen, die primär zum Networking gekommen sind, tragen irgendwo in ihrer Psyche, sei es unbewusst, eine Frage, einen Impuls. Jeder möchte etwas über sich oder die Welt oder über die eigene Beziehung zur Welt hören, sehen, verstehen. Und mit ein wenig Übung beginnt man, etwas von diesem inneren Suchen zu sehen. Je mehr wir unsere Fähigkeit verfeinern, zu spüren, zu hören und zu sehen, was im Raum lebendig ist, desto mehr können wir damit arbeiten.

Eine Vortragssituation so zu betrachten ist auch deshalb aufschlussreich, weil das, was da geschieht, offenkundig zu sein scheint: Ein Vortrag ist ein Vortrag, die Leute kommen, um ihn sich anzuhören, die Referentin trägt etwas vor, und danach gibt es Fragen und eine Diskussion. Aber alles steht und fällt damit, welches Menschenbild wir in ein solches Geschehen – in jedes Geschehen – hineinbringen.

H.K. Genau. Und so schwer man sich allerorts, einschließlich der Nachhaltigkeitsszene, damit tut, ein Menschenbild zu kultivieren, das auf Lebendigkeit, auf Werdekraft, auf Potenzialität gründet, hat hier doch, wie es scheint, ein Wandel begonnen.

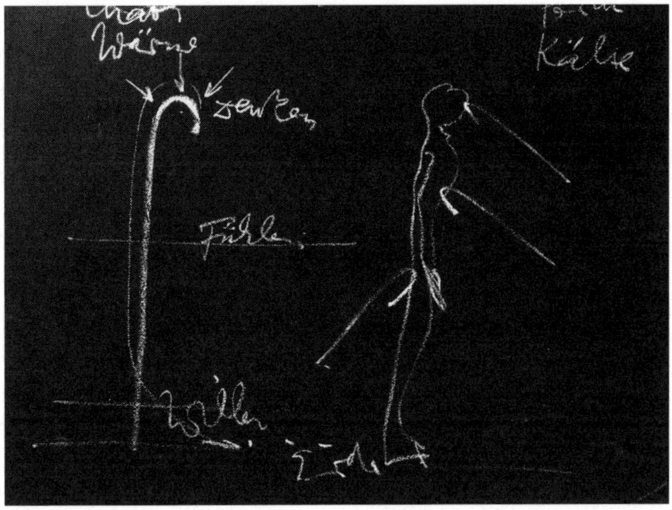

Der Mensch als Stab – nach draußen greifen und etwas hereinbringen.

7 Johannes Stüttgen, Ausschnitt aus einer Tafelzeichnung, entstanden im Vortrag »Honigpumpe am Arbeitsplatz«, Oxford, 2004.

Der unlängst im Kontext der Commons-Debatte erschienene Essay »Enlivenment« von Andreas Weber dürfte ein Indikator hierfür sein. Ansätze auf dem praktischen Feld sind die schon erwähnte Presencing-Methode Otto Scharmers und Margaret Wheatleys Strategien im Bereich der Organisationsentwicklung. Oder die Methodik, die der südafrikanische Organisationsberater Allan Kaplan, aufbauend namentlich auf Goethes Wahrnehmungslehre, entwickelt hat und überall in der Welt praktiziert. Auch die Strategien einer neuen Gemeinschaftsbildung im Global Ecovillage Network und die Arbeitsweise des von Jascha Rohr gegründeten Instituts für Partizipatives Gestalten basieren auf dem Kultivieren von Lebendigkeit, von Potenzialität und sind damit unserer ästhetischen Praxis verwandt.[69]

Anschaulich wird das neue, Zukunft schaffende Menschenbild, das die genannten Praxisansätze verbindet, wenn wir, wie Otto Scharmer es gerne tut, den Begriff des Leiters neu betrachten. »Leiter« kommt von indogermanisch *leith,* was »nach vorne gehen«, »über die Schwelle gehen«, aber auch »sterben« bedeutet. Denn Prozesse wirklichen Wandels sind, wie wir vorhin mit Dabrowskis »positivem Zerfall« gesehen haben, immer existenziell. Eine Leitungskraft ist mithin jemand, der oder die fähig ist, Altes loszulassen, es sterben zu lassen, Neues von der Zukunft her zum Vorschein kommen zu lassen und die Leere, das Nichts zwischen diesen beiden Bewegungen, auszuhalten. Im jetzigen Zustand der Welt liegt eine Aufforderung an uns alle, in dem Sinn Leitungskräfte zu werden, dass wir Zukunftsfähigkeit entwickeln – die Fähigkeit, ein emergierendes Neues entgegenzunehmen; Leitungskräfte also auch im Sinn von Leitmedien für Energien aus der Zukunft.

S.S. Hierzu fällt mir der Stab ein, mit dem Beuys viel arbeitete. Dieser Stab verweist ja nicht nur auf den Archetyp des Schäfers und die Rolle einer Person, die Wandel ermöglicht. Sondern der Stab ist der Mensch selbst, der nach oben oder nach draußen greifen und etwas hereinbringen kann. Oft waren die Stäbe bei Beuys aus Kupfer, wegen dessen Leitfähigkeit. Dieses Hinausgreifen und in Resonanz kommen – Kupfer kommt, wie alle Leitmedien, in Resonanz – ist wohl zentral für ein zukunftsfähiges, Zukunft schaffendes Menschenbild. Wir haben hier viel von dem so feinen, energetischen Prozess des Sich-Einschwingens und Sich-Abstimmens auch im Bildungskontext gesprochen. Interessanterweise steckt im englischen *education* das lateinische *ex-ducere*, das »herausholen«, »herausziehen« bedeutet. Indem du dich auf ein anderes Wesen einzuschwingen versuchst und es so befähigst, seine eigenen Fragen und Möglichkeiten aus sich herauszuholen, wird die jeweilige Person wie ein solcher Stab, der nach draußen greift und etwas zurück nach innen bringt. Es ist wie ein permanentes Sammeln von Substanz.

Als ich einmal mit Leitern von Jugendgruppen arbeitete, begann ich an diesem Punkt, den Begriff »ätherisches Feld« zu verwenden, weil es im Grunde kein anderes Wort dafür gibt. Ja, das eigentliche Material, mit dem es jetzt zu arbeiten gilt, ist die so feine energetische Schwingungssubstanz, aus der letztlich alles Lebendige besteht. Sehen wir uns eine Pflanze ohne ihren Lebenskörper, ihren ätherischen Körper an, sehen wir eine tote Pflanze. Die Struktur, die Form ist zunächst noch da, aber die Lebenskräfte als das, was Bewegung bringt und woraus Wachstum entsteht, haben die Pflanze verlassen. Das lässt sich auch in Menschen sehen: Das Bewegte, Bewegliche ist das lebendige Feld, in dem Fragen, Ideen, Emotionen und Bilder entstehen, in dem Veränderung, Wandel stattfindet. Wir dürfen uns dieses Feld als ein Strömen denken, das nicht an den physischen Grenzen einzelner Wesen endet.

Energie neu denken

H.K. Das korrespondiert mit der »Wirklichkeit«, wie in der Einführung beschrieben. Vom lateinischen »energia« – »Wirkkraft« – her wird die Sphäre der Wirklichkeit als ein energetisches Feld erkennbar. Vielleicht lässt sich ein neues Verständnis von Menschsein ja auch mit der Notwendigkeit verbinden, neue Formen von Energie, erneuerbare, in die Welt zu bringen – und überhaupt Energie neu zu denken: Dass nämlich die primären erneuerbaren Energien in uns liegen. So wie wir erst einen Bruchteil der Sonnenenergie nutzen, nutzen wir wohl auch erst einen Bruchteil der erneuerbaren Energien in uns – jener Energien, die zunächst überwiegend im potenziellen Bereich liegen, von denen aber die gesellschaftliche Zukunft entscheidend abhängt: Bewusstheit, Einfühlungsvermögen, Sinn für Gemeinschaft und für Gerechtigkeit, Mut und Vorstellungskraft. Diese Ressourcen nehmen mit Gebrauch nicht ab, sondern zu. Doch stehen sie auch nur in dem Maß zur Verfügung, wie sie wahrgenommen, im Wortsinn »für wahr genommen«, werden.

Hier gibt es in der Tat eine spannende Parallele zur Energiewende. Die herkömmliche, fossile Energiewirtschaft basiert auf Monopolen und zentralen Strukturen – etwa so, wie in einer herkömmlichen Vortragssituation ein Einziger alles bestimmt. Die postfossile Energiewirtschaft hingegen ist dezentral. Die Prinzipien hier sind eher Autonomie bei gleichzeitiger stärkerer Vernetzung. Jede Region, jede Kommune, jedes Haus, jeder Verbraucher kann zum Energieerzeuger werden. Sowohl auf der physikalischen als auch auf nichtphysikalischer Ebene kann also jetzt aus jedem einzelnen Menschen etwas hervorgehen, was ihn in einem Zukunft schaffenden Sinn übersteigt und ihn zu einem aktiven, bewussten Akteur in einem energetischen Feld werden lässt.

S.S. Dann kann man auch einen Vortrag, der anders verläuft, als eine Batterie, eine Energieerzeugung für die Gegenwart und die Zukunft sehen. Und genau so ist es. Nach einem guten Vortrag ist ganz viel Energie im Raum: Energie, Wärme und Wille weiterzugehen.

H.K. Das ist wirkliche Produktionsenergie.

S.S. Jeder nimmt etwas davon mit, während sich zugleich ein gemeinsames Energiereservoir füllt.

H.K. Und die Beteiligten werden als Energieträger zu so etwas wie mobilen Transformatoren.

Abgründe

S.S. Aber ein solcher Prozess kann auch eine wirklich schreckliche Energie hervorbringen. Es wird ja eine Menge Energie erzeugt, wenn Leute faschistische Reden hören und begeistert zu brüllen beginnen. Hier gilt es noch mal genauer hinzuschauen. Was ist der Unterschied? Und wie lässt sich sicherstellen, dass eine Energie, die erzeugt wird, lebensfördernder Zukunftsfähigkeit dient? Ein rhetorisch versierter Demagoge sagt nur ein paar Worte und versetzt damit Massen von Menschen in Aufruhr. Wir haben das im vergangenen Jahrhundert viel erlebt und erleben es heute. Wie verhält es sich mit dieser Energie? Ist das nicht auch eine Form von Lebendigkeit?

H.K. Was mich angeht, habe ich bei unserer Art des Arbeitens nie Angst, es könnte etwas Dogmatisches oder Fanatisches entstehen.

S.S. Vielleicht nur deshalb nicht, weil wir mit Menschen zu tun haben, die ohnehin in solchen Dingen sensibilisiert sind. Was aber, wenn ein cleverer Demagoge oder gar Faschist in dieser Sphäre zu Werke geht?

Interessanterweise hat man ja auch Beuys oft vorgeworfen, zu viel mit Ideen zu arbeiten. Das sei gefährlich, weil daraus allzu leicht eine Ideologie entstehen könne. Seine Antwort darauf war, Ideen an sich seien nichts Gefährliches – solange man dafür sorgt, dass eine »permanente Konferenz«, ein anhaltender Austausch von Gedanken und Ideen stattfindet. Dementsprechend maß Beuys der direkten Demokratie so große Bedeutung bei. Es muss stets Raum geben, um über vorgebrachte Ideen nachzudenken, sie zu befragen und zu hinterfragen – wenn vielleicht auch nicht immer notwendigerweise im selben Moment. Nichts sollte je blanko übernommen werden.

Schon immer hat es Menschen mit Charisma gegeben, die andere inspirieren, und schon immer haben sich etliche davon für schlechte Ideen stark gemacht. Mein indischer Philosophielehrer sprach hier von »Kakerlaken-Mediatoren«. Sie hätten ihre Kräfte, ihre Fähigkeiten – in Hindu heißt das »Siddhis« – auf einem negativen Prinzip zu einem negativen Zweck entwickelt. Potenziale sind also nie etwas Neutrales. Das ist es wohl, was in unserem ganzen bisherigen Austausch noch nicht deutlich genug zum Ausdruck gekommen ist.

H.K. In dem Zusammenhang dürfte entscheidend sein, dass bei dem Arbeiten, wie wir es im vorliegenden Buch beschreiben, nicht versucht wird zu manipulieren. Die hier dargelegte ästhetische Praxis handelt zu einem guten Teil davon, immer neu Räume zu schaffen, ohne sie für etwas zu funktionalisieren, und ohne die Menschen zu instrumentalisieren. Bei dieser Art des Arbeitens wird also die Freiheit jedes Einzelnen absolut respektiert.

S.S. Und betont. Und erfahrbar gemacht. Und unterstützt.

H.K. Was Demagogen nicht tun. Doch gibt vielleicht gerade der Blick in solche Abgründe Anlass, etwas zur Sprache zu bringen, was unsere Leser womöglich bereits seit geraumer Zeit beschäftigt: Wo denn bei dem Räume-Schaffen, das wir so betonen, Raum für Diskussionen sei. Ob wir dafür plädieren, hierauf ganz zu verzichten. Und ob nicht gerade die Diskussion und die Debatte Formen des Miteinanders sind, in denen Freiheit und Mündigkeit zum Ausdruck gelangen.

Eine Antwort darauf wäre: Wenn in all den vorangehenden Betrachtungen so wenig davon die Rede gewesen ist, dann nicht etwa, weil das im Horizont der hier dargelegten ästhetischen Praxis prinzipiell keinen Platz hätte. Vielmehr handelt diese ästhetische Praxis davon, Bewusstheit über die verschiedenen Qualitäten und Wirkungen der »unsichtbaren Werkzeuge« zu erlangen; das Werkzeug Diskussion zum Beispiel nicht automatisch, aus Gewohnheit, zu verwenden, als sei das selbstverständlich und als gäbe es keine Alternativen dazu. Wie jedes Werkzeug entfaltet das Diskutieren seinen vollen Nutzen, wenn man sich Klarheit darüber verschafft, wozu es gut ist und wozu nicht. Im Wortstamm mit »Perkussion«, Schlaginstrument, und »Konkussion«, Gehirnerschütterung, verwandt, beinhaltet die Diskussion eine eher harte Form des Austauschs. Meinungen und Positionen stoßen aufeinander, es gibt Gewinner und Verlierer. Die Diskussion kann, wie David Bohm erklärt, ein gutes Instrument sein, um den Status quo der Differenz zu klären, sich auf Ziele zu einigen und Unstimmigkeiten auszuräumen.[70] Doch reicht das erfahrungsgemäß kaum aus, um wirklich Neues zu erschließen.

Von da aus hat Bohm der Diskussion das Prinzip des Dialogs entgegengestellt – in dem Verständnis, das ganz zu Beginn dieses Buchs benannt ist: als ein Austausch, bei dem die Beteiligten versuchen, durch die Krusten aus Annahmen, Meinungen und Denkgewohnheiten hindurch zu Bedeutung und Sinn zu gelangen. Zu Ein-sichten, die ein eher flüssiges, weiches, kreatives Miteinander benötigen, um sich herauszubilden und zutage zu treten. Solche Zukunft schaffenden Formen der Kommunikation auszuleuchten, wie es in diesem Kapitel, aber auch im ganzen Buch geschieht, kann einen Beitrag dazu leisten, die einseitige, unreflektierte Vorherrschaft einer konfrontativen Kommunikation – nicht nur in den inflationären Diskussionsrunden, Talkshows und Debattierclubs, sondern generell in der öffentlichen Auseinandersetzung bis hinein in zivilgesellschaftliche Initiativen – zu überwinden. Der amerikanische Philosoph Richard Rorty hat dazu den schönen Satz geprägt: »Für den kulturellen Wandel kommt es nicht so sehr darauf an, besser zu argumentieren, als vielmehr darauf, anders zu sprechen.«[71]

S.S. Man könnte »anders hören« und »anders sehen« hinzufügen, wobei dieses Hören und Sehen auch einen selbst einbeziehen muss. In einem solchen ästhetischen Modus erweiterter Wahrnehmung ist das Ich nicht untergeordnet, doch führt es nicht mit dem Verstand. Ein Flow findet statt, um einen derzeit gerne verwendeten Begriff aufzunehmen.

Oder wir können mit Friedrich Schiller vom »Spieltrieb« sprechen. In seiner visionären Schrift »Über die ästhetische Erziehung des Menschen«[72] – sie schöpft aus demselben Strom wie das vorliegende Buch – verortet Schiller diese ästhetische, verlebendigende, fühlende Art, sich mit der Welt auseinanderzusetzen, zwischen zwei anderen Kräften, die im Menschen aktiv sind: der Ratio (»Formtrieb«) und dem Instinktiven (»Stofftrieb«). Der Spieltrieb schließt die beiden anderen Kräfte nicht aus, sondern verschafft Beweglichkeit zwischen ihnen und verbindet sie, wodurch Freiheit, schöpferische Freiheit entsteht.

Im rationalen Modus treten wir in eine Distanz zum Gegenüber – wir diskutieren, debattieren, formulieren Positionen. Im instinktiven Modus werden wir von unseren Emotionen gesteuert, sind unsere Reaktionen von Ängsten, Hoffnungen, Zweifeln, Machtbedürfnis oder dem Bedürfnis nach Zustimmung bestimmt. In Diskussionen zu strittigen Fragen finden sich in der Regel beide Modi, wenn etwa unsere Argumente von unseren Gefühlen beherrscht sind.

Ein verbindendes Sprechen – was Rorty mit dem »anders sprechen« meinen dürfte – geht aus der erweiterten Sicht des ästhetischen Modus hervor. Spielende Kinder sind in das inhärente Potenzial all dessen versunken, was sie umgibt: Sie reisen ins Unbekannte und entdecken neue Möglichkeiten. Auf dieser offenen und reaktionsfähigen Reise kann sich Originäres entfalten. Als Erwachsene ist es uns möglich, in ein Spiel versunken und zugleich reflexiv zu sein. Aber zu sehen, was wir sehen, und bewusst zu sein, ohne sich abzukoppeln, ist eine Fähigkeit, die kultiviert werden möchte.

Von diesem Ort des empathischen Verbundenseins aus wird unser Sprechen nicht einfach nur der Logik unseres cleveren Verstands oder unseren Gefühlen folgen, sondern kann zu einem feinen, gemeinsam hervorgebrachten Tanz werden, bei dem wir uns sowohl des anderen als auch des Planeten, auf dem wir tanzen, bewusst sind. Ein verbindendes Sprechen, das fließt, auch zuhört, imaginiert und in die Phänomene eingeht, kann Wege wahrnehmen, auf denen sich Zukunftsfähiges gestalten lässt.

Kraftwerke für Zukunftsimpulse

H.K. Kehren wir nun, um den Bogen dieses Gesprächs allmählich abzurunden, noch einmal in das Setting einer Tagung oder Konferenz zurück.

Die »aktive Stille« kann, wie bereits erwähnt, nicht nur vor einem Input, sondern auch danach sehr produktiv sein. Und an sie anschließend braucht es nicht unbedingt die üblichen Fragen an den Vortragenden zu geben. Stattdessen kann nun dazu eingeladen werden, sich zunächst in kleinen Gruppen, zu zweit oder zu dritt, zu einem Austausch über das Gehörte zusammenzufinden. Das hilft oft, in die Tiefe zu gehen, die Dinge differenziert zu betrachten. Zumal es für manche Leute schwierig ist, vor einer großen Zuhörerschaft zu sprechen, obwohl sie wirklich etwas zu sagen haben.

Wenn dann erst als dritter Schritt nach dem Input ein Austausch im Plenum stattfindet, wird wahrscheinlich für alle spürbar, in welchem Maß diese Zusammenkunft ein Kraftwerk für Einsichten und Zukunftsimpulse geworden ist.

S.S. Bei Tagungen mit nicht zu vielen Teilnehmenden sollte idealerweise am Ende Zeit eingeräumt werden, damit alle hören können, was jetzt als gemeinsame Substanz im Raum ist. Wobei auch hier zu betonen wäre, dass es dabei nicht um Bewertungen geht – sondern vielmehr darum, Wahrnehmungen, Fragen, Zweifel oder was auch immer jetzt aktiviert ist, miteinander zu teilen. Gemeinsam zu hören und zu erleben, welche Substanz es in diesem Raum jetzt gibt, kann die Wahrnehmung noch einmal erweitern, über die Einsichten der bisherigen Prozesse des Sammelns und des Austauschens hinaus. Hier passt wieder das Bild des Honigs, der mehr als die Summe der Teile ist. Auch lässt sich bei einem solchen Prozess im Plenum das Zuhören selbst üben: Welche Fragen, welche Wahrnehmungen gibt es in dem jeweils Mitgeteilten? Was liegt da vor? Kann ich mich in die Fäden, Flüsse und Strömungen, die hier im Raum umhertreiben, hineinhören? Kann ich etwas von dem wahrnehmen, was nun aktiviert ist? Auf dem Weg lässt sich lernen, dieses lebendige Material, diese lebendige Substanz anzuschauen. Oft sind die Leute verblüfft über das, was im Raum existiert.

Deshalb lohnt es sich, so etwas zu praktizieren, obwohl es schwierig ist und Disziplin erfordert. Und es ermuntert alle, auch eher scheue Menschen, selbst etwas einzubringen. Nicht nur um eine Stimme zu haben, sondern weil man ein Teil dessen ist, woraus die Welt besteht – eine Tatsache, der man sich nicht mehr wirklich entziehen kann.

Wenn das geschieht, wird eine Konferenz ein lebendiger Raum, wo der ästhetische Prozess nicht nur das innere Feld aktiviert, uns innerlich mobilisiert und Energie generiert, sondern unsere Intuitionsfähigkeit und »response-ability« erhöht – unsere Fähigkeit, zu antworten.

H.K. Ich stimme dir zu. Gleichzeitig wissen wir beide, dass es für solche Prozesse eines vertiefend reflexiven, verlebendigenden Austauschs in größeren Gruppen eigentlich nie Raum gibt. Was zeigt, wie sehr ein neues, Zukunft schaffendes Menschenbild – wir alle sind zu Künstlerinnen, Leitungskräften, (R)Evolutionären berufen – auch neue Formen von Tagungen und Konferenzen braucht.

4 VON GANZ UNTEN

»Von ganz unten« ist ein Soziale-Plastik-Bodenseminar, das, ähnlich wie das Erdforum, mit Akteuren aus der Landwirtschaft, der Garten- und Permakultur-Bewegung, an Universitäten und in Schulen, in der Kunstwelt, mit Aktivisten aus NRO sowie mit interessierten Gruppen jedweder Art durchgeführt werden kann. In Auseinandersetzung mit Erde enthält »Von ganz unten« einen neuartigen Ansatz der Bildung für nachhaltige Entwicklung, zu dessen Hauptmerkmalen zählt: Hier wird nicht primär über lebendige Phänomene kommuniziert, sondern vor allem mit ihnen. Das beinhaltet ungewohnte Erkenntniswege, die zu ganz neuen Einsichten führen können – und von da aus zu einer verändernden Praxis auf allen Arbeitsfeldern. »Von ganz unten« zeigt exemplarisch, wie die Idee der Sozialen Plastik, oder anders formuliert, wie eine ästhetische – im Sinn von verlebendigende –Praxis in einem Seminar Gestalt annehmen kann. Dabei wird nicht zuletzt deutlich, inwiefern ein erweitertes Verständnis von Kunst auch zu wissenschaftsphilosophischen Fragen und zu einem erweiterten Verständnis von Wissenschaftlichkeit führt. Darüber hinaus gibt es hier eine Reihe konkreter Beispiele eines transformativen Arbeitens im Kontext von Wissenschaft und Bildung, was Ihrer eigenen Praxis Impulse geben kann. Daher laden wir Sie nun in dieses Seminar ein, dessen Premiere im Frühjahr 2012 in Berlin stattfand, geleitet von Hildegard Kurt und mitveranstaltet von der Deutschen Bodenkundlichen Gesellschaft sowie der Technischen Universität Berlin. Inzwischen war »Von ganz unten« an verschiedenen Orten zu erleben, nicht zuletzt auf der ersten Global Soil Week Ende 2012 in Berlin. Damit Sie uns beim gemeinsamen reflektierenden Durchgang durch das Seminar nicht verlieren, finden Sie den Ablauf in den »Anmerkungen« am Ende dieses Buchs skizziert.[73]

Bildung = Selbstbildung = Kunst = Transformation

H.K. Bei seiner Premiere in Berlin, deren Ablauf den nachfolgenden Betrachtungen zugrunde liegt, begann »Von ganz unten« am Freitagabend und endete am Sonntagnachmittag. Die Teilnehmenden – zugunsten eines intensiven Arbeitens nicht mehr als zwölf Personen – kamen aus den Bereichen Bodenkunde, Bildung und Kunst, aus einem wissenschaftlichen Institut für Nachhaltigkeit, einer Verwaltungsbehörde und aus einer Bürgerinitiative für bäuerliche Landwirtschaft. Eine denkbar transdisziplinäre Runde also.

Im Folgenden werde ich – wie auch in der Ankündigung und im Seminar selbst – nicht mehr von Teilnehmenden, sondern meist von Mitwirkenden sprechen. Darin liegt bereits ein Grundprinzip dieses Soziale-Plastik-Ansatzes: Die Teilnehmenden sind Mitwirkende. Hier wird nichts Fertiges reproduziert und vermittelt. Sondern es findet ein Werkprozess statt, dessen Gestalt die Kreativität jeder und jedes Einzelnen mitformt. Die leitende Person wird das umso besser unterstützen, je mehr sie jenes andere, bereits in der Einführung hervorgehobene Grundprinzip beherzigt – und zwar in der Gleichung »Bildung = Selbstbildung = Kunst = Transformation«.

Ähnlich wie frühere Prozesse, die wir hier gemeinsam untersucht haben, steht und fällt eine solche Seminararbeit damit, ob derjenige, der für das Geschehen verantwortlich ist, dieses aus eigener innerer Aktivität heraus entfaltet. Hier ist es nicht möglich, die Leute mit Hilfe bestimmter Praktiken irgendwohin zu schicken, ihnen Anweisungen zu geben oder Aufgaben zu stellen, während man selbst alles in allem unbeteiligt bleibt.

Kann ich, besonders am Anfang eines gemeinsamen Prozesses, den Mitwirkenden durch meine eigene innere Präsenz ein Gespür von jenem Spielraum und Gestaltungsraum vermitteln, der zunächst nur latent existiert und sich erst später im Prozess erschließt? Schaffe ich es, nicht einfach nur Vorbereitetes wiederzugeben? Kann ich stattdessen das Arbeiten mit anderen als Gelegenheit und Aufforderung betrachten, an den vorderen Rand meiner Möglichkeiten zu finden? Wo das, was als Nächstes geschieht, in jenes Offene führt, aus dem auch Kunst entsteht?

S.S. Wir haben in Zusammenhang mit dem Erdforum davon gesprochen, wie Moderatoren Prozesse oder Workshops für andere oft so durchführen, dass sie selbst das Geschehen von außen begleiten. Das gilt auch für viele Künstler, die etwas anbieten, an dem das Publikum sich beteiligt. Erstere sind die Initiatoren oder Vermittler, Letztere die Empfänger. Natürlich muss etwas übertragen werden, damit etwas empfangen werden kann. Aber wir vergessen nur zu leicht jenen Prozess, den Beuys immer wieder hervorhob und der seit langem wissenschaftlich belegt ist: das Oszillieren zwischen senden und empfangen. Bei den Methoden einer ästhetischen Praxis, wie wir sie hier beschreiben, gibt es durchaus jemanden, der sie initiiert, der den Rahmen setzt, den Raum dafür hält und die Verantwortung trägt. Auch muss man das zu Vermittelnde selbst zuvor erlebt und gelernt haben, so wie ein Lehrer oder ein Arzt sein Handwerk lernt, bevor er es ausübt. Doch wenn es dann so weit ist, bringst du dich in dieselbe geistig existenzielle Situation, lässt dich wie alle anderen darauf ein. Wenn bei moderierten Prozessen diese innere Aktivierung fehlt, ist das oft gut gemeint: Moderatoren sollen und wollen für andere da sein, anstatt sich mit sich selbst zu beschäftigen. Wie aber können wir für die anderen da sein, wenn wir selbst nicht da sind? Und wenn wir in uns selbst gewärtig sind, werden, können die Teilnehmenden auch unseren Prozess erleben.

Nur wer Wissenschaft wie Kunst betreibt

H.K. Methodisch knüpft »Von ganz unten« in mehrfacher Hinsicht an Goethe an. Der Aphorismus »Nur wer Wissenschaft wie Kunst betreibt, ist auf dem Weg zur Wirklichkeit« weist der Seminararbeit die Richtung. Liegt hierin nicht bereits – lange vor Beuys – ein erweitertes Verständnis von Kunst und zugleich ein erweitertes Verständnis von Wissenschaftlichkeit? Eine noch kaum erschlossene Tiefendimension von Transdisziplinarität?

Wie inzwischen weithin erkannt, reichen herkömmliche wissenschaftliche Methoden für den Wandel hin zu lebensfördernden Gesellschaften nicht aus. Daher kommt es darauf an, vielfältige Wissensformen zu kultivieren – auch und gerade solche, die über den bloßen Intellekt hinaus die Intelligenz des ganzen Menschen aktivieren. Genau darauf zielt dieses Bodenseminar, das sich nicht zuletzt an Bodenkundler und andere Akteure aus der Wissenschaft wendet.

S.S. Das wirft eine Reihe wissenschaftsphilosophischer Fragen auf. Und es verdeutlicht, wie untrennbar Soziale-Plastik-Arbeit und Erkenntnistheorie ineinander verwoben sind. Darauf kommen wir später noch genauer zu sprechen.

H.K. Ja. Inhaltlich setzt »Von ganz unten« an der so bemerkenswerten Verwandtschaft zwischen »Humus« und »human« an, auf die wir nach unserem Gang durch tote Zonen gestoßen sind. Überhaupt greift die Einführung zu diesem Seminar – sie ist nicht lang und findet ganz zu Beginn, noch vor der Vorstellungsrunde, statt – manches auf, was im vorliegenden Buch bereits in verschiedenen Zusammenhängen zur Sprache gekommen ist. Daher seien hier nur noch einmal einige zentrale Aspekte genannt:

Im gegenwärtigen Zeitalter des »Anthropozän«[74] spiegelt der Zustand der Humussphäre den der Humansphäre. Gibt es doch in dem, was wir Natur nennen, kaum noch etwas, das nicht in irgendeiner Weise vom Menschen beeinflusst wäre. Wenn in der äußeren Welt, wie sich am galoppierenden Verlust fruchtbarer Böden zeigt, massive Zerstörungsprozesse stattfinden, kann die Ursache dafür nur in einer entsprechenden Verfassung des Anthropos zu suchen sein. Und umgekehrt liegt die Folgerung nahe, dass der Schutz von Böden und ihre Wiederbelebung untrennbar an ein Verlebendigen und Kultivieren unserer »humana« geknüpft sind. Als wir uns im ersten Kapitel nach unserem Gang durch tote Zonen dem Regenwurm widmeten, zeigte sich die unmittelbare Parallele zwischen dem »fein gebildet«, das im lateinischen »humanus« steckt, und der feinen, lockeren, durchgearbeiteten Konsistenz lebendiger Erde. Diese so elementare Verbindung streicht auch der Kulturphilosoph Robert Harrison in seinem sehr lesenswerten Buch »Gärten. Ein Versuch über das Wesen des Menschen« heraus. Eine Kernaussage darin lautet, das Kultivieren des Bodens und das Kultivieren des Geistes seien nicht nur ähnliche, sondern »wesensgleiche« Tätigkeiten.[75]

Faktisch aber gibt es heute so gut wie kein gesellschaftliches Bewusstsein für die existenzielle Bedeutung des Bodens. So wie wir uns ja auch kaum jenes Raums in uns selbst bewusst sind, in dem – ähnlich wie Mikroorganismen in der Erde – unsere Gedanken, Emotionen, Vorstellungen und Willenskräfte wirken. Im Erdforum haben wir das den »mietfreie Arbeitsraum« genannt. Was immer wir in die Welt bringen, hängt vom Zustand dieses inneren Raums ab. Das Lebendige in der Welt nähren wir umso besser, je bewusster wir unsere innere Lebendigkeit kultivieren. Das ist jene »Kultur des inneren Menschen«, von der ebenfalls bereits nach unserem Gang durch tote Zonen die Rede war. Wenn sie fehlt, bleibt, wie der Ökonom Ernst F. Schumacher erklärte, »Selbstsucht« die dominierende Kraft, besonders in der Wirtschaft.

So etwa sieht der thematische Ausgangspunkt dieses Seminars aus.

S.S. Dazu fällt mir eine Arbeit ein, die die beiden Hannoveraner Künstler Nicholas Stronczyk und Anja Steckling vor einigen Jahren entwickelten. Sie fertigten Postkarten mit der Aufschrift »Wir schauen auf fruchtbare Felder« und einem gestanzten Loch in der Mitte an, die sie auf einer Messe für neues Design in Hannover verteilten.

Im Grunde bündelt dieser Satz das Menschenbild unserer ästhetischen Praxis. Einen Menschen als ein »fruchtbares Feld« anzusehen macht erkennbar, in welcher Sphäre, zumindest wenn Menschen involviert sind, Wachstum beginnt. Es beginnt nicht erst auf den Feldern draußen, deren Fruchtbarkeit wir zu erhalten oder zu mehren suchen, sie aber nur allzuoft vernichten. Ein zukunftsvolles Arbeiten auf den äußeren Feldern ist wirklich nicht zu trennen von dem, was Schumacher die »Kultur des inneren Menschen« nennt. Was braucht es, damit wir wirklich fruchtbare Felder werden? Wie nehmen wir einen Menschen als ein fruchtbares Feld wahr? Was sind die potenziellen Fähigkeiten? Wie können sie aktiviert werden? Davon handelt im Grunde dieses ganze Buch.

Die imaginative Vorstellung

H.K. Im Seminar »Von ganz unten« findet gleich im Anschluss an die kurze inhaltliche Einführung eine erste ästhetische Praxis statt. Sie beinhaltet einen Prozess, den du entwickelt und für den du den Namen »imaginative Vorstellung« geprägt hast. Er findet anstelle der üblichen Vorstellungsrunde statt, nachdem die Mitwirkenden nur kurz ihre Namen genannt haben.

Bei »Von ganz unten« heißt dieser Prozess »die eigene Erde bringen« und wird etwa so eingeleitet: »Wahrscheinlich gibt es für jede und jeden von uns eine bestimmte Begegnung mit Erde, von der sich herausgestellt hat, dass sie bedeutsam für einen selbst ist; die vielleicht bis in die Kindheit zurückreicht, aber bis heute etwas in einem bewirkt. Das wollen wir jetzt, zu Beginn des gemeinsamen Arbeitens, versuchen hierherzubringen; es aus der Vergangenheit in die Gegenwart, aus der Ferne in diesen Raum holen. Denn diese »eigene Erde« könnte sehr wohl manches enthalten, was im weiteren Verlauf unserer Arbeit im Seminar noch wichtig wird«.

Bevor dann das Vergegenwärtigen beginnt, ist es gut, noch darauf hinzuweisen, dass es hierbei kein Richtig und kein Falsch gibt. Einige der Mitwirkenden werden jetzt vielleicht die Augen schließen, sich ans Fenster setzen, etwas zeichnen, etwas aufschreiben. Nach einer Weile wird eine Frage in diesen Prozess des Vergegenwärtigens eingebracht. Sie lautet: »Hat dieser Fleck Erde oder diese Erfahrung mit Erde etwas damit zu tun, dass ich jetzt hier bin?«

Nach etwa zehn Minuten werden alle eingeladen, nun etwas von dem, was sich bei dem Prozess gezeigt hat, in der gemeinsamen Runde miteinander zu teilen – auf diese Weise »die eigene Erde zu bringen«. Der Unterschied zwischen einer solchen »imaginativen Vorstellung« und einer üblichen Vorstellungsrunde ist immens.

S.S. Wenn einander fremde Menschen zum ersten Mal beisammen sitzen und wirklich sehen und hören, wie jemand ein für ihn bedeutsames Bild vorstellt, ist es ein wenig, als beginne diese Person zu leuchten. Da es sich bei dem Mitgeteilten um eine wirkliche Erfahrung handelt, entsteht eine Nähe zu der Person, zumal wir dabei auch deren eigene Beziehung zu diesem Bild erleben. Das ist völlig anders, als etwas über die Arbeitssituation oder den Wohnort – womit die betreffende Person ja vielleicht gar nicht glücklich ist – zu erfahren. Und wenn dann alle gesprochen haben …

H.K. … und alle aktiv zuhören …

S.S. … gibt es ganz viel Substanz im Raum, worauf sich dann aufbauen lässt. Für alle ist jetzt wahrnehmbar, wie viel wunderbares Material jeder und jede Anwesende in sich trägt. Und alle – Menschen, die einander eben noch völlig fremd waren – sind nun als aktiv Zuhörende und als aktiv Entdeckende mit ihrer Imagination präsent. Das verortet. Es erdet. Man kommt wirklich an. Und ist inspiriert!

H.K. Auch kann die scheinbar so schlichte Einladung, einen Fleck Erde oder ein Erlebnis mit Erde, das einem etwas bedeutet, mit Hilfe der Vorstellungskraft in die gemeinsame Runde zu bringen, zu wichtigen Einsichten führen. Im Prozess des Vergegenwärtigens und des Mitteilens zeigt sich oft etwas, das bislang so nicht sichtbar gewesen war. Auf der Global Soil Week zum Beispiel gab es eine Bodenkundlerin von der Universität in Padua, die dabei auf einmal erkannte, dass der Verlust eines Wäldchens, wo sie als Kind »mit der Natur« gelebt hatte, der eigentliche Auslöser ihres beruflichen Werdegangs und ihres Engagements für Boden war. Und ein Bodenkundler aus Qatar erklärte an der Stelle: »Der Boden ist da. Unsere Bewusstheit aber ist nicht immer da.«

Manchmal, besonders wenn Wissenschaftler mitwirken, ist es gut, darauf hinzuweisen, dass diese imaginative Vorstellung auch unsere Denkweise thematisiert: Indem wir einen Fleck Erde mit Worten so beschreiben, so ausmalen, dass er für andere erlebbar wird, erkunden wir ein Denken, das, anders als das vorherrschende abstrakte, begriffliche Denken, »bildnerisch« ist – um auch hier wieder den Begriff von Paul Klee zu verwenden. Darauf sind wir in diesem Buch inzwischen mehrfach gestoßen.

S.S. Ja. Und überdies macht eine solche imaginative Vorstellung gleich zu Anfang etwas erfahrbar, was wir hier im vorangehenden Kapitel erkundet haben und was mit zum A und O jeder Zukunft schaffenden Bildungsarbeit gehört. Dass nämlich kein Mensch ein leerer Eimer ist, der in einer Bildungssituation mit Input gefüllt werden müsste. Vielmehr ist jede und jeder ein lebendiges Feld, voll reicher, wenn auch vielleicht teilweise schwieriger Substanz. Das war das absolute Grundprinzip meines Philosophielehrers Nisreyasananda. Er sagte stets, alles, was er tun könne, sei, das innere Feld des Bewusstseins erlebbar zu machen und dem Gegenüber ein Gespür davon zu vermitteln, wie großartig es ist, mit der eigenen Substanz zu arbeiten.

Bei dieser Art der Vorstellung entsteht in kürzester Zeit eine unglaubliche Gleichwertigkeit im Raum. Das ist das Gegenteil jenes vereinheitlichenden »wir sind alle gleich«, weil wir alle das gleiche Recht haben, Raum einzunehmen, was ja der Zweck etwa eines *talking stick* ist. Hier entsteht Gleichwertigkeit, indem der Wert dessen erfahrbar wird, was jede und jeder Teilnehmende in den Raum bringt, und des Umstands, dass alle dazu in der Lage sind. Dadurch scheint etwas von unserer Würde als kreative, lebendige Wesen auf.

H.K. Der Raum füllt sich mit lebendigem Material. Durch das imaginative Vergegenwärtigen generieren die Mitwirkenden Bedeutung und teilen das miteinander.

S.S. Es lohnt sich wirklich, diesen kleinen, einfachen Prozess sorgfältig anzuschauen. Während jemand sein Bild mitteilt, sind alle aktiv Zuhörenden am Entstehen dieses Bilds beteiligt. So wird es zu ihrem eigenen Bild, und sie erinnern sich nachher auch daran. Wenn du von jemandem nur die Information erhältst, er sei Landwirt oder Wissenschaftler und arbeite da oder dort, entsteht daraus gewöhnlich kein Bild. Weil du hierbei nichts sehen kannst, wird es nicht zu Eigenem. Du vergisst es gleich wieder. Eine Parallele dazu ist die Begegnung mit einem Kunstwerk. Ein Gedicht zum Beispiel kannst du nur erleben, indem du in es hineingehst. Eine wirkliche, reiche Erfahrung findet nur statt, wenn du innerlich beteiligt bist. Deshalb gibt es am Ende eines solchen Prozesses zwölf Menschen mit zwölf Erfahrungen, die sie in sich selbst geschaffen haben, ihre eigenen wie die der anderen. Sie respektieren die anderen, weil sie das Hervorbringen der eigenen inneren Bilder erlebt haben. Und sie können fast sehen, wie die anderen ihre Bilder tragen. Sie haben also wirklich etwas geteilt – als hätten sie einander zu Hause besucht. Dieser Prozess ist intim, ohne zu persönlich oder therapeutisch zu sein. Die Teilnehmenden haben durch die Augen der anderen geschaut und in deren Bild gelebt. Damit wird hier auch Empathie erzeugt.

H.K. Und darin kommt einmal mehr Ästhetik als verlebendigtes Sein zum Ausdruck. In der Bildung für nachhaltige Entwicklung hingegen steht, so macht es zumindest den Eindruck, meist noch immer das Vermitteln bestimmter Themen und Inhalte im Mittelpunkt. Zweifellos wichtiger Inhalte. Aber ein Seminar – das Wort kommt von lateinisch *semen*, »Samen« – sollte in erster Linie ein Ort sein, wo der Boden für Keim- und Wachstumsprozesse bereitet wird.

S.S. Seminar und Samen – eine großartige Verbindung! Aber dieses Säen funktioniert sogar mit ganz jungen Leuten. Eine solche imaginative Vorstellung ließe sich auch mit Erstklässlern machen! Stell dir nur vor, wie Sechsjährige sich fühlen würden, wenn sie an ihrem ersten Schultag alle mit geschlossenen Augen dasitzen könnten, um ein Bild von zu Hause zu finden und es in den Raum zu bringen! Um es anderen zu geben, aber auch um einen Ort für sich selbst zu schaffen. So wären sie mit ihrer Seele im Raum, und würden nicht als leere Eimer dasitzen, darauf wartend, die nächsten zwölf Jahre mit Information und Bildung abgefüllt zu werden. Ja, natürlich gibt es viel Wichtiges zu lehren und zu lernen. Aber was für einen Unterschied es – für jede Altersgruppe – machen würde, zunächst einmal die Psyche in den Raum bringen zu dürfen. Wobei die Einladung zu einer solchen imaginativen Vorstellung nicht einfach nur eine Technik sein sollte, um zu zeigen, dass alle gleich viel wert sind und alle etwas zu sagen haben. Entscheidend wäre, dies anzuerkennen, indem man wirklich in das Bild jeder Person hineingeht, es wirklich entgegennimmt. Ob Erstklässler, ob Wissenschaftler, ob Landwirtin, Verwaltungsbeamte oder Aktivistin: Das Bild einer anderen Person hörend in mich aufzunehmen und zu erleben bedeutet, dass ich die Substanz im anderen, wer immer das ist, in mir anerkenne. Und dieser Person erlaube, das in den Raum zu bringen. An der Oxford Brookes University führen wir eine solche imaginative Vorstellung zu Beginn des Master-Studiengangs Soziale Plastik durch. Das strahlt auf das gesamte weitere Geschehen aus. Auch entsteht daraus eine Form von Gemeinschaft.

H.K. Jeder spürt den Unterschied.

S.S. Wenn man diesen Vorstellungsprozess durchführt, heißt es oft, das sei ein guter Eisbrecher. Aber sein Wert ist ein ganz anderer. Auf solche Weise »zu sich selbst zu kommen« und die Wirklichkeit eines anderen zu erleben schafft die Grundlage für wahrhaft kreativen Austausch. Während der Prozess alle auf die so starke Substanz in jedem von uns und im Raum aufmerksam macht, beginnen wir, ein Gespür für die unsichtbaren Werkstoffe zu bekommen, die zentral für jeden wirklich transformativen Lernprozess oder sozialen Prozess sind. Und man kann das überall dort praktizieren, wo Menschen in ein gemeinsames Lernen oder Arbeiten einsteigen.

Noch einmal zum aktiven Zuhören

H.K. In Zusammenhang mit der imaginären Vorstellung wird bei »Von ganz unten« auch das aktive Zuhören eingeführt. Und während des gesamten Seminars wird mehrfach an diese urteilsfreie, zugewandte, empfangende Art des Zuhörens erinnert – die wir ja an sich jeden Tag, in jedem Gespräch praktizieren könnten. Bis das zu einer neuen Haltung wird.

S.S. Im zweiten Kapitel haben wir uns dem aktiven Zuhören in Zusammenhang mit dem Erdforum ausführlich gewidmet. Es verstärkt das Hören nicht nur, sondern ich beginne dabei zu hören, wie ich höre. Und damit setzt ein Prozess der Reflexion, des Bewusstwerdens ein. Wichtig ist, dass es nicht zu viele innere Geräusche gibt, zum

Beispiel zu viele eigene Gedanken; besonders wenn sie mit Zustimmen, Ablehnen, Urteilen, Mögen, Fürchten zu tun haben. Alle mit Emotionen verbundenen Gedanken erschweren es, in etwas hineinzuhören.

Lass uns das noch einmal auf das Bild »Wir schauen auf fruchtbare Felder« rückbeziehen. Denn die Fruchtbarkeit des inneren Felds rührt aus seiner ungemein feinen Beschaffenheit. Es besteht aus Schwingungen. Da Hören und Zuhören Wellenlängen sind, aktivieren deren Frequenzen dieses Schwingungsfeld unmittelbar. Deshalb können uns Worte so leicht und so tief verletzen. Jemand sagt etwas, und du spürst einen regelrechten Schmerz in der Brust. Wenn ein Wort, das durch dein Ohr in dich eindringt, so schnell eine körperliche Reaktion auslösen – sich also auf Materie auswirken – kann, dann weil Geräusche, Gedanken, Gefühle unmittelbar die so subtile Schwingungsebene in uns berühren. Daher ist dieses Feld sehr schnell auf eine besondere Weise aktiviert, wenn wir versuchen, beim Zuhören weniger emotional und weniger urteilend zu sein.

H.K. Aktives Zuhören bedeutet, das Gehörte nicht zu taxieren, es nicht in eine Schublade zu stecken. Und es bedeutet, wirklich beim Gehörten zu bleiben, anstatt ständig »in den eigenen Film zu wechseln«. Allein dies zu sagen und zu versuchen, es zu praktizieren, schafft einen sofortigen Wandel in der Qualität des Zusammenseins. Das ganze Geschehen verlagert sich auf eine andere Ebene.

S.S. Alle sind jetzt präsent – mit ihrer Fähigkeit zuzuhören, die in dem Maß wächst, wie sie praktiziert wird.

H.K. Ja. Und so bereitet das aktive Zuhören die Basis für ein gemeinsames Arbeiten, bei dem nicht etwas zuvor Fertiggestelltes reproduziert und rezipiert wird. Es ist eine erstaunlich einfache und dabei wirksame Strategie, um in eine, wie ich es empfinde, künstlerische Form des Austauschs zu gelangen. Wo das, was geschieht, aus Gewärtigsein entsteht und gemeinsam aus dem Jetzt hervorgebracht wird.

S.S. Das ist wirklich ein Bewusstheitsinstrument, weil es mit dem lebendigen, vibrierenden, transformativen Potenzial in uns verbindet und es aktiviert.

Auf dem Boden der Tatsachen

H.K. Nun vielleicht weiter mit »Von ganz unten«. Unser Gespräch hier in diesem Kapitel hat sich bislang nur dem Auftakt am ersten Abend gewidmet. Der Hauptteil des Seminars umfasst den ganzen darauffolgenden Tag und ist in zwei Teile gegliedert: in »Erde sein« am Vormittag und »Kompost sein« am Nachmittag.

Zuallererst aber gibt es am Morgen eine »Erkundung«, die den Titel »Auf dem Boden der Tatsachen« trägt: Alle – die leitende Person eingeschlossen – gehen für zehn Minuten nach draußen, jeder und jede für sich, und versuchen, bewusst auf dem Boden zu gehen. Was genau geschieht, wenn wir – ob auf Erde, auf Asphalt, auf Kies, auf Holz, auf Teer oder worauf auch immer – achtsam stehen, einen Fuß vor den anderen setzen, gehen? Was findet da eigentlich statt?

Nachdem am Abend zuvor mit Hilfe der Vorstellungskraft, des »bildnerischen« Denkens und des aktiven Zuhörens ein eigenes Fleckchen Erde, ein besonderes Erlebnis mit Erde von vielleicht weit aus der Vergangenheit in das Seminar gebracht wurde, hilft der Prozess »Auf dem Boden der Tatsachen«, nun am physischen Ort, aber auch in der eigenen Physis, anzukommen.

Wichtig für diese Erkundung ist, wie im Erdforum, dabei ganz bei sich zu sein, nicht mit anderen zu sprechen. Erfahrungsgemäß stellt sich bald ein Gespür dafür ein, wie lohnend das sein kann. Es ist eine Methode, die auf sehr einfache Weise entautomatisiert und so auf eine Entdeckungsreise in die eigene Wahrnehmung führt.

Zu den Einsichten, die bei diesem Gehen »auf dem Boden der Tatsachen« zutage getreten sind, zählt, wie sicher die Erde trägt. Oder hat man je gehört, jemand sei ins Erdinnere gestürzt? Wir dürfen uns darauf verlassen, dass die Erde trägt. Wären wir ohne diese Gewissheit überhaupt in der Lage, uns aufzurichten? In die Aufrechte zu kommen, den Himmel im Blick zu haben und das Spezifische zu entfalten, was im Menschsein angelegt ist, hängt mit Vertrauen in die Erde zusammen; dass sie nicht plötzlich wankt oder uns verschluckt. Die Erde hat ihrem Wesen nach etwas Vertrauenspendendes. Natürlich gehören auch Phänomene wie Erdbeben zum Wesen der Erde. Und doch: In dem, was wir von Kind an für gegeben halten dürfen, erfahren wir sie als sicher, verlässlich treu. Unsere Fähigkeit, in die Aufrechte zu finden, worin sich ja auch das Ich sichtbar manifestiert, geht aus einer Beziehung zwischen uns und der Erde, aus einer fortwährenden Interaktion mit ihr hervor. In dem kurzen gemeinsamen Austausch nach diesem Gang auf dem Boden der Tatsachen können solche Dinge zu Sprache kommen.

S.S. Wie gefährdet, aber auch unverbrüchlich das Streben in die Aufrechte ist, zeigt sich ja bei einem Baby, das aufsteht und fällt und aufsteht und fällt. Es ist inspirierend, zu erkennen, dass wir in diese prekäre Haltung finden können, weil es unter unseren Füßen das Gegenteil gibt, auf das wir uns verlassen können.

An der Vorstellungskraft kratzen

H.K. Mit einer solchen Erkundung also beginnt der eigentliche, zentrale Seminartag. Nun folgt etwas, das im Programm als »Metanoia. Aktion und Impuls« angekündigt ist. Das griechische »Metanoia« – du bist in der Einführung zu diesem

Buch darauf zu sprechen gekommen – bedeutet »Umdenken«, »Gewinnung einer neuen Weltsicht« und »Änderung der eigenen Lebensauffassung«. Im Seminar aber wird der Begriff weder vor noch nach der gleichnamigen Aktion erklärt. Die Aktion selbst sieht so aus:

Jemand – in dem Fall ich – nimmt ein makellos weißes, feingebügeltes Festtags-Tischtuch zur Hand, faltet es auf und breitet es sorgfältig auf dem Fußboden aus. Dann holt diese Person einen Eimer voll Gartenerde, der an der Seite des Raums bereitsteht und schüttet die Erde auf das Tischtuch. Sie zieht die Schuhe aus, stellt sie beiseite, kniet am Rand des Tischtuchs nieder, um sich sodann mit ausgestreckten Armen bis hinab zum Boden zu beugen. Das Gesicht sinkt in die Erde. Sie verharrt so. Lange. Schließlich richtet sie den Oberkörper wieder auf, bleibt noch mit geschlossenen Augen knien, steht auf, zieht die Schuhe wieder an, setzt sich auf ihren Platz bei den anderen Mitwirkenden, und es herrscht weiter Stille. Allenfalls Geräusche von draußen sind zu hören.

Dieses Geschehen wird nicht kommentiert. Auch werden die Mitwirkenden nicht aufgefordert, etwas dazu zu sagen. Stattdessen folgt nach einer Weile die Einladung, sich nun gemeinsam einer weiteren Erkundung zu widmen und zwar ausgehend von der Frage: »Was sind Eigenschaften und Verhaltensweisen lebendiger Erde?«

In der Bodenkunde ist es üblich, nach den verschiedenen Arten von Erde, ihrem Entstehen, ihrer Zusammensetzung oder ihren Funktionen zu fragen, nicht aber nach »Eigenschaften« und »Verhaltensweisen«. Während das Seminar sich damit auseinandersetzt, liegt in der Mitte weiter die Erde auf dem weißen Tischtuch mit dem Abdruck des Menschen, der dort gekniet, sein Gesicht hineingebettet hatte.

Bei dem nun beginnenden Sammeln von Eigenschaften und Verhaltensweisen haben die »Experten« in der Gruppe, die Bodenkundler etwa, Gelegenheit, Fachwissen einzubringen. Aber sie stellen auch fest, wie merkwürdig diese Fragerichtung ist, wie sie gewohnten Denkbahnen zuwiderläuft. Erfahrungsgemäß bringen die Fachleute sich in diesen Prozess ein, ohne ihn zu dominieren. Alle Mitwirkenden sind in ruhiger, fokussierter, produktiver Aufmerksamkeit miteinander und mit der Frage, um die es geht, verbunden.

Es macht ganz offenkundig einen Unterschied, das Sammeln der Eigenschaften und Verhaltensweisen lebendiger Erde mit einer Aktion wie »Metanoia« einzuleiten. Aber was genau geschieht da?

S.S. An der Stelle wäre es zunächst interessant zu hören, wie du selbst das erlebt hast. Wir wissen nicht, wie du ohne dieses Element vorgegangen wärst. Aber was in dir hat es ermöglicht, so zu arbeiten?

H.K. Es gibt in »Von ganz unten« noch eine zweite Aktion. Sie findet in dem Teil des Seminars statt, wo es um »Kompost sein« geht, und die Hauptakteure dabei sind verrottete Äpfel. Darauf werden wir später kommen. Jedenfalls spielten beide Aktionen beim Entwickeln dieses Seminars eine wichtige Rolle.

S.S. Sie waren Mitarbeiter.

H.K. Beide Aktionen wurden sehr früh, als sie noch lediglich eine Idee waren, so etwas wie das schlagende Herz des Seminars. Sie haben die ganze Vorbereitung durchblutet. Während sie ja nur in meiner Vorstellung existierten, hielten sie die Konzeptentwicklung immer wieder neu offen und damit für mich selbst lebendig. Bei dem Gedanken daran fühlte ich mich manchmal fast ein wenig wie eine Braut vor der Hochzeit. Auch war ich voller Dank dafür, so etwas ausführen zu dürfen – diese Kniebeuge, bei der du dein Gesicht schließlich in die Erde bettest.

S.S. Wenn es sich ein wenig wie eine Hochzeit angefühlt hat, dann vielleicht auch, weil das ein Fest der Bewusstheit ist, wozu mir der Titel eines von Ivan Illichs visionären Büchern, »Celebration of Awareness«[76], in den Sinn kommt. In dieser Aktion gibt es Bewusstheit in mehrfacher Hinsicht: in bezug auf die eigenen Gefühle, auf das erzeugte Bild und die Notwendigkeit, das mit anderen zu teilen, darauf, was eine solche Handlung bewirken könnte und dann bewirkt hat. Wir vergessen oft, wie wichtig das Feiern von Bewusstheit als ein Element im transformativen Prozess ist. In der Permakultur und dem Dragon Dreaming nach John Croft feiert man das Handeln, aber auch Bewusstheit gilt es zu feiern.

Und der Vergleich mit einer Braut erinnert an die Vereinigung, von der C.G. Jung spricht, die Vereinigung von Gegensätzen, die Vereinigung gegenläufiger Tendenzen: dass es – neben manch anderem – für eine Vereinigung darauf ankommt, demütig, bescheiden zu werden. Wir müssen in den anderen, in das Andere hineingehen. Es muss ein Geben und ein Empfangen geben, bei dem ein »Kind« gezeugt wird. Aus einer Vereinigung unserer selbst mit etwas, das verstanden werden möchte, erzeugen wir ein Bild. Das Bild ist das Kind, ist die Frucht der Hochzeit. Dieses Kind kann dann hinaus in die Welt. So wie jenes Bild der roten Blume, das aus der Begegnung zwischen Mensch und Pflanze entstanden ist.

H.K. Jedes solche Bild will achtsam, mit Sorgfalt in die Welt getragen werden. Und seine Wirkung ist komplex. Wie würdest du sie beschreiben?

S.S. Hier gibt es eine Reihe von Elementen. Eine Handlung wie »Metanoia« kann jenes »Verfremden« auslösen, worin Bertolt Brecht eine zentrale Strategie sah, um das Denken in Bewegung zu bringen. Beuys nannte dies »an der Imagination kratzen«. Das ist ein transformativer Prozess, der das innere Feld aktiviert. Denn der einzige Weg, ein solches Bild zu verstehen, ist, es in einem selbst zu sehen, und dann beginnt es zu aktivieren. Auch wenn daraus nur ein Bündel von Fragen entsteht, bist du aktiviert. Wenn du hingegen etwas auf reduzierte, abstrakte Weise hörst, als Information, auf eine Art, die du scheinbar verstehst, tritt leicht das ein, was Brecht als eine Gefahr des Realismus und des Naturalismus sah: Du denkst, du hättest verstanden und erlebt, was gezeigt wird, bleibst aber innerlich passiv. Auch dass ein Bild nicht sofort in Worte gefasst wird, aktiviert diesen inneren Prozess – wir sehnen uns ja danach, Dinge in Worte zu fassen. Nur darf das Bild nicht zu bedrohlich, zu beängstigend, zu schockierend sein, weil man sich dann versperrt. Hier gilt es ein Gespür für die Grenzen zu entwickeln. Wann ist etwas seltsam, befremdend genug, um an der Imagination zu kratzen, und wann ist es so befremdend, dass man sich innerlich zurückzieht und verschließt?

Interessant ist auch das Element des Raums oder vielmehr des Zeit-Raums. Ein solches Arbeiten muss Zeit dafür lassen, dass alle bei sich in ihrem inneren Raum sein können. Selbst wenn du die Teilnehmenden nicht dazu aufgefordert hast, sind sie doch schon zuvor bei der imaginativen Vorstellung mit diesem Raum in Berührung gekommen. Das Gewähren von Zeit und Raum ist elementar, fehlt aber meist in Seminaren, weil sie restlos mit Inputs, Fragen, Antworten, Diskussionen, weiteren Fragen angefüllt sind.

Auch die Aktion »Metanoia« zu nennen, ohne zu erklären, was das heißt, »kratzt an der Imagination«. Unwillkürlich beginnt man sich nach der Bedeutung zu fragen. Und wenn man weiß, dass Metanoia mit einem Wandel im Denken zu tun hat, schafft dies vielleicht auch Raum, damit ein solcher Wandel beginnen kann. Von daher ist das ein wirkliches Angebot.

Und schließlich handelt es sich hier nicht »nur« um ein Bild, sondern um eine Aktion – eine Aktion, die du durchgeführt hast, während die anderen sie bezeugten. Zeugen sind ja nicht nur Zuschauer, sind nicht Konsumenten. Sondern sie wirken auf eine bestimmte Weise am Geschehen mit. Den meisten Performance- und Aktionskünstlern ist das bewusst. Beim Bezeugen nimmst du innerlich teil. Du kannst dich verweigern, doch es wird eine Anfrage an dich herangetragen: Bitte hab teil an diesem Geschehen. Bezeugen heißt, aktiv an etwas mitzuwirken.

H.K. In der Tat ist bei einer solchen Aktion die Anwesenheit der anderen sehr stark zu spüren. Ihre Präsenz bildet ein Feld, auf dem die Handlung sich vollzieht. Sie allein auszuführen wäre vollkommen anders.

S.S. Was vielleicht auch ein Grund dafür ist, dass Hochzeiten öffentlich begangen werden. Man könnte sich ja das Eheversprechen nur zu zweit geben. Indem wir solche Dinge öffentlich tun, laden wir andere mit ein, bitten sie aber zugleich, das mit uns zu tragen.

Vom Erklären zum Empfangen

H.K. Elementar scheint mir auch, nach der Aktion nichts zu fragen. Stattdessen einfach nur dazusitzen und lange zu schweigen – sogar ein bisschen länger als man es für zumutbar halten würde. Genau besehen, findet dieses Schweigen nicht nach der Aktion statt, sondern ist ein Teil von ihr.

S.S. Eine solche Handlung ist fast so komplex wie ein Lebewesen. Während wir sie erleben und bezeugen, wird sie in uns aktiv. Aber solange wir in diesem Geschehen drin sind, können wir nicht so leicht gleichzeitig reflektieren. Deshalb braucht es danach Zeit, um das Erlebte in einem arbeiten zu lassen, es auf andere Weise lebendig werden zu lassen, so dass man es hören oder sehen kann. Es ist wie die Stille beim aktiven Zuhören im Erdforum, jeweils nachdem jemand gesprochen hat. Sie wird gebraucht, um in die Gesamtheit dessen, was gesagt wurde, hineinzugehen. In der Psychotherapie gibt es den Ansatz, Träume nicht erklären zu wollen, sondern sie in sich arbeiten und Bedeutung entfalten zu lassen.

H.K. Das dürfte eines der charakteristischen Merkmale ästhetischer – im Sinn von verlebendigender – Praxis sein: Auf verschiedenen Wegen, mit Hilfe vielfältiger Strategien Raum dafür zu schaffen, dass etwas sich zeigen, sich mitteilen kann. Wie soll das möglich sein, wenn in einem fort geredet wird?

S.S. Wenn es so viel Lärm gibt oder man in einem vollkommen anderen Modus ist. Sobald wir zu sprechen beginnen, schwindet der Raum des Empfangens. Wir haben dann zwar das Bild dessen, was geschehen ist, in uns, müssen nun aber unsere eigenen Gedanken und Einsichten empfangen. Wenn sich selbst in Bildungskontexten oft nur so wenige Einsichten einstellen, dann deshalb, weil kein Raum dafür gewährt wird, keine Zeit, in die Dinge hineinzuschauen.

H.K. Nicht zuletzt an der Stelle empfinde ich den Soziale-Plastik-Ansatz in Bildungsarbeit als radikal. Denn er beinhaltet einen Paradigmenwechsel weg vom Erklären und hin zum Empfangen von etwas, das da ist – aber, um seine Wirklichkeit zu entfalten, darauf angewiesen ist, wahrgenommen und angenommen zu werden.

S.S. Ja. Um noch einen Moment beim Empfangen zu bleiben: Selbst wenn dir in der Stille nach einer Aktion nur Fragen einfallen, ist das etwas völlig anderes, als etwas dir Unverständliches zu sehen oder zu erleben und dann sofort Fragen dazu zu stellen. Der Unterschied ist, dass die Fragen, die du innerlich empfängst, zu Einsichten werden können, wenn du ein wenig bei ihnen verweilst. Es gibt hier also zwei vollkommen verschiedene Arten, zu Fragen zu gelangen, mit zwei je verschiedenen Wirkungen. Sofort gestellte Fragen trennen dich von der Erfahrung ab. Du wartest, dass jemand anders sie beantwortet. Die anderen Fragen hingegen, die auftauchen, indem du beim Erlebten bleibst, in es hinein, darunter und dahinter gehst, werden eigene Einsichten. Wenn wir uns bei all den Fragen zu dem, was Tag für Tag in unserem Umfeld und in der Welt geschieht, nur immer fragen würden, welche Erfahrung in der Frage steckt, hätten wir viele Einsichten. Das ist, was man landläufig Nachdenklichkeit nennt.

Eine qualitative Betrachtungsweise

H.K. Kehren wir nun wieder ins Seminar zurück. Dorthin, wo nach der Aktion »Metanoia« das gemeinsame Sammeln von »Eigenschaften und Verhaltensweisen« lebendiger Erde beginnt. Hier wird spürbar, wie durchlässig die Mitwirkenden nach dem ganzen bisherigen Geschehen seit Beginn des Seminars geworden sind – durchlässig für Bilder, Fragen, Gedanken, Ideen, für einander, für Kommendes, für einen selbst. Die innere Erde ist jetzt durchgearbeitet. So verläuft dieser nächste Arbeitsschritt als ein atmender, flüssiger Prozess.

An sich liegt es nahe, das, was jetzt gesammelt wird, auf Karten an Stellwände zu heften oder auf Flipcharts zu schreiben. Hier jedoch benutzen die Mitwirkenden ein eigenes Notizbuch. Sie sind in der Einladung zum Seminar gebeten worden, ein solches mitzubringen. Auch diese kleine, aber nicht unbedeutende Strategie habe ich von dir gelernt. Schon allein in bezug auf die Wärmequalität macht es einen immensen Unterschied, ob mit den typischen Workshop-Utensilien gearbeitet wird oder ob man das, was für einen selbst wichtig ist, auf eigene Weise festhält – in einem Medium, das man dann mit nach Hause nimmt. Das hat eine ganz andere Authentizität. Mit Flipcharts und Stellwänden zu operieren wirkt immer ein wenig wie ein Arbeiten neben dem eigentlichen Leben, wie in einem Workshop eben.

S.S. Es ist ein Arbeiten außerhalb deiner selbst. Denn du gibst die Verantwortung für deine Gedanken und dein Material ab. Es sieht aus, als gäbe man dies in einen gemeinsamen, sogenannten sozialen Raum. Doch was passiert, ist: Man bleibt kaum in richtigem Kontakt und in wirklicher Verantwortlichkeit. Mit der Idee, das Material gut teilen zu können, wird alles irgendwie neutral gemacht. Die Verantwortlichkeit im Raum geht verloren. Das Material ist nur an der Flipchart. Der Moderator muss das dann irgendwie aufgreifen und versuchen, die Energie für die einzelnen Ideen, Gedanken oder Sätze neu zu generieren.

Auch kann – wenn ich Dinge an die Flipcharts, Stellwände oder auf Karten schreibe oder schreiben lasse – leicht noch etwas Kontraproduktives geschehen, nämlich: Alles wird viel zu schnell in Begriffe fixiert und so in seiner Bedeutung reduziert. Nur ein paar zentrale Begriffe quasi für alle verbindlich aufzuschreiben kann die Gefahr in sich bergen, komplexe Sachverhalte, die gerade erst gemeinsam entfaltet wurden, sofort wieder einzufalten, sie gar zu versiegeln, so dass sie ihren Reichtum verlieren.

H.K. Ich selbst habe bei der Premiere des Seminars die folgenden Eigenschaften und Verhaltensweisen lebendiger Erde in meinem Notizbuch festgehalten: Sie speichert Wasser, Wärme, Nährstoffe, Luft und organische Substanz. Sie beherbergt Lebewesen. Sie riecht (gut) nach lebendigen Prozessen. Sie ist durchlässig und übergänglich. Biosphäre, Lithosphäre, Hydrosphäre und Atmosphäre durchdringen sich in ihr. Sie reinigt, zum Beispiel Wasser. Sie liefert Farben. Sie produziert Nährstoffe und Faulgase, ist in umfassendem Sinn ernährend. Sie ist ein Ort permanenten Auf- und Abbaus, der permanenten Transformation. Sie ist voll und ganz in sich vernetzt, ein Beziehungsgeflecht, ein lebendiger Organismus. Auch ist sie bewahrend, eine Art Gedächtnis oder Archiv. Sie ist empfindlich und verletzlich, leicht aus der Balance zu bringen und leicht zerstörbar. Bei Nutzung braucht sie Pflege. Sie ist ein Schutzraum. Sie reguliert Temperaturen. Sie spendet Leben. Sie ist unergründet, permanent im Prozess und entwicklungsfähig. Lebendige Erde ist potenziell langlebig und braucht viel Zeit, um zu entstehen.

Daraus zeigt sich, dass dem Sammeln von Eigenschaften und Verhaltensweisen lebendiger Erde eine qualitative Betrachtungsweise zugrunde liegt. Im Gegensatz zur eher quantitativen Betrachtungsweise, die nach Arten und Funktionen fragt. Dieser Unterschied hat eine wissenschaftsphilosophische Dimension. Die qualitative Betrachtungsweise beinhaltet einen phänomenologischen Ansatz, zu dessen Pionieren Goethe zählt – seine Naturforschung fragt nach den Eigenschaften der Farben oder auch nach denen des Lichts.[77] Anstatt Naturphänomene zum Zweck der Nutzung zu analysieren und zu kategorisieren, zielt ein solches Herangehen darauf, mit Natura naturans, der lebendigen, schöpferischen Dimension des betrachteten Phänomens, in Verbindung zu treten. In unserem Fall kann damit Erde als ein Wesen erfahrbar werden. Nicht zuletzt dadurch wirkt das Seminar »Von ganz unten« mit an der gegenwärtig vielerorts stattfindenden Suche nach Erkenntniswegen über die Spaltung von Subjekt und Objekt hinaus. Es bietet Gelegenheit, in diese Richtung zu experimentieren.

Führt man sich dies vor Augen, ist der nächste Schritt, so überraschend er zunächst wirken mag, nur folgerichtig. Er beinhaltet die Frage: »Wie wäre ein Denken und Handeln beschaffen, das absichtsvoll wie lebendige Erde wirken wollte?«

So zu fragen stülpt die gewohnheitsmäßige Beziehung zu Erde um. Hier wird die Erde zur Lehrerin – wie auf der Global Soil Week einer der Mitwirkenden sofort bemerkte. Wenn lebendige Erde auch unter oft widrigen Bedingungen auf so vielfältige Weise Wachstum und Fruchtbarkeit in die Welt bringt, liegt es an sich nur nahe zu fragen, was sie uns lehren kann, damit das eigene Sein und Tun fruchtbarer wird.

Diese Frage wird im Seminar wahlweise im Blick auf das eigene Arbeitsfeld untersucht oder auch im Blick auf eine andere gesellschaftliche Sphäre. Wie etwa müsste ein Bildungssystem beschaffen sein, um das zu bewirken, was lebendige Erde bewirkt? Oder wie sähe ein Wirtschaftssystem aus, das Wachstum von der Art hervorbringt, wie lebendige Erde es tut? Man braucht einen Moment, um in diese ungewohnte Perspektive hineinzufinden. Dann aber führt sie in einen wirklich spannenden Lernprozess.

S.S. Das ist ja auch die Kernidee der University of the Trees: Anders-als-menschliche Wesen – wie in diesem Fall Erde – können unsere Lehrer sein.

Die Sinnkrise als Sinneskrise

Wobei es nicht genügt, anzuerkennen, dass sie Lehrer sein können. Wichtig ist hier auch die Frage: Was müssen wir tun, damit sie Lehrer werden können? »Von ganz unten« bereitet die Teilnehmenden darauf vor und befähigt sie, in Erde eine Lehrerin zu sehen. Aber als Menschen haben wir viele Eigenschaften und Aspekte, die es den anderen Wesen nicht erlauben, sich auszudrücken, oder es uns nicht erlauben, sie zu hören.

H.K. Weil die Räume dafür fehlen?

S.S. Weil ein bestimmtes Verständnis von Raum fehlt und vieles mehr, was wir noch nicht haben. Deshalb fühlt es sich an, als sei die Welt stumm, ja tot. Deshalb zerlegen wir sie und formen sie willkürlich um: Weil wir nichts sprechen hören können.

H.K. Du sagst, wir brauchen dazu vieles, was wir noch nicht haben. Aber haben wir in dieser Hinsicht nicht auch vieles verloren? Waren frühere Kulturen darin nicht Experten? Einen Nachklang davon durfte ich einmal an der Pazifikküste im Nordwesten der USA, am Pudget Sound unweit von Seattle, erleben, an einem Ort, der den indigenen Amerikanern bis heute als heilig gilt. Wenn du dort am Strand oder durch den Wald gehst, kann dich leicht die Empfindung anwehen, hier spreche alles: jeder ausgeblichene Baumstamm im Sand, die Wellen, die Wolken, die Felsen, die Bäume, die Vögel, das Gras im Wind. In allem dort wird spürbar, welchen Reichtum vormoderne Kulturen hatten, nämlich wirklich hören und sehen zu können, in einem differenzierten Austausch mit allem Lebendigen zu sein. Längst aber werden ja überall auf der Welt auch einst heilige Orte von jenem gigantischen, erbarmungslosen Moloch erfasst, der sie zu toten Zonen macht.

S.S. Ja, die toten Zonen weiten sich unablässig aus, wo es einst lebendige Zonen gab, in denen alles in Beziehung miteinander stand. Aber es sind nicht nur der Lärm oder der Beton, mit dem wir sie ummauern, nicht nur all die Gegenstände und Produkte, womit wir die Welt vollstopfen, was es schwer oder unmöglich macht, die Lebewesen zu hören. Sie können nicht zu uns sprechen, weil wir sie nicht als Lehrer anerkennen und, mehr noch, weil uns gegenwärtig die Wahrnehmungsorgane dafür fehlen. Es ist, wie wenn du mit jemandem in einem Raum sitzt, der keinerlei Sinne hat, dich wahrzunehmen, und der dich überdies nicht wahrnehmen will. Seine Augen sind zugebunden, die Ohren verstopft, er kann nicht riechen und möchte auch nicht mit dir kommunizieren, möchte nicht erfahren, was du anzubieten hast. Was könntest du dann anbieten? Vielleicht erleben die Bäume und viele andere Lebewesen uns so. Auf der Erde umhertrampelnd, über sie hinwegtrampelnd, ohne eine Sekunde Zeit zu haben, vollauf damit beschäftigt, etwas zu erreichen, Gewinn oder Fortschritte zu erzielen ...

H.K. Sich vorzustellen, dass die lebendige Welt gar nicht zu uns sprechen kann, wenn wir nicht erste Schritte dazu tun – was für eine Verantwortung sich da auftut!

S.S. Das ist jene »Sinnkrise«, in deren Kern eine »Sinneskrise« steckt, worauf wir in diesem Buch schon nach unserem Gang durch tote Zonen gestoßen sind. Deshalb braucht es jetzt eine »neue Sinnesschulung« – was, wie Volker Harlan einmal sagte, in der University of the Trees geschieht. Auch bei »Von ganz unten« findet eine solche Schulung statt. Was den Teilnehmenden einiges abverlangt. Im besten Fall bilden sich dadurch neue Fähigkeiten und neue Wahrnehmungsorgane heraus.

Kompost sein

H.K. Zurück also zum Seminar. Wir sind jetzt in der Phase, die auf dem Programm als »Kompost sein« angekündigt ist. Hier gibt es einleitend eine weitere Aktion. Sie heißt »Gabe«.

Für diese Aktion besorgst du rechtzeitig, sagen wir zwei Monate davor, Äpfel und legst sie irgendwo hin, wo sie in Ruhe verrotten können. Wie der Biobauer auf dem Markt erklärte, ist es heutzutage gar nicht so einfach, Äpfel zu finden, die noch verrotten, schrumpeln oder faulen, weil die meisten chemisch dagegen behandelt sind. Man führe sich vor Augen, was das allein schon wieder bedeutet. Jedenfalls liegt, seit es »Von ganz unten« gibt, in meinem Arbeitszimmer stets ein großes Tablett mit überreifen Äpfeln. In einer ersten Phase wird ihr Aroma ja immer intensiver, aber das geht vorüber. Ich denke dann manchmal an Schiller, in dessen Schreibtischlade zum Befremden mancher Zeitgenossen, allen voran Goethes, es immer ein paar reife Äpfel gab, weil er ihren Geruch als Inspiration zum Schreiben brauchte. Einige Äpfel können mit der Zeit so sehr schrumpeln, dass sie schließlich trocken und hart fast wie Murmeln sind. Interessant auch, wie sie, solange sie jung sind, einander ähneln, sich dann aber im Stadium der Reife und besonders des fortgeschrittenen Verfalls immer mehr »individualisieren«; so unverwechselbar werden, dass man versucht ist, ihnen Namen zu geben.

Überhaupt fehlt es ja seit dem Paradiesapfel nicht an Gründen, im Apfel eine ganz besondere Frucht zu sehen. Er hat die Form, die das Wasser am liebsten bildet und die auch die Erde hat: die Form der Kugel. Wenn Äpfel im Spätsommer reif sind, haben sie Licht und Wärme der Sonne in sich verdichtet. Der Reichsapfel in der Hand von Herrschern früherer Zeiten steht für die Erde. Und es gibt eine Vielzahl weiterer Bezüge, die dazu einladen, sich dem Apfel einmal richtig zuzuwenden. Aber kann nicht jedes Phänomen zu einem Kosmos werden, wenn wir ihm volle Aufmerksamkeit widmen?

Die Aktion »Gabe« im Seminar sieht so aus: Die Mitwirkenden werden gebeten, um einen großen Tisch Platz zu nehmen. Wenn sie so weit sind, holst du die auf einem Brett liegenden Äpfel, dazu ein möglichst erlesenes Serviertablett und feines, im Voraus zurechtgeschnittenes Geschenkpapier, zum Beispiel aus Strohseide. Es gibt genauso viele Äpfel wie Menschen um den Tisch. Nun nimmst du jeden einzelnen Apfel sorgfältig auf, schlägst ihn in Geschenkpapier ein und legst ihn auf das Serviertablett. Nachdem alle Äpfel verpackt sind, schiebst du das Tablett in die Mitte des Tischs. Jetzt folgt die Einladung an die Anwesenden, je einen Apfel vom Tablett zu nehmen. Und gleich darauf packen alle diese Gabe aus.

Da liegt der Apfel nun, vor einem, auf dem Seidenpapier. Und jetzt beginnt ein Zwiegespräch. Die Mitwirkenden werden eingeladen, sich »ihrem« Apfel zuzuwenden, und zwar mit der Frage: »Was erfahre ich von dir?«

Die nur ein wenig anders formulierte Frage »Was erfahre ich von diesem faulen Apfel« wäre hier völlig verfehlt. Es ist interessant, zu schauen, warum. Hier sollen also nicht Fäulnisprozesse oder dergleichen studiert werden. Worum es geht, ist vielmehr, in Erfahrung zu bringen, was genau dieser Apfel, den ich vom Tablett genommen und ausgepackt habe und der nun hier vor mir liegt, mir sagt.

S.S. Sie sind nicht nur etwas, von dem man lernt. Sie sind verkörperte Wahrheit, verkörperte Wirklichkeit, nicht wahr? Sie bieten sich uns dar. Aber warum erleben wir solche Wahrheit kaum? Hängt das nicht mit dem zusammen, was geschieht, wenn wir Dingen einen Namen geben?

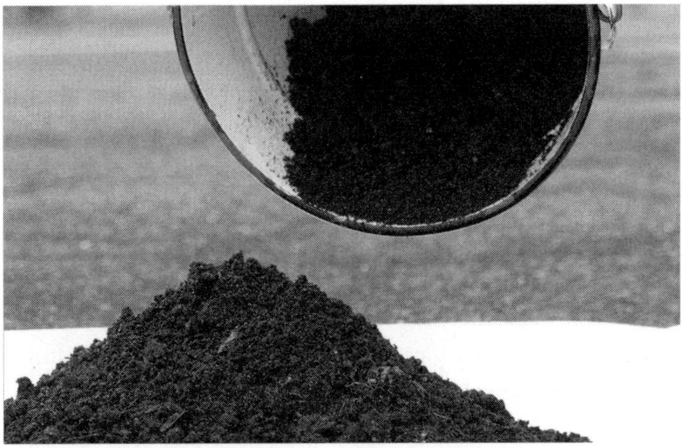

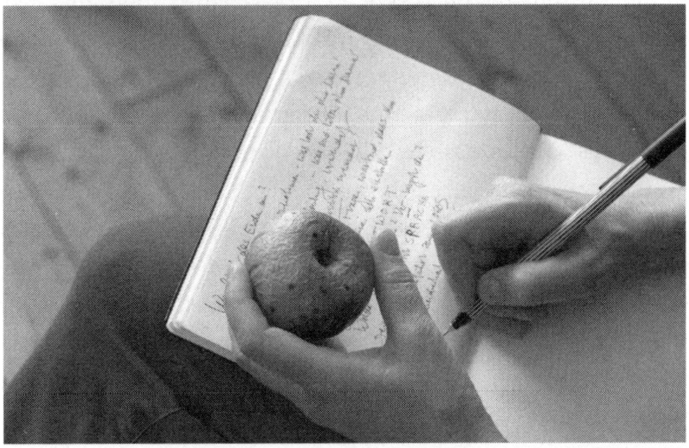

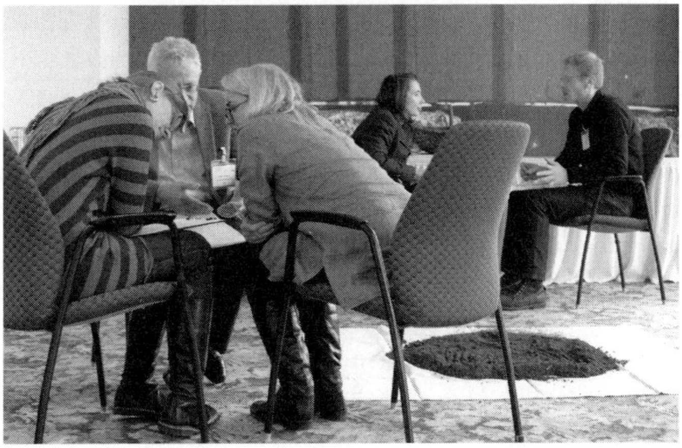

8–10 Szenen aus »Von ganz unten«-Seminaren: im Europahaus Burgenland in Eisenstadt, Österreich, im Juni 2012 (8, 9) und auf der 1. Global Soil Week in Berlin im November 2012 (10).

An der Stelle kurz zu einem Workshop, den ich zusammen mit unserem Kollegen Wolfgang Zumdick unlängst in Melbourne hielt. Vor dem Veranstaltungsort verlief eine mehrspurige Schnellstraße, gesäumt von zwei, drei armen Bäumen. Ich lud die Teilnehmenden ein, für zwanzig Minuten, mehr Zeit gab es nicht, nach draußen zu gehen und diese Bäume zu zeichnen, aber – nun das Entscheidende: Sie sollten zuvor den Namen wegnehmen von dem, was sie da vor sich sahen. Also nicht die Idee »Baum« zeichnen, sondern wirklich schauen, was da eigentlich ist, und welche Kräfte sich darin zeigen. Sie waren völlig verblüfft darüber, was dieses Weglassen des Namens auslöste.

Das habe ich als ganz junge Künstlerin gelernt. Und als ich selbst Zeichnen unterrichtete, wurde mir klar, dass jeder zeichnen kann, wenn man nur aufhört, das Gegenüber zu benennen; stattdessen einfach nur sieht, was man sieht, und den Stift dem Auge folgen lässt.[78] Aber wir müssen die Dinge auch benennen. Das ist eine Art, sie zu begreifen. Im Deutschen kommt dies schön zum Ausdruck: Das Wort, das aus dem Prozess des Begreifens entsteht, ist »Begriff«.

Darum kommen wir hier immer wieder an den Punkt, an dem sich zeigt, wie zentral es für Prozesse wirklichen Wandels ist, neu zu sehen. Das aber kann kaum stattfinden, wenn jede Erfahrung gleich in Worte gerahmt wird. So erstaunlich die menschliche Fähigkeit ist, Sprache und Begriffe zu entwickeln, so oft verwenden wir diese auf eine Weise, die dem Erleben ein Ende setzt. Das heißt wohlgemerkt nicht, wir müssten in einen physisch-sinnlichen Zustand des Nicht-Benennens finden. Auch Denken geschieht, ohne die Dinge mit Namen zu fixieren! Denken bedeutet, einer Frage, einer Idee, einer inneren oder äußeren Konstellation erfahrend zu folgen und sie zu erfassen. Wir können Dinge erfassen, ohne sie auf eine Weise zu benennen, die das Erleben blockiert. Von einem »faulen« Apfel zu sprechen enthält bereits viel Wertung. Selbst »verrottend« oder »sich zersetzend«, was weniger wertet als »faul«, weckt eine ganze Reihe sozialer und kultureller Konnotationen. Dies aber ist bereits eine Reduktion, die es erschwert, das, was ist, wirklich zu erleben. Gewiss, wir müssen benennen. James Joyce sagte, die Welt wäre »ein blühendes, brummendes Durcheinander«, wenn wir keine Begriffe, keine Namen hätten. Vielleicht ist das Problem in erster Linie die Geschwindigkeit, mit der wir benennen.

H.K. Jene, wie Goethe formuliert, »Übereilungen eines ungeduldigen Verstandes«, der die Phänomene »gern los sein möchte« und deswegen an ihrer Stelle Begriffe einschiebt – was maßgeblich zum Entstehen »toter Zonen« beiträgt. Wir haben das hier zu Beginn des ersten Kapitels angeführt.

S.S. Ja. Goethes Methodik handelt davon, ein Phänomen ohne das Gerüst von Namen und Begriffen anzuschauen. Wenn ich den Apfel vor mir ansehe, ohne ihn faul oder verrottet zu nennen, sehe ich vielleicht etwas von seinem Apfelsein, von seiner primären Form. Mit ein wenig Übung werde ich möglicherweise in der Lage sein, verschiedene Stadien seines Seins alle gleichzeitig vor dem inneren Auge zu sehen; werde die Übergänge von einem Zustand in den nächsten wahrnehmen und wie dieser Prozess sich in der Zeit entfaltet; und kann das auch in zeitlich umgekehrter Abfolge betrachten, ausgehend von einem alten, braunen, ausgetrockneten Exemplar zurück zur ersten Fruchtbildung nach der Blüte.

Vom Es zum Du – von der Realität zur Wirklichkeit

H.K. Goethe selbst erläutert diese Methode in mehreren seiner naturwissenschaftlichen Schriften, allen voran in der »Metamorphose der Pflanze«. Gute praktische Heranführungen aus unserer Zeit finden sich unter anderem bei Volker Harlan, Henri Bortoft und Allan Kaplan.[79] Besonders die beiden Letzteren betonen, wie sehr eine solche »zarte Empirie« auf einem »aktiven Sehen« basiert. Im vorliegenden Buch haben wir uns dem aktiven Sehen bereits in Zusammenhang mit dem »Imaginationsraum« des Erdforums gewidmet, dann mit dem Prozess »Ich sehe dich« auf jener Konferenz in Leipzig und mit der Geschichte der roten Blume. Das Seminar »Von ganz unten« stößt jetzt, bei der Zwiesprache mit dem Apfel, explizit auf diese Thematik. Hier zeigt sich ganz unmittelbar, dass der Weg zum Du in dem Apfel über eine bestimmte Art des Sehens verläuft.

Um eine Antwort auf die Frage »Was erfahre ich von dir?« zu erhalten, hilft es wenig, den Apfel vor mir in seine Bestandteile zu zerlegen, zu erklären, zu kategorisieren. In eine Zwiesprache mit ihm finde ich erst, wenn ich ein Aufmerken in meinen Blick lege, aber gleichzeitig Schärfe herausnehme; den Blick insofern aktiviere, als er bereit wird, etwas, das sich vielleicht zeigen möchte, zu empfangen.

In dem Maß, wie das gelingt, und es gelingt oft besser als erwartet, beginnt etwas Magisches: Der Apfel vor deinen Augen verwandelt sich. Du findest in eine Beziehung zu ihm. Und diese Begegnung wirkt wie aus der Zeit gehoben. Sie vollzieht sich – in der Sprache Martin Bubers – nicht in der »Eswelt«, sondern der »Duwelt«. Mehr noch: Sie ermöglicht es der Duwelt, sich jetzt, in diesem Augenblick, zu manifestieren, kraft deines Gewärtigseins.

Die Duwelt ist das, was ich in der Einführung als Wirklichkeit beschreibe – im Unterschied zur Realität. Während diese alles verdinglichende Eswelt den Alltag beherrscht, braucht die Duwelt – die Sphäre der wirkenden Kräfte, der Lebendigkeit – etwas, das Buber »Beziehungskraft«[80] nennt – jenes Aufmerken, das dem aktiven Sehen als Impuls zugrunde liegt. Damit kann der Apfel vor dir von einem

Gegenstand zu Gegenwart werden; zu einem Gegenüberlebenden, Gegenwartenden, Wartenden. Zum Du. Und man spürt: Die Phänomene sind immer da und immer lebendig. Nur ich bin nicht immer gewärtig. Aber man spürt auch: Wir sind in der Lage, von der Eswelt in die Duwelt, von der Realität in die Wirklichkeit zu finden. Was, wo es geschieht, eine Begegnung mit Lebendigem ist und daher tief greift. Die Zwiesprache mit dem Apfel führt in eine einsichtsreiche, poetische Versunkenheit.

Vom Beobachten zum Betrachten

Im Anschluss an diesen Prozess, bei dem einige zeichnen, andere schreiben, gibt es einen Austausch in der gemeinsamen Runde. Oft zeigt sich dabei der Unterschied zwischen »beobachten« und »betrachten«. Beobachten beinhaltet die analysierende, erklärende, kategorisierende Sichtweise, worauf das seit der Moderne vorherrschende Verständnis von Wissenschaftlichkeit basiert. Betrachten ist jenes empfangende Sehen, bei dem das Es mir gegenüber zum Du werden kann.

An dem Punkt im Seminar trat unlängst bei einer Physik-Studentin ein großes Aha-Erlebnis ein. Plötzlich wurde ihr klar, wie sie »automatisch« begonnen hatte, den Apfel zu analysieren, ihr Wissen auf ihn anzuwenden, den Prozess des Faulens zu erklären et cetera. Sie erkannte, dass sie diesen Blick, der in der Naturwissenschaft verlangt wird, quasi selbstverständlich in allen Bereichen ihres Lebens praktiziert. Anstatt das, was sich ihren Augen darbietet, zu betrachten, ist ihr das Beobachten, der zerlegende Blick in die Welt zur Gewohnheit geworden. Als sei das natürlich, als gebe es nichts anderes. Die Art, wie sie das in der Gruppe kundtat, ließ spüren, was diese Einsicht für sie bedeutete. Und damit wiederum begann eine weitere kleine wissenschaftsphilosophische Exkursion.

Der Modus des Betrachtens ist ja nicht per se unwissenschaftlich, sondern führt in eine andere Art von Wissenschaftlichkeit. Für den Wandel hin zu einer zukunftsfähigen Welt hilft es wenig, beide Arten von Wissenschaftlichkeit gegeneinander auszuspielen. Wichtig wäre vielmehr zu erkennen, für welche Ziele und Zwecke sich beide jeweils eignen. Wofür genau ist die herrschende Form von Wissenschaftlichkeit gut? Und wofür nicht?

S.S. Vielleicht sollte man »beobachten« und »betrachten« nicht so sehr als verschiedene Modi sehen, die nebeneinander existieren, sondern eher als Teile eines Prozesses. Wenn das Potenzial und auch die Grenzen des »Beobachtens« verstanden sind, kann es zur Grundlage eines »Betrachtens« werden. Deshalb ist Goethes Denken so wichtig, und wichtig ist auch, dass es in der Sphäre der Wissenschaft bleibt.

In der Tat wird, wenn es um die Defizite wissenschaftlichen Denkens geht, oft eine Polarität zwischen den beiden genannten Grundtypen aufgebaut. In Wirklichkeit aber schafft der Modus des Beobachtens eine Voraussetzung für den anderen. Wenn du es nicht bei einer genauen Analyse der einzelnen Bestandteile eines Phänomens belässt, sondern dieses anschließend mit Hilfe »anschauender Urteilskraft« (Goethe) in den Raum des Betrachtens nimmst, kann es möglich werden, die Wechselbeziehungen zwischen den einzelnen Teilen wahrzunehmen und von da aus das Ganze, das darin zum Ausdruck kommt. Deshalb sind exakte phänomenologische Analyse und Beobachtung sehr wertvoll – wenn wir sehen können, dass dies der Beginn eines Prozesses ist.

Und noch einmal zum »aktiven Sehen«. Hier gibt es eine Parallele zum »aktiven Zuhören« – und auch einen erhellenden Unterschied. Allein schon über aktives Sehen nachzudenken scheint viel schwieriger zu sein. Selbst wer sich nie mit aktivem Zuhören beschäftigt hat, erkennt den Unterschied zwischen »Hören« und »Zuhören«. »Zuhören« bedeutet, sich mit etwas auseinanderzusetzen, während »Hören« ein Empfangen im Sinn von Registrieren ist. Wenn wir hingegen sagen, »ich sehe etwas«, lässt sich darin nicht unterscheiden, ob wir es registrieren oder verstehen. Etwas »betrachten« bedeutet, es zu begreifen und in seiner Ganzheit, seiner Verbundenheit zu sehen, entspricht also dem »Zuhören«. Ein Bild lediglich visuell zu registrieren, es nur zur Kenntnis zu nehmen, entspricht dem »Hören«. Die Problematik darin zeigt sich beispielsweise in der bildenden Kunst. Ein Gemälde kannst du innerhalb einer Sekunde zur Kenntnis nehmen, und weil du es sehen kannst, denkst du, du hättest es gesehen. Ein Musikstück hingegen kannst du nicht in einem einzigen Moment hören. Du musst das Ganze entgegennehmen, und während dieses Prozesses findet eine Erfahrung statt. Deshalb beneiden bildende Künstler, besonders Maler, oft Performer und Musiker – weil das Publikum in diesen Genres bei einem Werk, in einem Prozess verweilt. Und nicht zuletzt aus dem Grund ist Musik ein so starkes globales Phänomen. Mit dem Hören lässt sich also leichter arbeiten, da wir zwischen »Hören« und »Zuhören« unterscheiden können, anders als bei »Sehen« und »Sehen«. Es ist gut, solche Feinheiten des Wahrnehmens und des Gestaltens sorgfältig anzuschauen, denn das beinhaltet einen Erkenntnisprozess, der sehr wichtig für Praktiken in Zeiten des Wandels ist.

Zur Doppelnatur von Sprache

H.K. Bei der Auseinandersetzung mit den Äpfeln, wo wir ja noch immer sind, gibt es einen weiteren bemerkenswerten Aspekt: Wie ledrig, verschrumpelt und ausgetrocknet ein Apfel auch sein mag, enthält er doch mit den Kernen die Samen für neues Leben. Der Kern ist ein Bestandteil des Apfels, den du nicht weiter zerteilen kannst, ohne ihn zu zerstören. Wie korrespondiert das mit dem Begriff »Individuum« – von lateinisch *dividere*, »zerteilen« –, dem In-dividuum, also als dem Unteilbaren? Als Bestandteil eines größeren Ganzen, der nicht weiter zerteilt werden kann, ohne dabei seine Lebenskraft und seine Werdekraft zu verlieren? Auch lässt sich von da aus Individuation, der Prozess der Selbstwerdung, als ein Geschehen ansehen, das wie der reife Kern eines Apfels aus Abbau- und Zerfallsprozessen hervorgeht.

Auf dieser sprachlichen Brücke gelangt das Seminar nach der Zwiesprache mit den Äpfeln zu der Frage: »Was muss absterben, damit Lebendigkeit wachsen kann – im eigenen Arbeitsfeld, aber auch gesellschaftlich? Welche Verhaltensmuster, welche Gewohnheiten des Wahrnehmens und des Denkens gilt es hierfür zu verlernen?« Oder: »Von welchen Lernformen und Wissensformen sollten wir uns trennen, damit Junges in die Welt kommen kann?«

Die damit beginnende Phase des Seminars ist im Programm als »Kompost sein« angekündigt. Zunächst arbeiten die Mitwirkenden wieder jede und jeder für sich. Dann tauschen sie sich zu zweit aus, bevor es schließlich eine Reflexion in der gemeinsamen Runde gibt. Und so wie das Sammeln von Eigenschaften und Verhaltensweisen lebendiger Erde durch die »Metanoia«-Aktion impulsiert worden war, erdet die Apfel-Aktion »Gabe« diesen Prozess des Fragens und des Reflektierens.

S.S. Hier stoßen wir – einmal mehr – auf die so bemerkenswerte Doppelnatur von Sprache. Vorhin erst war die Rede davon, dass Worte, zum Beispiel »faul«, verschlossene Türen sein können, die verhindern, etwas neu zu sehen. Aber wenn du jetzt diese Verbindung zwischen dem Apfelkern und dem Individuum ziehst, wird klar: Hier erfüllt Sprache exakt die gegenteilige Funktion. Adorno hat in bezug auf Fremdwörter erklärt, sie könnten zu neuen Wahrnehmungen, zu neuer Bewusstheit führen, weil sie verfremden. Warum wirkt Sprache bei dem, was du gerade geschildert hast, ermöglichend, öffnend? Warum hilft sie an dieser Stelle, neu zu sehen? Wohl weil hier mit dem Potenzial von Sprache für Beziehung und Verbundenheit gearbeitet wird. Dabei muss unser Geist aktiv werden, wir können die Zusammenhänge nicht sofort voll erschließen. Es gibt also diese aktivierende Art von Sprache, die auf Verbundenheit basiert, die uns in etwas hineinholt, die fast zu einer Bilderarbeit wird. Sie ist der Gegenpol jener Sprache, die Begriffe als Werkzeuge verwendet, um die Dinge schnell einzuordnen, was abtrennt und Distanz erzeugt.

H.K. Ja, die Doppelnatur der Sprache. Wie sie Portale zur Wirklichkeit öffnen, aber genauso auch verschließen kann.

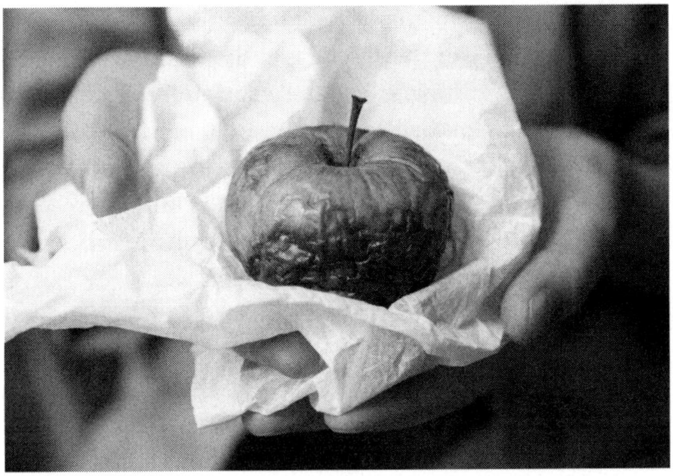

11 *Was erfahre ich von dir?*

Einander Humus sein

Wir gelangen nun zum Ende des Seminars »Von ganz unten«. Nach dem »Erde sein«, eingeleitet durch die Aktion »Metanoia«, und dem »Kompost sein«, eingeleitet durch die Aktion »Gabe«, folgt als letzte Phase »einander Humus sein«.

Durch die gemeinsamen Erkundungen ist viel Nähe und Vertrautheit in der Gruppe entstanden – etwas, dessen Qualität der des Humus ähnelt. Wie lässt sich diese kostbare Ressource nun noch einmal so anzapfen, dass alle angereichert damit nach Hause gehen? Ein Weg, das zu ermöglichen, ist: Du lädst die Mitwirkenden zu einer abschließenden Runde über die Frage ein: »Wie könnte sich das, was im Seminar erlebt und erarbeitet wurde, auf die eigene Arbeitspraxis auswirken?«

Wohlgemerkt geht es hier nicht um Beschlüsse oder Vorsätze. Die Einladung ist vielmehr, sich jetzt, wo alles noch ganz frisch ist, ein wenig Zeit zu nehmen, um sich vorzustellen: Was könnte möglicherweise aus den Impulsen dieses Seminars auf dem eigenen Feld entstehen?

Wichtig ist auch hier wieder, Zeit zu haben, um sich zunächst allein mit dieser Frage zu beschäftigen.

S.S. Das ist ähnlich wie im Erdforum und hat einen ähnlichen Zweck. Es bringt nicht nur alle Mitwirkenden zurück in die Gegenwart, sondern ermöglicht ihnen, die Verbindungen zwischen dem, was sie während des Prozesses – hier dem Seminar – erlebt haben, und ihrem täglichen Leben auszukosten und zu reflektieren.

H.K. Anschließend sind alle eingeladen, etwas von dem, was sich jetzt zeigt, in der gemeinsamen Runde mitzuteilen. Dieses abschließende Forum hat nun noch einmal einen besonderen Charakter: Zum einen praktizieren die Mitwirkenden ein weiteres Mal ganz bewusst das aktive Zuhören. Und darüber hinaus versuchen sie jetzt, der jeweils mitteilenden Person ein Feedback zu geben, das in irgendeiner Weise deren Gedanken, Ideen, Fragen, Bilder und Intentionen nährt. Die innere Haltung dabei ist: Kann ich diesem Menschen etwas mitgeben, was ihn bei seiner weiteren Arbeit stärkt? Nicht etwa, indem ich einfach nur sage, wie toll er ist. Sondern indem ich ihn wissen lasse, welche Bilder und Möglichkeiten ich in dem, was er – oder sie – soeben mitgeteilt hat, höre oder sehe.

S.S. So dass die betreffende Person ihre Samen wachsen sieht – und sieht, wie diese aussehen könnten ...

H.K. Ja. Und dabei ist es gut, keine Ratschläge zu geben, falls nicht ausdrücklich gewünscht. Im Deutschen sagt man: Ein Ratschlag kann auch ein Schlag sein.

S.S. Was für eine wunderbare Redewendung!

H.K. Ratschläge führen ganz schnell in Distanz und in überkommene Koordinaten zurück. Ist es möglich, der mitteilenden Person stattdessen etwas von der Werdekraft in ihr zu spiegeln und einander so noch einmal etwas Nährendes mitzugeben? An der Stelle würde wieder das Bild des Honigs passen, den wir gemeinsam hervorbringen und von dem jeder dann sein Töpfchen mit nach Hause nehmen kann. Es ist dieselbe Grundidee, aber mit dem Bild »einander Humus sein«. So endet das Seminar.

S.S. Das bietet auch Gelegenheit zu erleben, wie die Wahrnehmung eines anderen, dessen Resonanz einem Samen, den ich in mir trage, helfen kann zu wachsen, sich zu entfalten. Das ist in der Tat nicht dasselbe wie ein Rat.

H.K. An dieser Stelle zeigt sich auch, wie dankbar wir im Grunde sind, wenn sich eine Gelegenheit bietet, etwas zu schenken. Die Idee, einander Humus zu sein, spricht unmittelbar an. Es macht Freude, großzügig zu sein und zu geben. Aber wie selten bietet sich in unserer Gesellschaft – einschließlich dem Bildungswesen! – Gelegenheit dazu.

S.S. Normalerweise und besonders in den Institutionen werden wir gegeneinander positioniert, was uns unsere Großzügigkeit raubt und all jene Eigenschaften aktiviert, die uns veranlassen, nicht zu schenken, in Abwehrhaltung zu gehen.

H.K. Auf der Global Soil Week tat einer der Mitwirkenden, ein Fotograf aus Frankreich, am Ende des Seminars sein Erstaunen darüber kund, zu wie viel neuem Wissen und zu welch wichtigen Einsichten wir durch eine so offene, warme Art des Arbeitens gelangt waren. Bislang habe er gedacht, offen und vertrauensvoll zu sein, sei eine Sache, aber um Wissen und Erkenntnis zu erwerben, müsse man anders vorgehen ...

S.S. ... schärfer. Wobei die Arbeitsweise in einem solchen Seminar ja durchaus scharf ist – aber im Sinn von »fokussiert«. Um zu Kohärenz, Klarheit und Erkenntnis zu finden, braucht es nicht unbedingt informative Inputs und jene Analyse, die durch abstrakte Logik vom Erfahren abschneidet. Analyse gibt es hier durchaus. Doch trennt diese Art phänomenologische »Analyse« nicht von verkörperter Wirklichkeit ab.

5 EIN BEWUSSTHEITSFELD SCHAFFEN

Der Begriff »Bewusstheitsfeld« entstammt der University of the Trees, von der bereits in der Einführung und in Zusammenhang mit dem Erdforum die Rede war. In dieser mobilen Universität können alle, unabhängig von Alter und Status, Lernende und Lehrende sein. Aber auch anders-als-menschliche Wesen sind hier Lehrer. Zugleich umschreibt »ein Bewusstheitsfeld schaffen« das Terrain der gesamten ästhetischen Praxis, wie die vorangehenden Erkundungen sie aus verschiedenen Richtungen und in verschiedenen Kontexten untersucht haben. Daher widmet sich dieses Schlusskapitel zunächst der University of the Trees als einer weiteren Verkörperung ästhetischer – im Sinn von verlebendigender – Praxis. Zu den zentralen Fragen zählen: Was ist ein »Bewusstheitsfeld«? Wie wird es möglich, im Blick auf den Großen Wandel mit anders-als-menschlichen Wesen zusammenzuarbeiten? Wie lässt sich Arbeit neu denken? Und wie das Denken neu denken? Von da aus betrachten wir in einem nächsten und abschließenden Schritt, in welchen Beziehungen der hier entfaltete Ansatz zu anderen transformativen Ansätzen steht – zur Permakultur, zur Commons-Bewegung, zur Transition-Town-Bewegung oder auch zum Leitbild einer Kultur der Nachhaltigkeit, die jetzt neu als Kultur der Lebendigkeit erschlossen werden kann.

Zur Substanzialität des Denkens

H.K. Auf der Entdeckungsreise dieses Buchs hat sich die Idee des »Felds« als in vielerlei Hinsicht zentral erwiesen. Wie überhaupt der Feldbegriff seit dem Aufkommen der Quantenphysik zunehmend von der Naturwissenschaft in den Mittelpunkt gesellschaftlicher Fragestellungen gerückt ist. Unser Zugang dazu kristallisiert, so ließe sich vielleicht sagen, in dem Begriff »Bewusstheitsfeld« – und mehr noch in der verbalen Variante »ein Bewusstheitsfeld schaffen«. Hast du diesen Begriff geprägt, Shelley?

S.S. 2006 arbeitete ich im Südwesten Englands, wo man mich eingeladen hatte, einen Soziale-Plastik-Prozess in Zusammenhang mit Wald zu entwickeln. Dabei griffen wir eine Kernidee aus einer früheren Version der University of the Trees[81] auf: dass sich eine solche alternative, mobile Universität nicht nur der Umwelt »draußen«, sondern unserer Beziehung zur Umwelt widmen sollte, was wiederum bedeutet, sich dieser Beziehung bewusst zu werden. Und so beschrieben wir die ersten Schritte für das Entstehen einer University-of-the-Trees-Gruppe als »ein Bewusstheitsfeld schaffen«. Es schien wichtig zu betonen, dass wir alle im Feld sind, auch die anders-als-menschlichen Wesen, wie etwa die Bäume.

Das entspricht jenem elementaren Grundsatz, der den Studierenden an der Oxford Brookes University zu Beginn des Master-Studiengangs Soziale Plastik vermittelt wird: »Soziale Plastik ist ein Feld des Wandels. Es gibt nur ein Feld des Wandels, und niemand befindet sich außerhalb.« Das Bild des Felds ist also wirklich zentral für die gesamte Sphäre der Sozialen Plastik, wobei es darauf ankommt, dessen Bedeutung voll zu erschließen und zu erfahren.[82] Und, ja, generell gewinnt, wie du sagst, der Begriff des Felds seit geraumer Zeit in vielen Bereichen zunehmend an Bedeutung.

Bereits Mitte des 19. Jahrhunderts entwickelte der Physiker James Clerk Maxwell eine »Feldtheorie«, in der manches von Einsteins Idee eines »einheitlichen Felds« angelegt war: einen wissenschaftlichen Ansatz, der nahelegte, dass alle Dinge und Ereignisse als wechselseitig miteinander verbunden und voneinander abhängig verstanden werden könnten, wobei sich auch auf eine zugrundeliegende Einheit schließen ließ. Um diese Einheit, aus der die Vielfalt sich manifestiert, wahrzunehmen, braucht es jedoch, wie nicht zuletzt die Erkundungen in diesem Buch zeigen, neue Sinne und neue Wahrnehmungsorgane.

Besonders intensiv haben wir uns im dritten Kapitel in Zusammenhang mit Konferenzen mit der Idee des Felds beschäftigt. Dabei ist die Substanzialität der Beziehungen selbst zutage getreten; dass es in Wirklichkeit gar keine voneinander getrennten Dinge gibt. Es gibt nur »das Feld« mit unterschiedlichen Graden von Schwingungen und von Intention, wobei man sagen könnte, jedes Wesen oder jede Seele ist eine bestimmte Intention. Wir haben erkundet, auf welche Weise Praktiken wie das »aktive Sehen« ermöglichen, etwas davon wahrzunehmen.

An diese verschiedenen Schwingungsgrade und ihre Intentionen hat mich als Erster mein Philosophielehrer Swami Nisreyasananda …

H.K. … unseren Lesern inzwischen kein Unbekannter mehr …

S.S. ... herangeführt. Wir studierten Teile der Upanischaden und andere alte Texte in Verbindung mit damals zeitgenössischen Kommentaren, so etwa Valmikis »Yoga Vasistha« mit einem Kommentar des Wissenschaftlers und Nobelpreisträgers Sir James Jeans, der auf unmittelbare Bezüge zur Quantenphysik verwies.[83] Später dann stieß ich auf die Arbeit David Bohms, namentlich sein Buch »Thought as a System«, worin er dem Begriff eines *thought pool* nachgeht. Bereiche der Wissenschaft zu entdecken, die Schnittstellen zwischen Materiellem und Immateriellem erforschen, bestätigte meine Intuition. Was mich besonders interessierte, war, Arenen zu schaffen, in denen Menschen erleben können, dass das, was wir für immateriell und nichtphysisch halten, auf der Schwingungsebene ebenfalls wirklich, auch im Sinn von erfahrbar ist. So entstanden ab den frühen siebziger Jahren mehrere Arbeiten, die auf verschiedene Weisen an die Natur des Denkens heranführten.[84] Die »Thought Banks«, entwickelt für das Edinburgh Festival 1994, beinhalteten einen Prozess, in dem jeder Einzelne an der Schnittstelle von Wasser und Denken, von Materiellem und Immateriellem, Erfahrungen sammeln konnte. Mit Wasser von einer zentralen städtischen Versorgungsstelle – Wasser, das an allem beteiligt war und die gesamte Geschichte des Orts trug – schuf ich eine unterirdische Arena, ein »Denklabor«. Ich wollte die Substanzialität des Denkens erkunden und zeigen: Nur weil du das Denken nicht sehen und nicht mit ihm zusammenprallen kannst, heißt das nicht, dass es nicht existiert – dass es nur ein inneres, folgenlos subjektives Geschehen ist, weniger wirklich als andere Formen des Handelns. Und ich wollte zeigen, wie Wasser alle Schwingungsmuster einschließlich denen des Denkens trägt.[85]

Im Blick auf die Thought Banks fragten einige Leute, ob das Denklabor, in dem ein Zugang zu Gedanken geschaffen wurde, in dem diese verwandelt und in dem neue Gedanken in den Äther gesandt wurden, wörtlich zu verstehen oder nur eine Metapher sei. Die Polarisierung zwischen wörtlich und fiktional, zwischen wirklich und nichtwirklich erscheint mir hier nicht sehr hilfreich zu sein. Die Schnittstelle ist weitaus interessanter: zu erfahren, wie Materie verdichtete Idee ist und dass das »Poetische« oder »Imaginative« sowohl der Körper der Idee als auch unser Zugang zu ihr ist. Jedes Gebäude, jede Straße, jede Schule, jedes Atomkraftwerk, jedes Wirtschaftssystem, jede Beziehung oder was auch immer ist manifestes Denken. Wenn wir die Verbindung zwischen der unsichtbaren Sphäre der Gedanken und Haltungen und deren sichtbaren Manifestationen – der Art, wie wir auf diesem Planeten leben – wirklich sehen können, verstehen wir vielleicht, was sein könnte und wo die Ursachen unnötigen Leidens liegen. Das ist die Universität, die es überall gibt – was uns zur University of the Trees bringt.

Älter als alle anderen Universitäten: die University of the Trees

H.K. Eine Beschreibung ihres Ansatzes und ihrer Entwicklung findet sich auf der Website der University of the Trees. Könntest du hier nur kurz etwas zu ihrem aktuellen Stand sagen?

S.S. Nach einer sehr langen Such- und Erkundungsphase[86] hat die University of the Trees nun zu einer ziemlich einfachen Form gefunden. Sie entwickelt Praktiken, Prozesse und Arenen für einen Austausch über Kernfragen und Prinzipien des Gestaltens einer zukunftsfähigen Welt. Zu diesen Fragen zählen: Was ist Wissen? Wie wissen wir? Oder auch: Was sollten wir lernen, und wie sollten wir leben, um eine solche Zukunft mitzugestalten? Die University of the Trees wird als eine Mitglieder-Organisation arbeiten, die überall in der Welt Gruppen, ob große oder kleine, befähigt, Zugang zu den eigenen Ressourcen zu finden, und zu deren weiterer Entwicklung beiträgt. Hierfür planen wir alljährliche Schulungen auf verschiedenen Kontinenten. Denn obgleich jeder auch ohne formale Bildung an der University of the Trees teilnehmen kann, braucht es, wenn sie vor Ort ihre Tätigkeit aufnimmt, doch am Anfang eine persönliche Einführung. Die temporären Schulungen der University of the Trees werden auf den verschiedenen Kontinenten stattfinden, so dass die Leute dafür nicht fliegen und keine hohen Kosten eingehen müssen. Auch werden sich daraus landes- und kontinentweite Netzwerke bilden.

Wenn irgendwo auf der Welt eine University of the Trees ihre Arbeit aufnimmt, zählt es zu den ersten Aufgaben, das »Bewusstheitsfeld«, das Feld, auf dem sie tätig ist, sichtbar zu machen. Als sehr große Pflanzenwesen sind Bäume hierzu prädestiniert. Die Arbeit in der University of the Trees beginnt, indem eine Gruppe von Menschen an einem Baum – oder an mehreren Bäumen – ein schmales Band mit dem Aufdruck »University of the Trees« anbringt. Manchmal scheint es, als seien die Bäume regelrecht erfreut, das Band, durch das jenes Bewusstheitsfeld sich manifestiert, zu tragen. Mit den Bändern um den Stamm machen sie diese Universität, die älter als alle anderen Universitäten ist und die überall auf dem Planeten existiert und nur angerufen zu werden braucht, erkennbar!

H.K. Was, wenn es vor Ort keine Bäume gibt?

S.S. Auch das zu beantworten ist jetzt, anders als zu Beginn, einfacher geworden. Zunächst einmal gilt es zu verstehen, dass diese mobile Universität der »Bäume« auch eine Universität der Bienen, der Meere und der Straßen ist! Obgleich die »Bäume« in der University of the Trees keine Metapher sind, vertreten sie die gesamte »mehr-als-menschliche Welt«, um den Begriff von David Abram, der das so gut versteht, aufzunehmen. Sie sind wichtige Vermittler, schon allein deshalb, weil

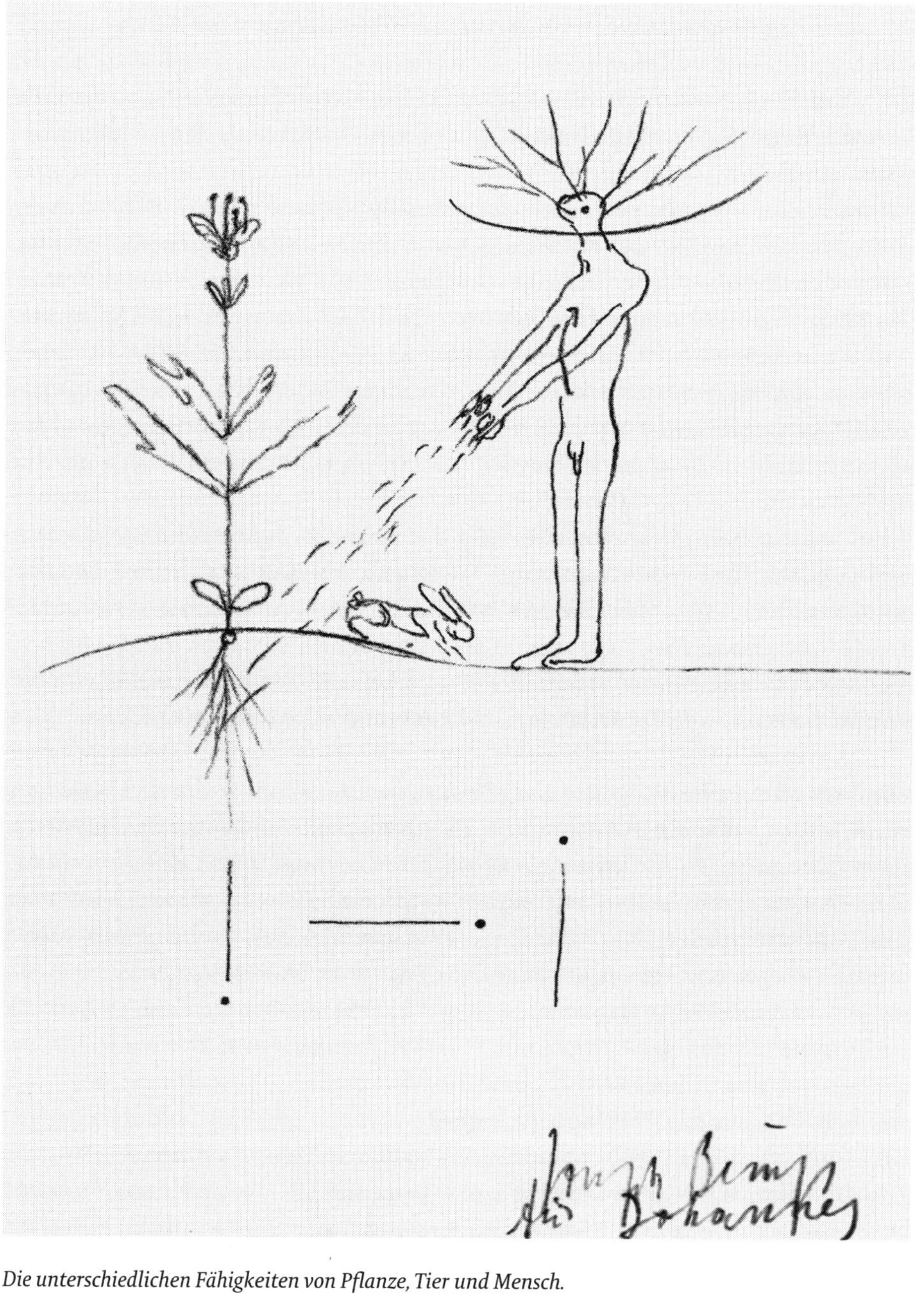

Die unterschiedlichen Fähigkeiten von Pflanze, Tier und Mensch.

12 *Joseph Beuys, Bleistiftzeichnung für Johannes Stüttgen, 1977.*

sie, ebenso wie wir, aufrecht stehen. Sie stellen ein mehr-als-menschliches Gegenüber für uns dar und winken uns gleichsam heran, indem sie, mit den Bändern der University of the Trees versehen, Orte schaffen, wo wir der Welt und uns selbst auf Weisen begegnen, die beispielsweise im Fall von Plankton weniger sichtbar verkörpert sind. Aber die University of the Trees wird ebensogut auch an Orten ohne Bäume arbeiten können. Wenn es keine physischen Bäume gibt, wird der Archetyp des Baums, der Pflanze – dieses Wesens mit in die Erde oder in den Meeresgrund reichenden Wurzeln und zum Licht gereckten Armen – aktiviert. Die University of the Trees existiert überall auf dem Planeten, wo Menschen bereit sind, zur Besinnung zu kommen und sich ihrer Beziehung zu allen anderen Wesen in der Welt bewusst zu werden. Was auch, indem man eines der Bänder auf die Erde legt oder an einem Pfosten anbringt, gewürdigt werden kann. In versteppten Regionen wird das Bild des Baums die zusätzliche Dimension haben, an das zu erinnern, was vielleicht verlorenging.

Der Archetyp der Pflanze ist deshalb so wichtig, weil dieser lebendige grüne Mantel es den Strahlen der Sonne ermöglicht, in die dichte Erdmaterie einzudringen. Ohne den grünen Vegetationsmantel trifft die Sonne direkt auf die mineralische Schicht, wobei kein lebendiger Austausch stattfinden kann. Außerdem lädt der Baum- oder Pflanzenarchetyp an jedem Ort dazu ein, die Gemeinsamkeiten und Unterschiede zwischen einem Menschen und einer Pflanze zu erkunden. Es gibt eine wunderbare Zeichnung von Beuys, die den Menschen und eine Pflanze als umgekehrte Spiegelbilder zeigt!

H.K. Aus dem, was du geschildert hast, ist mir die Verbindung von »Universität« und »Universum« vor Augen getreten. Liegt darin nicht ein Hinweis auf die eigentliche Aufgabe von Universität, nämlich Wissen und Wissensformen zu erforschen und zu vermitteln, die mit den Prinzipien des lebendigen Universums korrespondieren? Interessanterweise nannten Albert Einstein und Werner Heisenberg das »einheitliche« Feld auch das »universelle« Feld. Wir haben also das universelle Feld, Universität und Universum.

S.S. Das entspricht dem, was die Poetin und Geisteswissenschaftlerin Kathleen Raine über die derzeitigen Universitäten sagte: Weil deren Ziele und Wissensformen nicht integrativ seien, solle man sie besser »Diversitäten« nennen.

In der Tat bewerkstelligt das scheinbar so einfache Anbringen der Bänder genau diese elementare Verbindung. Einen Baum mit einem solchen Band zu sehen ist ungemein stark. Es führt zu der Erkenntnis, dass wir da sind, aber auch, dass wir nicht allein sind! Wir sind auf einem Planeten mit anderen lebenden Wesen, oder, anders gesagt, an einem Ort, wo wir zu Besinnung kommen können.

Indem die Bänder helfen, diese Universität sichtbar zu machen, werden sie zu einer Art Erweiterung unserer Sinnesorgane. Sie werden ein neuer Sinn, der uns hilft, die große, planetarische Universität, die normalerweise unerkannt bleibt, wahrzunehmen. Die Bänder ermöglichen es, etwas anzurufen, das immer da ist, hätten wir nur die Organe, es wahrzunehmen.

Die Tore der Wahrnehmung[87] zu öffnen und zu Besinnung zu kommen ist, wie wenn man erkennt: Ja, ich bin hier. Und ich akzeptiere, dass ich hier bin. Ich sehe auch, dass ich die einzige Kreatur bin, die die Welt wirklich übel zurichtet, und dass mein Hiersein eine Menge schwierige Themen und Fragen aufwirft. Alle anderen Wesen wissen, wie es geht, das zu sein, was sie sind. Ein Baum weiß, wie es geht, ein Baum zu sein. Ein Elefant weiß, wie es geht, ein Elefant zu sein. Aber die Fähigkeiten, die wir als Menschen brauchen, entfalten sich nicht einfach so. Ich bin nicht mit einem Gewissen geboren, obwohl ich das Potenzial habe, ein Gewissen zu entwickeln. Und das macht wirklich Hoffnung! Es bedeutet, dass wir – anders als alle übrigen Wesen – erst am Anfang unserer Entwicklung sind!

Anzuerkennen und zu erfahren, dass ich auf einem Planeten bin, zusammen mit anderen Wesen und mit bislang nicht entwickelten Fähigkeiten, ist eine Art Engagement. Es ist wie eine Heirat. Aber ohne Schwur, den man eines Tages vielleicht brechen möchte. Oder es ist wie eine Umarmung – eine Umarmung eines anderen Wesens, das die ganze Zeit über da gewesen ist, das dasteht und darauf wartet, dass die Menschen zu Bewusstheit gelangen und erkennen, dass dies die Universität und das universelle Feld ist. Sobald wir diese Erkenntnis wirklich zulassen, stellt sich die Frage: Wie werden wir darin leben und arbeiten? Ja, das ist der Beginn einer Beziehung, einer bewusst eingegangenen Beziehung – deshalb fühlt es sich wie eine Heirat an. Die Bänder sind unser Ehering mit den Bäumen, mit der Welt.

H.K. Du sagst, die Bänder seien wie ein Ehering oder vielleicht eher wie eine Umarmung. Darin liegen ja zwei sehr verschiedene Gesten. Im Metall des Eherings manifestiert sich Verbindlichkeit. Und auch etwas von der Härte, die entstehen kann, wenn wir einen Schwur wie zum Beispiel ein Eheversprechen ablegen. Das Umarmen hingegen ist eine Geste der Wärme, der Intimität. Aber in der University of the Trees geht es ja gar nicht um dieses …

S.S. … Umarmen physischer Bäume.

H.K. Die Botschaft ist hier nicht, wir sind alle gleich, wir sind alle Lebewesen …

S.S. … und damit ist alles gut. Aus einer solchen Sicht gibt es kaum mehr zu tun, als sich mit den Energien der Welt zu verbinden. Weshalb *tree huggers* auch so viel Skepsis entgegengebracht wird.

H.K. Auch ich bin da skeptisch …

S.S. … weil ich, wenn ich mich selbst verliere, nicht wirklich einem anderen, dem Baum, näherkommen kann.

H.K. Ich versuche gerade zu sehen, inwiefern das Arbeiten mit dem Band eine andere Qualität hat. Du vergleichst es mit einer Eheschließung und hast erklärt, warum. Wenn wir beim Bild der Ehe bleiben wollen: Hier handelt es sich wohl um eine Qualität von Vereinigung, die alte Weisheitskulturen *unio mystica* nannten – ein für uns heute schwieriger Begriff, weil er ganz ins Mystische abzuheben scheint. Doch gemeint ist damit, denke ich, eine Verbindung in der gesteigerten Sphäre unserer selbst – in der Sphäre unserer Potenzialität. Wo wir uns in dem verbinden, was seit dem ersten Atemzug als verborgener Kern in uns liegt, während wir zugleich unser Leben lang auf dem Weg dazu sind. Eine solche Verbindung ist das Gegenteil aller bloß lustvollen Selbstaufgabe oder auch eines ozeanischen Sichauflösens. Das wird anschaulich darin, wo am Stamm eines Baums die Bänder der University of the Trees angebracht sind: Sie befinden sich nicht etwa auf der Höhe unseres Rumpfs, sondern über unseren Köpfen. Sie werden so hoch oben befestigt, wie es gerade noch mit ausgestreckten Armen geht. Du hast ja auch gerade wieder betont, dass die Bäume wissen, wie es geht, ein Baum zu sein, während wir Menschen noch gar nicht wirklich wissen, was es heißt, ein Mensch zu sein. Einen Baum auf diese Weise auszuzeichnen zeugt von der Bereitschaft, ihm in der Dimension unseres zukünftigen, möglichen Seins, unseres Werdens, begegnen zu wollen. Hier wird etwas Unsichtbares ergriffen.

S.S. Genau.

H.K. Nämlich die Willenskraft und unser Potenzial, uns in Entwicklung zu bringen; Eigenschaften und Fähigkeiten aus uns heraus zu bilden, die erst rudimentär existieren, aber jetzt dringend gebraucht werden. Um zu einem neuartigen bewussten Miteinander zu gelangen, das eines fernen Tags vielleicht die ganze Erde umfassen könnte, aber von uns Menschen initiiert werden will – nur von uns initiiert werden kann. Da steckt also auch ein Arbeitsauftrag drin.

S.S. Das trifft die Sache gut. In einer solchen Vereinigung wird uns etwas abverlangt. Wobei es wichtig ist, dass wir dabei frei sind und bleiben. Die Verbindung kommt zustande, indem Individualität in jedem Lebewesen gewürdigt und anerkannt wird. Hier ist eine Wertschätzung und Anerkennung von Differenz die Grundlage dafür, dass die Potenzialität jedes Wesens sich entfalten, koexistieren und sich vereinigen kann. Das ist eine Hochzeit im tiefen, eigentlichen Sinn, bei der es nichts braucht, um sie zu verbindlich zu machen. Thich Nhat Hahn spricht von »*interbeing*«, das uns Eins und auch wieder nicht Eins werden lässt. Ja, diese sichtbare Verbindung, die du so schön beschrieben hast, ist kein Kollabieren ineinander …

H.K. … und kein Regredieren …
S.S. … sondern ein Für-und-bei-sich-Bleiben, das ein Sich-Vereinigen durch Verstehen ermöglicht. Das Anbringen des Bands an dem Baum hilft zu erkennen, dass der Baum er selbst ist. In diesem bewussten Abstand liegt der Unterschied zum Umarmen eines Baumes. Ein Band an einem Baum anzubringen bringt Respekt für den Baum und für mich selbst zum Ausdruck; für die anders-als-menschlichen Wesen und für uns Menschen: eine Anerkenntnis, dass wir gemeinsam in einem Feld sind. Wir erklären uns bereit, dem Baum und allen anders-als-menschlichen Wesen, die er repräsentiert, zu begegnen. Es ist eine aktive Annäherung durch eine gewisse Distanzierung. Ich gebe zu, jemand zu sein, der gerne sehr nahe an Bäumen steht und auch meine Arme um sie legt. Aber das allein ist nicht die Vereinigung, Bewusstwerdung und Haltung, die wir brauchen, um die ökologische Krise zu überwinden und um zu neuen Lebensweisen zu gelangen.

Anders-als-menschliche Mitarbeiter

H.K. Du hast gerade eine weitere Kernidee der University of the Trees genannt: Die ökologische Krise ist eine Gelegenheit, Bewusstheit zu entwickeln.

Von hier noch einmal zurück zum Arbeitsbegriff. Es scheint, als sei dieses Bewusstwerden zu einer elementaren Arbeit geworden, die jetzt überall in der Welt geleistet werden will. Sich auf dem Bewusstheitsfeld zu bewegen beinhaltet also auch, Arbeit neu zu denken – wobei nicht mehr das Produzieren marktfähiger Güter und Dienstleistungen, sondern das Schaffen von Sinn sich zunehmend als eine primäre Form gesellschaftlich relevanter Arbeit abzeichnet. Ein solches Verständnis von Arbeit zu erforschen und zu praktizieren, gehört mit zu den Aufgaben der University of the Trees.

Doch tut sie das ja keineswegs allein. Auch Ansätze wie die Initiative für ein bedingungsloses Grundeinkommen,[88] die Commons- oder die Permakultur-Bewegung zielen nicht mehr darauf, das überkommene, zunehmend dysfunktionale Koordinatensystem zu reparieren. Stattdessen nehmen sie den großen Paradigmenwechsel, den es so dringend braucht, vorweg, während der marktfundamentalistische Mainstream ihn nach wie vor für unmöglich hält. Ich wäre sehr dafür, in unserem Gespräch auch nach Verbindungen und möglichen Synergien mit solchen Ansätzen Ausschau zu halten.
S.S. Gerne. Aber zuvor sollten wir, denke ich, noch einen Moment bei der Notwendigkeit bleiben, Arbeit neu zu denken. Das ist für sich selbst genommen wichtig, aber auch, weil es bedeutet, unsere Denkweise zu überdenken. »Arbeit« ist ja

zutiefst mit zerstörerischen Vorstellungen von Fortschritt und Entwicklung – sowohl persönlich wie global – und mit überholten Vorstellungen von Wachstum verwoben; was alles zentrale Fragen für eine Universität sind, die sich damit befasst, wie wir auf dem Planeten leben. Vor langer Zeit, als ich in Südafrika arbeitete,[89] entdeckte ich, wie nützlich es ist, die Trennung von Arbeit und Vergnügen, Arbeit und Freizeit sowie die Wurzeln und Auswirkung dieser Trennung zu erkunden. Nützlich ist dies besonders dann, wenn der Arbeitsbegriff nicht mehr synonym mit gewissen Arten von Produktivität bleiben soll.

Das Bewusstheitsfeld der University of the Trees ist ein Versuch, Wege zu finden, das Denken als einen transformativen Prozess zu erfahren, als eine Wirklichkeit, die nicht vom Handeln getrennt ist ...

H.K. ... als eine Produktivkraft ...

S.S. ... ja, als eine Produktivkraft, die erhebliche Auswirkungen hat. Wir hören auf, innere und äußere Welten voneinander zu trennen. Und in diesem vereinigten Bewusstheitsfeld tun wir unsere menschliche Arbeit.

H.K. Unsere vielleicht primäre menschliche Arbeit, was zugleich ein lebenslanger Prozess ist im Sinn des »fein gebildet«, das im lateinischen »humanus« steckt: das fortwährende Verfeinern der »humana« – der Kraft des Denkens, der Vorstellungskraft, der Willenskraft, des Einfühlungsvermögens, wie dieses Buch sie beschreibt und wie sie in der University of the Trees stattfindet.

Die öffnende Qualität, die gerade das Bild des Felds hierbei hat, zeigt sich auch in einer Praxis, die neulich bei einem »Von ganz unten«-Seminar in Österreich stattfand. Dabei schlossen wir zu Beginn des zentralen Seminartags für einen Moment die Augen und stellten uns vor, wie jedes Feld draußen aus einem sichtbaren und einem unsichtbaren Teil besteht. Was wir auf einem Feld berühren, seine Oberfläche, trennt beide Sphären und verbindet sie zugleich. Sie bewirkt, was unsere Haut für den Körper tut. Und so wie das, was auf einem Feld geschieht, was dort wächst oder auch nicht wächst, von dem abhängt, was unter der Oberfläche vorliegt und stattfindet, ist es mit uns. Wenn ich mir mich selbst als einen Acker draußen in der Landschaft vorstelle, fällt es – mit etwas Zeit und Ruhe – nicht schwer, sich vor dem inneren Auge zu vergegenwärtigen, welche Eigenschaften es unter der Oberfläche des Felds, das ich bin, braucht, damit oben, in der von außen wahrnehmbaren Sphäre, Fruchtbarkeit und ein gedeihliches Wachsen möglich werden.

Die Anregung für diese Praxis verdanke ich dem »Feldgang«, den Otto Scharmer, wie er in »Theorie U« beschreibt, früher auf dem elterlichen Bauernhof bei Hamburg an Sonntagen mit der Familie unternahm. Die eingehende Auseinandersetzung mit der Beschaffenheit des Ackerbodens während jener Feldgänge weckte

Scharmers Aufmerksamkeit für die unsichtbare Schicht des sozialen Felds. So entdeckte er die »innere Verfassung« als archimedischen Punkt – als Bedingung der Möglichkeit – sozialen Wandels.[90] Und obwohl das Presencing, mit dem er arbeitet, eine »Technik« für sozialen Wandel genannt wird, ist es keine Technik im äußeren Sinn, sondern setzt – ähnlich wie die Idee der Sozialen Plastik – an der inneren Verfassung als Quellort all dessen an, was wir in die Welt bringen.

Tatsächlich lässt sich durch die kleine, so einfache Praxis, in der Vorstellung selbst ein Acker zu sein, etwas von der Wirklichkeit des Bewusstheitsfelds wahrnehmen. Und es lässt sich unmittelbar spüren, wie entscheidend das Maß und die Qualität unserer inneren Aktivität ist, damit die Welt, die vielerorts so ausgelaugt und ausgezehrt ist, zu neuer Lebendigkeit finden kann.

S.S. Auch mir kommt, wenn ich an »Feld« denke, oft als Erstes ein brauner Ort in den Sinn, aus dem etwas wachsen wird: das Bild eines physischen Felds. Obwohl nicht physisch, kein Ding, ist das Bewusstheitsfeld in vielerlei Hinsicht ebenfalls sehr wirklich und greifbar. Und auch ein Acker ist kein Ding. Er ist ein Möglichkeitsraum – eine Arena, wo Wachsen und Wandel stattfinden, wo etwas entstehen kann. Auf beiden, dem Acker und dem Bewusstheitsfeld, geschieht Substanzielles.

Interessanterweise hat sich mir in den letzten Jahren, besonders seit ich mich mit der University of the Trees beschäftige, mehrfach gezeigt, dass es bei der Arbeit auf dem Bewusstheitsfeld trotz all des Gifts und der Zerstörung gewaltige Kräfte gibt, mit denen wir kooperieren können. Kooperieren, um zu heilen. Wir haben tatsächlich Mitarbeiter – wie etwa die Bäume, die dastehen und darauf warten, dass wir wachwerden, oder die Berge, die wartend daliegen, oder die immense Lebenskraft strömender Flüsse und tiefer Seen. Aber sie bleiben unsichtbar, solange wir nicht bewusst sind – worauf das vorstehende Kapitel in Zusammenhang mit »Von ganz unten« eingeht. Einmal habe ich diese gigantischen Kräfte auf dem Hudson River erlebt. Sie einfach als Naturkräfte zu beschreiben missachtet etwas von ihrer Lebendigkeit und ihrer Resonanzfähigkeit. Das sind gewaltige Wesen, die darauf warten, mit uns zusammenzuwirken. Aber sie können nur mit uns zusammenarbeiten, wenn wir humaner werden, wie du es beschreibst; uns aus Betäubungen, aus Grobem und Schwerfälligem herausarbeiten, uns immer feiner – im Sinn von bewusster – durchbilden.

Permakultur: Garten, wer bist du?

H.K. Von hier aus können wir uns vielleicht der Frage zuwenden, in welchen Beziehungen die ästhetische Praxis, wie wir sie in diesem Buch entfalten, zu anderen transformativen Ansätzen steht: etwas zur Permakultur, die bemerkenswerterweise bereits wenige Jahrzehnte nach ihrem Entstehen zum UNESCO-Weltkulturerbe zählt. Denn auch sie geht vom Paradigma primärer Lebendigkeit aus und entwickelt Methoden, um über die Landwirtschaft und den Gartenbau hinaus in allen gesellschaftlichen Sphären Lebendigkeit und Zukunftsfähigkeit zu erkennen und zu kultivieren.[91]

Ihre Nähe zur hier beschriebenen ästhetischen Praxis sehe ich insbesondere darin, wie sie Prinzipien einer phänomenologischen Analyse mit Prinzipien eines lebensfördernden Gestaltens verbindet. Wenn du in einem Garten, einer Schule oder in einem Unternehmen permakulturell arbeitest, lautet, wie ich unlängst in einem Workshop dazu erfahren habe, die Ausgangsfrage: Garten, wer bist du? Schule, wer bist du? Unternehmen, wer bist du?

Das entspricht der phänomenologischen Methodik beispielsweise des Seminars »Von ganz unten«, wo Humus nach seinen Eigenschaften und Verhaltensweisen befragt und ein Apfel in der Frage »Was erfahre ich von dir?« zu einem lebendigen Gegenüber wird. Ein erster Schritt permakulturellen Gestaltens ist mithin, das Wesen dessen, was vorliegt, möglichst gut zu verstehen. Dabei kann der jeweilige »Gegenstand« vom Es zum Du werden, findet das Arbeiten nicht mehr in der objektfixierten Realität, sondern in der prozesshaften, energetischen, relationalen Sphäre der Wirklichkeit statt.

Von hier aus sieht der Permakultur-Akteur seine Aufgabe darin, dem jeweiligen Gegenüber – zum Beispiel einem Unternehmen – zu helfen, zu sich selbst zu finden, wohlweislich ohne es zu überfordern. Permakulturelles Gestalten zielt darauf, mit Hilfe kleiner Interventionen das, was ist, so zu unterstützen, dass es aus den je eigenen Ressourcen und einer möglichst optimalen Vernetzung mit dem jeweiligen Umfeld heraus sein Potenzial verwirklichen kann.

Ein solches Arbeiten mit einem Garten, einem Feld, einer Schule oder einem Unternehmen wird kaum möglich sein, ohne sich dabei selbst in Entwicklung zu bringen: die eigene Wahrnehmung so weit als möglich zu verfeinern und das herauszubilden, was wir mit Goethe »neue Organe der Wahrnehmung« nennen. Hier findet mithin ästhetische Bildung als ein Prozess inneren Verlebendigens statt, um mit lebendigen Systemen auf Augenhöhe zu kommunizieren; ihnen in ihrem Wesen und ihrer Werdekraft zu begegnen und nicht mehr nur in dem, was sie derzeit sind, was bislang aus ihnen gemacht wurde.

S.S. Du hast ein paar sehr wichtige Dinge gesagt. Diese Permakultur-Frage »Garten, wer bist du?« weist in der Tat darauf hin, wie einem jede Situation, jedes System und Problem neues Beziehungswissen vermitteln kann – wenn wir lernen, uns wirklich in das wahrgenommene Wesen oder die wahrgenommene Situation hineinzuversetzen, woraus neue Organe der Wahrnehmung entstehen. Hier kommt jenes erweiterte Verständnis unserer Sinne ins Spiel, das ich im vorliegenden Buch erstmals nach unserem Gang durch tote Zonen angesprochen habe.

Der goetheanischen Wissenschaft, Otto Scharmers U-Theorie,[92] der biodynamischen Landwirtschaft und der Sozialen Plastik liegt gleichermaßen die Auffassung zugrunde, auch die Imagination als ein »Wahrnehmungsorgan« zu sehen.[93] Obgleich die meisten Initiativen für gesellschaftlichen Wandel – einschließlich einiger eher technisch orientierter – ebenfalls der Vorstellungskraft eine vitale Rolle in Transformationsprozessen zuerkennen, gibt es einen bedeutsamen Unterschied zwischen »Imagination als Wahrnehmungsorgan« und Imagination im gewöhnlichen Sinn. Imagination als Wahrnehmungsorgan ist etwas, das wir größtenteils noch entwickeln. Den Ort, wo das stattfindet, haben wir hier in Zusammenhang mit dem Erdforum als »Imaginationsraum« beschrieben. Und ja, aus diesem Entwicklungsprozess entsteht unter anderem ein phänomenologisches Denken.

In dem Maß, in dem wir das Organ der Wahrnehmung, das – wie etwa Empathie und Gewissen – latent in uns vorhanden ist, aus uns herausarbeiten, können wir näher an den jeder Lebensform oder Situation innewohnenden »formenden Kräften« (Paul Klee und Rudolf Steiner) denken und gestalten; lernen wir, anders-als-menschliche Stimmen zu hören, das größere Bild zu sehen, uns in die Welt anderer Wesen, in Situationen so hineinzuversetzen, dass wir deren Bedürfnisse und Beschaffenheit spüren und von da aus Schnittstellen mit unseren Bedürfnissen als Spezies sowie mit den eigenen Bedürfnissen und Werten finden können. So werden wir immer mehr in der Lage sein, uns vom Garten anleiten, uns zeigen zu lassen, was gedeihlich für ihn ist.

H.K. Dieses »Bewusstheitsfeld« ist die eigentliche Arbeitsstätte auch der Permakultur. Vielleicht können die im vorliegenden Buch entfalteten Ideen, Einsichten und ästhetischen Strategien die Praxis von Permakultur-Akteuren auf dem besagten Feld – dem Feld der Felder – nähren.

S.S. Hierbei – und nicht mehr nur im Blick auf die Permakultur – taucht nicht zuletzt die Frage auf, wie ein Mensch lernt oder auch, worin genau der Unterschied zwischen Information und Bewusstheit liegt. Wohl finden sich solche Fragen in den meisten ökologischen und sozialen Initiativen. Doch werden sie selten als etwas Grundlegendes erkundet, das alle Akteure des Wandels miteinander verbindet. Meist konzentrieren wir uns auf gemeinsame Themen und Probleme und betonen das geteilte Ethos »eine andere Welt ist möglich« – was unser Zukunft schaffendes Engagement stärkt! Aber ebenso wichtig ist, sich dem Wie aufmerksamer zu

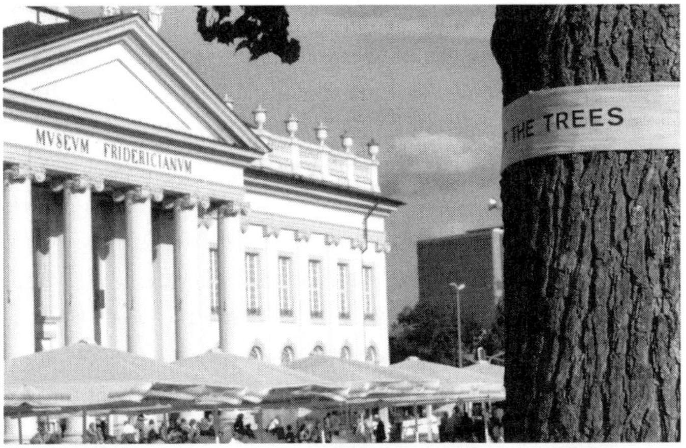

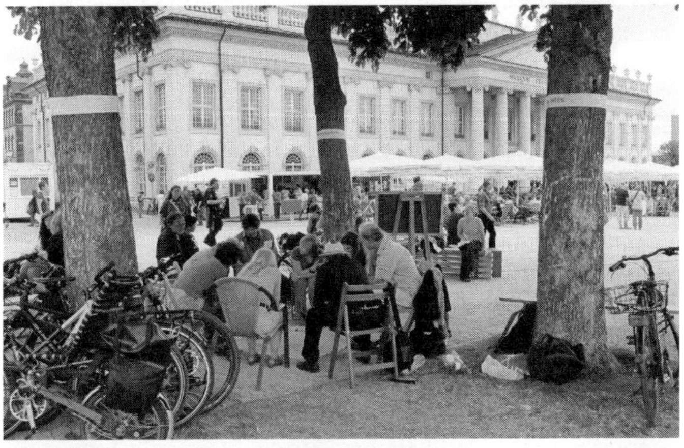

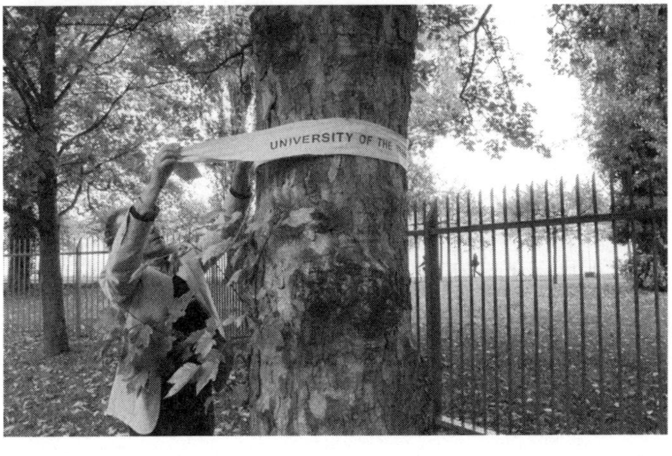

13–15 University of the Trees: University of the Trees-Kassel während der documenta 13, 2012 (13); eines von sechs Erdforen im Rahmen der European Permaculture Convergence in Kassel im August 2012 (14); Wolfgang Zumdick schafft ein Bewusstheitsfeld während einer »Denkwerkstatt« von Bündnis 90/Die Grünen in Bonn im Oktober 2011 (15).

widmen, da die Art, wie wir wahrnehmen und denken, bewusst oder unbewusst all unsere Entscheidungen und Handlungen formt.

Ein anschauliches Beispiel hierfür gab es unlängst in einem Gespräch, das der ehemalige Weltbank-Ökonom Joseph Stieglitz mit einem Vertreter der Regierung Papua-Neuguineas führte. Auf Stieglitz' Frage, welche Finanzmittel es brauche, um der Zerstörung des Regenwalds vor Ort Einhalt zu gebieten, lautete die Antwort: Anstatt den Regenwaldländern Finanzmittel zu geben, um die Umnutzung von Regenwäldern in Produktionsflächen zu beenden, solle man besser das herrschende Verständnis von Arbeit – mit der Anbindung von Arbeit an die Finanzwirtschaft und an Produktion sowie der Anbindung von Produktion an Profit – überdenken. Klüger, als Geld in die Hand zu nehmen, wäre es, wenn alle Beteiligten zusammenkämen, um dieses System, das auf Gewinnmaximierung und grenzenlosem Wachstum beruht, zu überdenken! Ich liebe dieses Beispiel, weil es wirklich die Frage auf den Kopf stellt. Hier wird der Fokus verschoben: weg von Problemlösungen innerhalb bestehender Koordinaten hin zu einem Überdenken unserer Vorstellungen von Wirtschaft, Fortschritt und Arbeit. Die Verbindung zwischen Denken und Handeln und zwischen Wahrnehmen und Denken ist so offensichtlich, dass wir dem oft kaum Aufmerksamkeit widmen!

Die Commons-Idee – ein Bewusstheitsfeld

H.K. Das Wie in bezug auf Fragen der Wahrnehmung führt in die Ästhetik, das Wie in bezug auf das Denken in die Erkenntnistheorie. Beides ist gleichermaßen zentral für die hier dargelegte ästhetische Praxis. Wobei es in der Tat besonders darauf ankommt, diesen radikalen, im Sinn von lateinisch *radix*, »Wurzel«, an die Wurzeln gehenden Ansatz in die Sphäre von Politik und Wirtschaft zu tragen.

Ein sozusagen natürliches Terrain hierfür dürfte die Commons-Bewegung mit ihrem Ansatz eines Wegs zwischen kapitalistischer und staatlicher Aneignung sein. Das Paradigma der Commons – das kooperative Anerkennen und Nutzen von Gemeingütern wie Wasser, Luft, Land, Fischen, Software, Menschenrechten, Wissen – entspringt genau jenem Überdenken unserer Vorstellungen von Wirtschaft, Fortschritt und Arbeit. Anstatt struktureller Konkurrenz beinhaltet die Commons-Idee strukturelle Gemeinschaftlichkeit. Jenseits der Logik des Markts, aber auch jenseits der Idee einer Rundumversorgung durch den Staat – für die überwiegende Mehrzahl der Erdbewohner ohnehin fern jeder Realität – erkunden und schaffen Commoners Formen eines Wirtschaftens, die es den Menschen jeweils vor Ort, ob in Papua-Neuguinea oder irgendwo sonst in der Welt, ermöglichen, auch mit wenig

Geld in der Tasche ihre Bedürfnisse auf eine zukunftsfähige Weise zu befriedigen. Durch Commons wächst also nicht die Wirtschaft, sondern, wie Silke Helfrich, eine Impulsgeberin der Commons-Debatte, hervorhebt, »nur« die Kreativität der Individuen, die Vielgestaltigkeit der Institutionen sowie die Lebendigkeit sozialer Beziehungen.[94]

Aus Sicht der hier erkundeten ästhetischen, verlebendigenden Praxis ist besonders spannend, wie in der Commons-Debatte seit einiger Zeit die Betonung nicht mehr auf Gütern, sondern auf sozialen Prozessen, dem *commoning* liegt. In einem Editorial der Zeitschrift Oya plädierte die Chefredakteurin Lara Mallien unlängst dafür, Commoning mit »Gemeinschaffen« zu übersetzen, weil dies das Schaffen betone – ein Schaffen als »fluider« Prozess ständigen Wandels, der zugleich auf stabilen Prinzipien beruht. Ist das nicht eine treffende Umschreibung eines Gestaltungsprozesses im Sinn der Sozialen Plastik?

Zu den Prinzipien des Commoning zählen Selbstorganisation, Selbstverwaltung, Aufmerksamkeit, Kreativität, eine fortwährende Kommunikation zwischen Individuen und Gemeinschaften, aber auch zwischen der menschlichen und der mehr-als-menschlichen Welt. Das alles erfordert ein hohes Maß an Beziehungskraft und eine »verbindende Praxis« von der Art, wie wir sie in diesem Buch ausleuchten.

Die im vergangenen Jahr verstorbene Politologin Elinor Ostrom, Vordenkerin der Commons-Idee und als erste Frau mit dem Nobelpreis für Wirtschaft geehrt, war überzeugt von der schöpferischen Vernunft der Vielen. Von da aus plädierte sie unermüdlich dafür, Bürgerinnen und Bürger müssten die Kunst und die Wissenschaft lernen, sich zusammenzutun. In ähnlicher Weise betont die Commons-Aktivistin Silke Helfrich, dass wir mehr seien als Kunden und wahlberechtigte Bürger: Wir seien *commoners* (Gemeinschaffende), die kommunikativ und kooperativ ihre Potenziale entfalten können – wenn wir uns dessen bewusst sind. So gesehen, ist die Commons-Idee in sich ein Bewusstheitsfeld.

Was die hier entfaltete ästhetische Praxis zur Commons-Bewegung beitragen könnte, dürfte genau dies sein: Sie kann das »Gemeinschaffen« als ein künstlerisches Schaffen im erweiterten Sinn erkennbar machen und es damit in eine neue Bedeutungs- und Praxisebene hinein vertiefen. Commoning handelt vom Schaffen bewusster Gemeinschaften – mit einer selbstreflexiven Identität als Bewohner desselben Planeten in Gemeinschaft mit den »anders-als-menschlichen« Lebewesen. In der Sprache der Systemtheorie beinhaltet das einen »holonischen Evolutionsschritt« über Individualismus und Kollektivismus hinaus.[95] Der Weg dorthin entsteht aus einer verlebendigenden Praxis, bei der wir alle immer mehr »(R)Evolutionäre werden und einander dabei helfen«. Das vorliegende Buch beschreibt eine

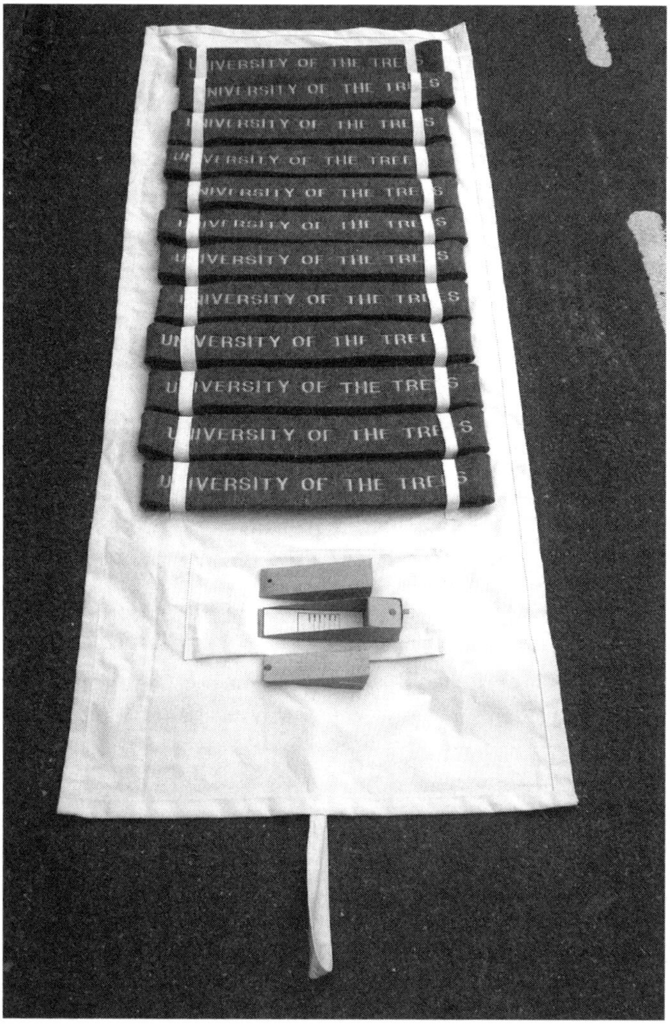

16 Set von Bewusstheitsinstrumenten für die University of the Trees-Melbourne. Zwölf Filzbänder und ein »Denkkeil«.

Reihe von Einsichten und Strategien für eine solche Bewusstheitskunst, bei der wir gemeinsam Zukunft schaffende Fähigkeiten aus uns herausbilden – nicht zuletzt die Fähigkeit, miteinander zu denken.

S.S. Wichtig wäre es, zunehmend Orte, Rahmen, Arenen zu schaffen, in denen solche Fähigkeiten erkundet und praktiziert werden können. Das Erdforum und die University of the Trees sind Beispiele hierfür. Denn zu Veränderungen im Bewusstsein kommt es weder durch Theoretisieren noch durch Überredung. Das wird in der

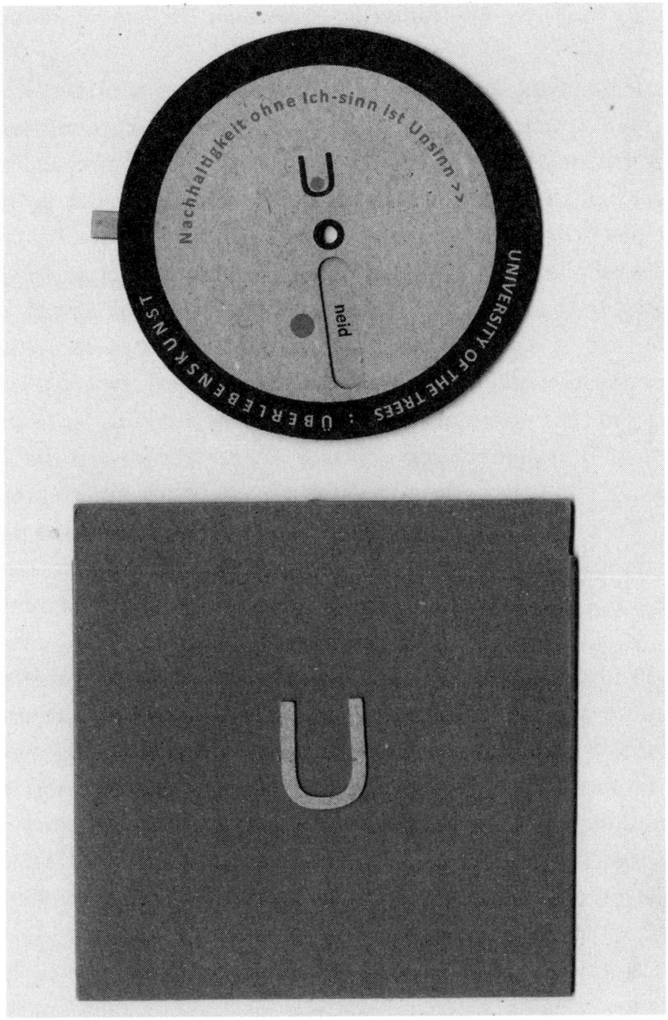

17 *»Nachhaltigkeit ohne Ich-Sinn ist Unsinn«. Bewusstheitsinstrument für die University of the Trees-Berlin im Rahmen des Programms »Über Lebenskunst« der Kulturstiftung des Bundes in Zusammenarbeit mit dem Haus der Kulturen der Welt in Berlin im Mai 2011.*

Klimakrise deutlich. Diejenigen, die bereits deren Auswirkungen ausgesetzt sind, verstehen viel mehr, weil sie erleben, was das für die Versorgung mit Wasser und mit Nahrung bedeutet; sie erleben, wie absurd es ist, den Lebensunterhalt auf der Grundlage eines von »Geld« abgeleiteten zerstörerischen Wachstums zu verdienen. Wie jener Bananenfarmer in der Karibik, der mir einmal erklärte, die vielen Probleme, mit denen er zu kämpfen habe, seien völlig losgelöst von der Erde und von seiner Arbeit und erschienen ihm vielmehr als Teil eines globalen Geldspiels.

Transition Towns: zum Quellort von Resilienz

Wir brauchen Räume und Orte, wo erfahrbar wird, wie der Schmerz sich anfühlt, den Bäume und andere Wesen durch unsere Abgase, unsere Chemikalien, unsere Wachstumshormone und unsere giftigen Ideen erleiden; oder auch wie lebendiger und toter Boden sich anfühlt und was es bedeutet, Lebensmittel auf nicht zerstörerische Weise zu erzeugen. Wo erlebbar wird, wie wir hinab auf die Ebene der Gewohnheiten kommen und dort wirkliche Änderungen vornehmen; wie wir der Welt so begegnen, dass sie sprechen kann, um von da aus neue Formen des Arbeitens und des Wirtschaftens zu entwickeln. Das ist verkörpertes Wissen, aus dem das Bewusstheitsfeld und damit wirklicher Wandel erwächst.

Ein sehr interessanter Ansatz in diese Richtung – wo erlebt werden kann, was nicht funktioniert und was sich ändern muss – ist die Transition-Town-Bewegung.[96] Ihre starke Resonanz dürfte namentlich daher rühren, dass sie die Notwendigkeit eines weltweiten »Übergangs« *(transition)* hin zu postfossilen, ressourcenschonenden Lebensweisen aus der Warte jeweils konkreter lokaler Gegebenheiten ins Auge fasst. So wird es möglich, weniger auf die immense Kluft zwischen dem, was ist und dem, was sich ändern muss, zu schauen und sich stattdessen auf die vielen machbaren Schritte zu konzentrieren, die den Übergang zu einer möglichen anderen Welt voranbringen. Obwohl immer wieder Akteure innerhalb wie außerhalb der Transition-Town-Bewegung Fragen in bezug auf eine gewisse inhaltliche Begrenztheit und auf nicht ausreichend konsensorientierte Entscheidungsfindungen aufwerfen, ist diese Bewegung zweifellos eine wichtige Arena für das Entwickeln gemeinsamer Visionen, für gemeinsames Denken und Selbstreflexion geworden, und sie bringt zuvor vereinzelte, atomisierte Bürger zu Formen gemeinschaftlichen Handelns.

H.K. Auf dem Kongress »Wachstum im Wandel« unlängst in Wien, wo es auch um Fragen demokratischer Entscheidungsfindung ging, brachte der österreichische Künstler Joachim Eckl – er verortet seine Arbeit ebenfalls auf dem Feld der Sozialen Plastik – ein vielsagendes Bild: Demokratische Mitbestimmung in der herkömmlichen Form bedeutet gewöhnlich, bei Wahlen seine Stimme »abzugeben«. Und das auch noch in eine »Urne«!

Wie erstaunlich hier, einmal mehr, die Weisheit der Sprache. Aber wie erstaunlich auch, dass wir die Botschaft darin meist übersehen! In Gemeinschaftsprozessen die eigene Stimme zu finden, anstatt sie abzugeben, ist für das Gestalten einer lebensfördernden Welt ohne Zweifel nicht weniger elementar als die Kreisläufe von Energie und Produktion zu relokalisieren. Auch das – neben der Relokalisierung –

andere zentrale Prinzip der Transition-Town-Bewegung, die Resilienz, ruft dazu auf, im Konzert mit anderen zur eigenen Stimme zu finden: Die eigene Bestimmung zu finden und zugleich als Gemeinschaft stimmig zu werden. Sich immer neu wechselseitig einzustimmen und aufeinander abzustimmen – um von da aus mitzubestimmen.

Die ästhetische Praxis, wie das vorliegende Buch sie entfaltet, beinhaltet ein ganzes Spektrum von Ideen, Methoden und Strategien, um diese feine Schwingungsebene für gemeinschaftliches Gestalten zu erschließen – etwa das aktive Zuhören, das aktive Sehen, die aktive Stille, das bildnerische Denken, der dialogische Austausch, die Sinnesschulung, das Finden des »ständigen Betrachters« oder der Erdforum-Prozess. Damit kann es möglich werden, auch in schwierigen Fragen über das Debattieren und Diskutieren hinaus zu einem gemeinsamen Fragen, Denken und Handeln zu finden, das auf Gewärtigsein und wechselseitiger Resonanz beruht und darüber hinaus der Kraft der Improvisation vertraut.

Ein weiterer Aspekt ästhetischer Praxis, der auch im Horizont von Transition Towns hilfreich sein dürfte, ist, das Arbeiten für den Wandel noch entschlossener, noch bewusster primär in der Sphäre der Wirklichkeit zu verorten – anstatt in der der Realität. Eine Orientierung hierfür stellt sich ein, wenn wir die Dinge nicht als kompliziert, sondern als komplex betrachten. »Kompliziert« führt insofern in die objektfixierte Realität, als es die Erwartung und den Anspruch beinhaltet, für jede »Sache« eine handhabbare Lösung zu finden, wenn man nur lange genug danach sucht. Aus dieser Warte ist alles »machbar«. Doch einer lebensfördernden Welt nähern wir uns wohl erst, wenn wir lernen, unserem Denken und Handeln das Paradigma der Lebendigkeit zugrunde zu legen, was in die Sphäre der Wirklichkeit führt. Das Lebendige aber ist komplex und wird es immer bleiben.

Seine »Wirkkräfte« – »energia«! – finden sich in den Prinzipien der Transition-Town-Initiative, der Permakultur oder auch der Commons-Bewegung wieder. Um aber tragfähig zu werden, brauchen diese Wirkkräfte uns: unsere offenen Sinne, ein offenes Denken und ein offenes Herz. Sie wollen verkörpert werden. Darin will das vorliegende Buch unterstützen.

Hilfreich hierbei dürfte auch etwas sein, das Andreas Weber im Vorwort seines Essays »Enlivenment« betont: Die Konflikte, Widersprüche, Defizite und Unzulänglichkeiten, die uns im eigenen, aber auch im gemeinsamen Tun so oft begegnen, sind ihrem Wesen nach keine rundweg vermeidbaren Störungen, die es zu überwinden gilt, damit danach ein gutes Arbeiten beginnen kann. Sondern sie sind Teil der paradoxalen Lebendigkeit selbst. Was nicht dazu auffordert, unkritisch oder selbstgefällig zu werden! Sondern darin steckt die Aufgabe, in einem fortwährenden

Prozess zu flexiblen, belastbaren Übereinkünften zu finden, die diesem inhärenten Aspekt der Wirklichkeit bewusst Rechnung tragen. Wie schwer das ist! Aber wie nötig auch.

Wahrscheinlich liegt der Quellort aller Resilienz in der unauflöslichen Komplexität des Lebendigen. Auf den Wegen einer ästhetischen, verlebendigenden Praxis können wir dort auf neue Weisen heimisch und tätig werden.

Eco Art und vom Netzwerk zur Matrix

S.S. Es gibt eine weitere Bewegung, die – zumal in einem Buch, das sich mit Ästhetik befasst – im Blick auf das Entstehen eines globalen Bewusstheitsfelds nicht unerwähnt bleiben sollte: die inzwischen weltweite Eco-Art-Bewegung mit Wurzeln primär in den USA, in Japan, Holland und Großbritannien. Sie umfasst ein vielfältiges, stetig wachsendes Spektrum interdisziplinärer und interventionistischer Praktiken, von denen einige in der Kunstwelt oder an deren Rändern angesiedelt sind, während andere selbst von den »engagierten« Teilen der Kunstwelt noch immer nicht zur Kenntnis genommen werden.

Charakteristisch für Eco Art sind direktes Engagement, sanierende und renaturierende Arbeiten, Projekte zur Klimakrise sowie Handlungsformen, die Kunst und Wissenschaft zusammenbringen: insgesamt eine ganz andere Haltung zu dem, was man »Außenwelt« nennt. In den letzten Jahren hat sich diese Bewegung enorm verwandelt und erweitert, wobei eine der größten Veränderungen die Idee von Eco Art selbst betrifft. Als man mich erstmals einlud, mich dem Netzwerk anzuschließen, gab es eine Debatte darüber, ob das Projekt Exchange Values – das Aspekte des globalen Produktionssystems ausleuchtet – Eco Art sei oder nicht. Einige hielten es für zu sozialpolitisch. Das sagt viel über die Ursprünge dieser Bewegung im Umweltschutz und der wissenschaftlichen Ökologie einerseits und der Land Art oder Earth Art andererseits. Heute ist das Eco-Art-Netzwerk zu einer bedeutenden und starken Kraft geworden, die Verbindungen zwischen Kunst, Ökologie und Nachhaltigkeit schafft, zu transformativen ökologischen Praktiken ermutigt und für mehr Bewusstheit über den Zustand des Planeten sorgt. Seit einigen Jahren erkunden mehrere Akteure integrale öko-soziale Transformationsstrategien über die frühere Betonung bewusstseinsbildender Naturarbeiten und Umweltschutz-Lösungen hinaus. Die Internet-Plattform »Greenmuseum« hat viel zum Entstehen dieses Bewusstheitsfelds beigetragen. Sie wird nun von Menschen aus der ganzen Welt genutzt, was zeigt, wie die engagierte Arbeit einer kleinen Gruppe zu weltweitem Handeln und zu neuen Möglichkeiten inspirieren kann.[97]

H.K. Vor einiger Zeit wurde ich von der heutigen NRO »EcoArt South Florida« gebeten, mit Vorträgen und Diskussionsrunden vor Ort, an denen Akteure aus Kunst, Wissenschaft, Verwaltung und aus Umweltverbänden teilnahmen, den Start dieser Organisation zu unterstützen. Auslöser hierfür war mein Beitrag »Ästhetik der Nachhaltigkeit« in dem auch englischsprachigen Band »Ökologische Ästhetik. Theorie und Praxis künstlerischer Umweltgestaltung« gewesen.[98] Angesichts dessen, was ich dort intensiv erlebte, was sich aber auch anderswo immer wieder zeigt, würde ich sagen: Ein relevanter Beitrag, den der hier entfaltete Ansatz in die Eco Art einbringen kann, ist das Verbinden von äußerer und innerer Arbeit. Ist die Idee, den Anfangspunkt von Gestaltung in den Bereich des Denkens, Fühlens und Wollens vorzuverlagern; ist das bewusste, differenzierte Arbeiten mit dem, was wir von Beuys und der Sozialen Plastik aus »unsichtbare Werkstoffe« und »unsichtbare Werkzeuge« nennen.

Und es gibt noch etwas: Weite Teile der Eco Art sind in einer Weise von der Systemtheorie geprägt, dass sie, Stichwort »ökozentrisch statt egozentrisch«, dem Menschen eine konstruktive Sonderrolle im Gewebe des Lebendigen tendenziell oder gar prinzipiell absprechen. Dem begegnen wir mit einem Menschenbild, das sich ausdrücklich auf Freiheit beruft. Aber nicht als Freimachung von Bindungen! Sondern als Potenzial, die »humana«, also unsere spezifisch menschlichen Eigenschaften und Fähigkeiten, in Entwicklung zu bringen, um so Freiheit und Verantwortung miteinander zu verbinden – worin wir bereits eine im erweiterten Sinn künstlerische Praxis sehen. Im Blick auf das Gestalten von Wandel hast du das in den Satz gefasst: »Nachhaltigkeit ohne Ich-Sinn ist Unsinn.« Es wäre spannend, gemeinsam mit Akteuren der Eco Art vertiefend zu erkunden, wie ein solcher »Ich-Sinn« und die Prinzipien der Allgemeinen Systemtheorie miteinander in Beziehung stehen.

Aber nun noch einmal zurück zu einem faszinierenden Aspekt des Bewusstheitsfelds, der an früherer Stelle angeklungen ist. Ein Feld im Sinn eines Ackers besteht aus dem fortwährenden Interagieren zahlloser lebendiger Organismen. Es ist eine Lebensgemeinschaft und eine Arbeitsgemeinschaft. Je mehr Organismen in einem Feld tätig und je vielfältiger diese sind, desto höher die Fruchtbarkeit. Wir haben also hier die Prinzipien der Vielfalt und des Dezentralen – ähnlich wie auf dem Terrain gesellschaftlichen Wandels.

Das Vertrauen in die Fähigkeit der internationalen Politik, via große zentrale Abkommen den Wandel voranzubringen, ist namentlich seit dem Desaster des Klimagipfels 2009 in Kopenhagen geringer denn je. Gleichzeitig aber entfaltet sich ein täglich breiteres Spektrum zivilgesellschaftlicher Initiativen und Aktivitäten, die einander vielfach überlappen und die ihre Resilienz, gestärkt durch wechselseitige Verbundenheit, zunehmend aus sich selbst heraus generieren. Entsteht daraus nicht auch ein Feld? Ein Bewusstheitsfeld? Der Zivilgesellschaftsforscher Paul Hawken – das von ihm initiierte Netzwerk »Wiser Earth« versammelt gut eine halbe Million solcher Initiativen – ist der Ansicht, mit dieser »Bewegung ohne Namen« erlebten wir die größte soziale Bewegung aller Zeiten, aus der sich seiner Ansicht nach so etwas wie ein »Immunsystem der neuen Erde« herausbildet.[99]

S.S. Zumindest zeigt sich darin, wie das Bewusstheitsfeld jetzt überall, auf jeder Straße, in jeder Stadt, auf jedem Kontinent unmittelbar unter den Oberflächen zugänglich wird. Und ohne Zweifel ist Vernetzung für alle Zukunft schaffenden Bewegungen, Gruppen, Projekte und Initiativen überaus wichtig: Bündnisse zu schließen und solidarisch zu sein. Doch sollten wir uns auch fragen, ob es nicht in der Humussphäre einen Unterschied zum Acker gib, dessen Fruchtbarkeit aus der Vielheit und Vielfalt lebendiger Organismen hervorgeht; ob diese Prinzipien sich ohne weiteres übertragen lassen. Solange es keine extrem zerstörerischen Umstände gibt, interagieren Mikroorganismen von sich aus unaufhörlich, und aus dieser Interaktion entsteht ein Emergenzphänomen: ein Neues dritter Ordnung – Humus. Das entspricht dem, wie Bienen zahllose verschiedene Nektartropfen im Bienenstock zusammenbringen und in eine völlig andere Substanz verwandeln – in Honig. In der Humansphäre braucht es ähnliche transformative Interaktionen und Prozesse, damit ein Neues dritter Ordnung möglich wird, das mehr als die Summe der Teile ist – damit die Vielzahl ähnlicher Intentionen, Maßnahmen und Aktionen zum »Paradigmenwechsel«, zu einer mitfühlenden und ökologisch tragfähigen Wirklichkeit wird.

Obwohl Ideen, Werte und Haltungen zweifellos einander beeinflussen und, wie Geräusche es tun, »einkuppeln«, reicht eine größere Anzahl und Vielfalt von Initiativen allein nicht aus. Denn die transformativen Prozesse, die zwischen Mikroorganismen im Boden von alleine stattfinden, vollziehen sich in der Sphäre menschlicher Aktion und Intention nicht ohne eine bestimmte Art menschlicher Arbeit.

Was gebraucht wird, sind reflexive Prozesse und Formen des Austauschs, die belüften und durcharbeiten, wie die Regenwürmer es tun. Das schafft ein neues Feld von Einsichten.

Und damit kann das globale Netzwerk immer mehr zu einer Matrix werden. Gemeint ist hier nicht die flache Gittermatrix der Mathematik und auch nicht das mehrschichtige Gitter der Cyberkultur. Vielmehr eine Matrix im Sinn der lateinischen *mater*, das in »Matrix«, aber auch in »Mutter« und »Gebärmutter« steckt. Diese fruchtbare Matrix für das Entwickeln neuer Wirklichkeiten ist ein Arbeitsplatz, den es in jedem Mann, jeder Frau, jeder Gruppe oder jedem globalen Netzwerk zu entdecken gilt.

Zwei Netzwerke aktivistischer Organisationen, die ich unlängst getroffen habe, eines in Oxford und eines in Berlin, treffen sich regelmäßig, um sich den Beziehungen zwischen Organisationen zu widmen und mögliche gemeinsame Agenden zu erkunden. Das ist der reflexive Tiegel, aus dem neue Einsichten hervorgehen.

Einsichten aus solchen reflexiven Konstellationen erzeugen eine ganz andere Kraft und Potenz. Sie schaffen ein »Bewusstheitsfeld« und einen neuen gemeinschaftlichen Möglichkeitsraum, worin auch jener Grundsatz der südafrikanischen Befreiungsbewegung aktuell wird: Eine Verletzung, die einem Einzelnen zugefügt wird, ist eine Verletzung aller.

Zurück zur Lebendigkeit

H.K. Nun ist, indem du reflexive Prozesse gerade als »belüften« und »durcharbeiten« beschrieben hast, von neuem der Regenwurm aufgetaucht! Offenbar hat er sich gemeinsam mit uns durch das ganze Buch gearbeitet – als »Totemtier« dieser ästhetischen Praxis!

Und er erinnert mich auch daran, noch einmal an den Anfang, zu unserer Einführung zurückzukehren, die in den Appell mündet, das Zeitalter des »Enlightenment«, der Aufklärung, in ein Zeitalter des »Enlivenment«, der Verlebendigung, zu überführen.

Andreas Webers so anregende Grundlagenschrift »Enlivenment« faltet das Paradigma der Lebendigkeit inhaltlich sorgfältig auf und dekliniert dann dessen Bedeutung in die verschiedenen gesellschaftlichen Bereiche hinein durch. Sie fokussiert damit naturgemäß erst einmal auf das »Was«. Bei uns hingegen steht nun neben dem Was vor allem das »Wie« im Vordergrund – die verlebendigende Praxis oder, genauer, eine von hoffentlich vielen Spielarten solcher Praxis. Kennzeichnend für den im vorliegenden Buch eingeschlagenen Weg ist nicht zuletzt: Hier wird von der Kunst, von einem erweiterten Kunstbegriff aus eine, wenn nicht die zentrale Kategorie moderner Wissenschaft und Gesellschaft neu ins Auge fasst – das Denken. Dürfte doch in der jetzigen bewusstseinsgeschichtlichen Epoche Lebendigkeit neu zu denken primär bedeuten, das Denken neu zu denken.

Mit ihren Methoden der Sinnesschulung und eines imaginativen Arbeitens eröffnet die hier dargelegte ästhetische Praxis gangbare Alternativen zu jenem allerorts vorherrschenden Denken, das ganz von Gesetzmäßigkeiten der Materie bestimmt ist und nur die Ratio als Quelle von Wahrheit und Erkenntnis gelten lässt.

Dieses Denken selbst stellt die primäre Reduktion dar, aus der dann in allen Lebens- und Arbeitsbereichen reduktionistische, mechanistische Verfahren hervorgehen. Es ist eine, um mit Vandana Shiva zu sprechen, »Monokultur des Geistes«,[100] die permanent Lebendiges raubt, um Totes daraus zu produzieren; eine Monokultur, die inzwischen weltweit das ganze weite Feld jenes verbindenden Denkens überdeckt, das wir hier von verschiedenen Richtungen her freizulegen suchen.

Dass eine ästhetische Praxis so stark auf erkenntnistheoretische Fragen fokussiert, mag zunächst überraschen. Aber angesichts des Zustands der Welt muss ästhetisches Handeln heute ganz zentral bedeuten, ein verbindendes, verkörpertes und verkörperndes Denken in alle Arbeitsfelder zu tragen.

S.S. Weil ein verkörpertes Sein in der Möglichkeit zu reflektieren liegt! Wobei Reflexion etwas ganz anders als Erinnern, als das Hervorbringen von Bildern ist. Reflektieren bedeutet anzuschauen, was wir sehen. Dass wir diese Fähigkeit einer »anschauenden Urteilskraft« durch ästhetische Praxis einzeln und in Gruppen entwickeln – ja, das braucht die Welt! Sobald ich anfange zu sehen, wie ich handle und wie ich denke, wird Freiheit eine Möglichkeit in meinem Leben! Kern der gesamten ästhetischen Praxis in diesem Buch ist, Freiheit aus solchen Perspektiven zu erfahren. Sie neu auszuleuchten, sie als Entwicklungsfähigkeit zu erleben – und sie als untrennbar von Verantwortung zu verstehen; von jener »response-ability«, die aus innerer Freiheit und Lebendigkeit erwächst.

Dieser zentrale Aspekt destilliert in einem Grundsatz, der alle hier dargelegten Methoden und Praktiken durchzieht, ohne bislang explizit genannt worden zu sein: Wir laden in Prozesse des Wandels ein. Denn es ist sinnlos und widersinnig, Menschen zu etwas zu drängen, zu nötigen oder zu verpflichten! Ohne einen inneren Impuls gibt es kein wirkliches Engagement. Wenn ich eingeladen werde, kommt es zu einer Bewegung in jenem inneren Feld, von dem alle wirkliche Mobilisierung ausgeht. Etwas in mir bewegt sich zu dieser Einladung hin oder weg von ihr. In diesem Moment kann ich auch erfahren, dass ich selbst ein lebendiges Feld bin. Wie die Seeanemone ihre Fühler einzieht, ziehen Menschen ihre Aufmerksamkeit, ihre Offenheit, ihre Bereitschaft, sich mit etwas auseinanderzusetzen, ein, wenn sie überredet, genötigt, befehligt oder gezwungen werden. Da eine ehrliche Einladung das Gegenüber in seiner Freiheit würdigt, beinhaltet sie auf subtile Weise den Anfangspunkt der hier dargelegten ästhetischen Praxis.

H.K. Vielleicht können das wohl fundierte »Was« des Lebendigkeits-Diskurses und das reflektierte, differenzierte »Wie« ästhetischer Praxis zusammen auch der Idee einer Kultur der Nachhaltigkeit neue Tiefe erschließen! Ob man diesen inzwischen so beliebigen Begriff mit Andreas Weber durch »Kultur der Lebendigkeit« ersetzt, wäre hierfür weniger wichtig als die Einsicht, wie sehr alles vom Menschen ausgehende Verlebendigen von einem Kultivieren des Bewusstseins abhängt.

Denn da es, wie du noch einmal veranschaulicht hast, in der Humansphäre eine ganz andere Dimension von Freiheit als in der mehr-als-menschlichen Welt gibt, genügt es hier nicht, auf Lebendigkeit per se zu bauen. Wenn ein faschistischer Redner oder ein Hassprediger die Massen aufpeitscht, herrscht da nicht auch Lebendigkeit? Ist ein Triebtäter nicht Sklave von etwas Lebendigem in ihm? Ist nicht auch die Gier nach Profit und nach Macht etwas zutiefst Lebendiges? Eine lebensfördernde Welt zu schaffen heißt, Lebendigkeit zu kultivieren – zu allererst im Bewusstsein. Nur so, falls überhaupt, kann jener »reflexive Sprung«[101] stattfinden, den es, wie Wolfgang Sachs formuliert, für die notwendige »Machtrücknahme« nicht zuletzt in Wirtschaft und Politik braucht.

Eine in diese Richtung vertiefte Kultur der Nachhaltigkeit, oder der Lebendigkeit, setzt am Wunder des Bewusstseins an; daran, sich dieses Wunders bewusst zu werden, das uns als Menschen ausmacht, das aber nicht wir gemacht haben, das Gabe ist: Auf-Gabe. Von da aus wird eine Zukunft schaffende Kulturgestaltung – gemäß der Herkunft von Kultur aus lateinisch *colere*, was »bearbeiten«, aber auch »pflegen« und »ehren« meint – in allen Bereichen ganz unten arbeiten: auf der Ebene der Muster und Gewohnheiten des Wahrnehmens, des Denkens, des Miteinanders auch und gerade mit den anders-als-menschlichen Wesen. Um so den Boden, den Grund unseres Menschseins neu urbar zu machen. Um ihn immer mehr zu einem Bewusstheitsfeld werden zu lassen. Was einst wohl schon Voltaire, Vordenker des »Enlightenment«, meinte mit *»il faut cultiver notre jardin«* – »Wir müssen unseren Garten bestellen«. Die hier entfaltete ästhetische Praxis bietet Voraussetzungen für ein solcherart »radikales«, an den Wurzeln ansetzendes Kultivieren von Zukunftsfähigkeit.

S.S. Welch eine dichte, einsichtsvolle Zusammenfassung all dessen, was wir in diesem Buch erkundet haben! Zwei Gedanken würde ich gerne noch hinzufügen.

Zum einen ist das Kultivieren in all diesen Praktiken mit der Imagination verwoben. Nur dadurch wird es möglich, die Welt in einem selbst anzunehmen und das größere Bild zu sehen. Das ist auch die Voraussetzung dafür, zu angemessenem Handeln zu finden und tragfähige Formen zu schaffen. »Exakte sinnliche Fantasie« holt, was »dort draußen« ist, nach innen, wo es neu erlebt, neu gesehen und neu bedacht werden kann. Die Welt »draußen« in mir bewohnend, erfahre ich ihren Schmerz, ihre Kraft und ihre Bedürfnisse. So kann sie in mir »stattfinden«. Und Eros kann sich regen – als Sehnsucht, auf die Wunder der Welt wie auch auf ihre Leiden zu antworten. Leidenschaftlich, wie Liebende es tun. Mit erwachtem Denken, erwachten

Sinnen, erwachtem Herzen. Daran erinnert uns Rilke: »Denn unsere Aufgabe ist es, diese vorläufige, hinfällige Erde uns so tief, so leidend und leidenschaftlich einzuprägen, dass ihr Wesen in uns ›unsichtbar‹ wieder aufersteht.«[102]

Doch ist, hier der zweite zu ergänzende Gedanke, diese Art der Begegnung mit der Welt in uns selbst – ein unverzichtbarer Aspekt des Kultivierens unseres Menschseins – wohlgemerkt nicht nur die Basis individueller Entfaltung, sondern auch die Voraussetzung für neue Gemeinschaften.

Befreien wir uns aus der Täuschung, Solidarität und geteilte Verantwortung bedeuteten notwendigerweise ein Negieren von Individualität. Um Formen wirklich zukunftsfähiger Gemeinschaft hervorzubringen, braucht es lebendige, selbstreflexive, ver-antwort-liche Individuen; Menschen, die tief in ihrem eigenen Wesen die Not spüren und kraft ihrer Liebe bereit sind, gemeinsam Wege hin zu einem umfassenden Miteinander aller Wesen zu finden. Ein solches Miteinander – das neue, tragfähige Wirtschafts- und Demokratieformen braucht und hervorbringt – stellt ein Emergenzphänomen dar, welches nur durch Individuen, die zusammen denken und arbeiten, ermöglicht werden kann. Das Ergebnis wird immer mehr als die Summe der Beteiligten sein. Obwohl vielleicht unter den sieben Milliarden Menschen auf der Erde erst wenige in diesem Sinn »gemeinschaffende« Individuen sind, entstehen neue, lebendige Gemeinschaften genau auf diesem Weg. Das Individuum, dessen Fähigkeiten für ein Arbeiten mit anderen und mit sich selbst entwickelt sind, ist Voraussetzung für bewusste Solidarität und für das Überwinden alter Formen. Und es wird zum bewussten Mitschöpfer einer Humansphäre, die in Einklang mit einer gesunden Biosphäre steht. In den Worten von Beuys: zum Mitschöpfer des sozialen Organismus als ein Werk der Kunst!

NACHWORT

Ein frischer Vormittag gegen Ende August in einer Wohnung mitten in Berlin. Mit Matthias Fersterer, dem Verlagsleiter der Edition thinkOya, gehen wir durch die vorstehenden Kapitel, um im Rahmen des Lektorats letzte Änderungen zu klären. Zunächst aber betrachten wir dieses Buch – mit seinen leitenden Fragen, seinen Suchbewegungen, dem Rhythmus des dialogischen Miteinanders, den zentralen Befunden und Einsichten – noch einmal gemeinsam als Ganzes. Dabei steigt in Matthias das Bild einer bestimmten Webtechnik hoch, die sich, wie er sagt, in verschiedenen Teilen der Welt, von Südamerika bis Südostasien unabhängig voneinander entwickelt hat. Im Indonesischen heißt diese Webart *ikat*, was Substantiv und Verb zugleich ist und je nach Kontext den Webfaden, die Tätigkeit des Miteinanderverflechtens oder das fertige Webstück bezeichnen kann.

Die Ikat-Weberinnen und -Weber, erzählt Matthias, färben einen Faden aus Seide, Wolle oder Baumwolle partiell, indem sie bestimmte Stellen mit Baumwollstoff abbinden und mit Wachs versiegeln. Aus dem Wechselspiel zwischen gefärbtem und ungefärbtem Gewebe ergeben sich feine Muster, die erst im Lauf des Webprozesses zutage treten. Charakteristisch für die Ikat-Muster sind nicht geometrisch exakte Formen, sondern unscharfe Kanten. Ebenfalls charakteristisch ist, dass das Ergebnis dieser komplexen Webweise sich, vom Prinzip her, stets jenseits des Planbaren entfaltet.

Gewebestruktur, Färbung und Musterung sind bereits in den Fäden angelegt – sie tragen die Signatur des fertigen Webstücks. Aber das allein erklärt das Ergebnis nicht. Nur wenn im Prozess des Webens mit größter Sorgfalt bei allen Arbeitsschritten gewisse gestalterische Prinzipien »verlebendigt« werden, bildet sich, so Matthias weiter, ein wunderbarer Teppich heraus, der einem Emergenzphänomen gleicht: einem Dritten, das mehr als die Summe von Garn und Farbe, von

Webrahmen, Nadel und Kamm, von kunsthandwerklicher Tradition und weberischem Geschick ist, während es zugleich alle Elemente in sich vereint.

Dieses Bild haben wir, die Autorinnen, als ein Geschenk empfunden, und vielleicht empfinden auch Sie es so. Matthias Fersterer wiederum hatte es von Johannes Heimrath, dem Seniorchef des Verlags, geschenkt bekommen, in Zusammenhang mit einer auf Bali handelnden Passage in David Abrams Buch »Im Bann der sinnlichen Natur«. An der Resonanz, die das Bild an jenem Augusttag in uns beiden fand, zeigte sich, wie darin vieles von dem liegt, was »Die rote Blume« erkundet, beleuchtet und entfaltet.

Beim Weben ist alles Bewegung, Bewegen – wobei es stets Richtung zu finden gilt. So versinnbildlicht sich darin etwas von dem beharrlichen Tätigsein jener »Bewegung ohne Namen«, wie Paul Hawken die inzwischen zahllosen Agentinnen und Agenten des Wandels rings um den Globus nennt. So wie die Ikat-Weberei sich in verschiedenen Teilen der Welt unabhängig voneinander, aber aus gemeinsamen Prinzipien entwickelt hat, dürfen alle Bewegende, selbst wenn sie nichts oder kaum etwas voneinander wissen, sich als Teil jenes globalen, allen gemeinsamen Feld des Wandels verstehen. Auch führt ein Webstück, das unter regsamen, sorgfältig arbeitenden Händen seine je einmalige Gestalt annimmt, vor Augen, wie eine stete Praxis verbindenden Bewegens und bewegenden Verbindens – mithin eine ästhetische Praxis – etwas Tragfähiges schafft: ein Gewebe neuen Lebens, in dem wir Webende und Verwobene zugleich sind.

Und, faszinierend: Die Ikat-Weberei lässt erkennen, wie untrennbar Vergangenes (hier tradiertes Wissen), Jetziges und Künftiges ineinander verwoben sind. Wobei das, was entsteht, sich nicht linear aus dem Vergangenen und auch nicht aus dem Jetzt ableiten lässt! Damit neue Muster sich herausbilden, braucht es unverbrüchliches Tätigsein. Doch sind die Muster selbst weder prognostizierbar – noch »machbar«! Sie bedürfen umfassender Vorbereitung, treten dann jedoch von jenseits des Wissbaren in Erscheinung. Sich dies zu vergegenwärtigen kann in jenen Momenten oder Phasen stärken, in denen angesichts des Zustands der Welt alle Zuversicht schwindet – weil die Schlacht längst verloren und daher jedes Engagement nur noch sinnlos, ja lächerlich zu sein scheint.

Am spannendsten aber, zumindest aus der Perspektive dieses Buchs, dürfte sein, nach der Qualität des Tätigseins zu fragen, aus dem hier – wie auf dem globalen Feld des Wandels? – neue Muster Gestalt annehmen. Woher rührt das Geschick? Das Gespür dafür, weder zu fest noch zu locker zu arbeiten? Die Kraft, unverbrüchlich in Bewegung zu bleiben, zu bewegen, nach Richtung zu suchen und sie zu ermöglichen?

»Die rote Blume« handelt davon, wie wir als Verwobene und zugleich Webende von Zukunft unsere Zukunftsfähigkeit ausbilden. Wie wir diejenigen Fähigkeiten aus uns herausarbeiten, die eine Zukunft mit Zukunft benötigt, um Wirklichkeit werden zu können. Während auf dem Feld des Wandels ganz überwiegend die äußere Arbeit im Vordergrund steht, beleuchtet das vorliegende Buch Ideen, Praktiken und Strategien, die dazu befähigen, sich selbst und andere aus der Verbindung von äußerer und innerer Arbeit in Richtung auf eine gerechtere, lebensfördernde Welt zu bewegen. Dabei ist, wie hier aus verschiedenen Perspektiven dargelegt, ein verlebendigtes Denken – Bewusstheit – zentral.

In der gegenwärtigen Zeit der Schwierigkeiten ist auch für uns, die Autorinnen, das gemeinsame Arbeiten an dem nun fertigen Buch nicht immer einfach gewesen. Doch hat dieser Prozess unsere Überzeugung vertieft, dass gemeinsam zu arbeiten, gemeinsam zu denken, gemeinsam zu erkunden und gemeinsam zu gestalten ein zentrales Produktionsmittel unseres Jahrhunderts werden könnte. Das erfordert Geduld, Resilienz und eine enorme Bereitschaft zu Konsensprozessen. Belohnt wird dieses Bemühen durch die immer wiederkehrende Erfahrung, dass in der Sphäre des Menschlichen das Geheimnis der Emergenz vorzugweise im »Gemeinschaffen« zutage tritt.

Berlin und Oxford, im September 2013

ABLAUF EINES ERDFORUMS

Ein Erdforum kann überall stattfinden, drinnen und draußen. Die Dauer beträgt zwei bis drei Stunden. Die ideale Teilnehmerzahl sind acht bis zwölf Personen.

Um ein Erdforum durchzuführen, braucht es ein einfaches, rundes Tuch aus ungebleichter Baumwolle, das bei seiner Herstellung in Lein- oder Olivenöl getaucht wurde. Das Öl verleiht dem Tuch ein gewisses Gewicht und Substanz. Und es bewahrt die Spuren jeder Zusammenkunft.

Das Erdforum besteht aus vier Phasen und zwei zentralen Prozessen. Beide Prozesse fördern Fähigkeiten, die während des Erdforum-Prozesses praktiziert werden. Die erste dieser Fähigkeiten ist das »imaginative Arbeiten« im eigenen »mietfreien Arbeitsraum«. Die zweite Fähigkeit ist das urteilsfreie »aktive Zuhören«.

Die erste Phase beginnt mit einer Einführung in den »mietfreien Arbeitsraum«. Dann werden die Teilnehmenden zu einem »Gang auf dem Planeten« eingeladen, von dem sie »etwas von der Erde« mitzurückbringen, wobei nicht näher definiert wird, was dieses »etwas« ist. Wenn alle wieder um das runde Tuch versammelt sind (nach etwa zehn Minuten) wird das »aktive Zuhören« eingeführt. Nun teilen alle etwas von ihrer Erfahrung während der Zeit draußen mit, während die anderen aktiv zuhören, ohne zu unterbrechen und ohne zu diskutieren. Nach beendeter Mitteilung wird das, was man von dem kurzen Gang auf dem Planeten mitgebracht hat, auf das Tuch gelegt.

Die zweite Phase beginnt mit der Frage: Was sind meine Hoffnungen und Wünsche für die Erde? Und/oder: Wie würde ich mir wünschen, dass der Planet in den nächsten fünfzig, fünfhundert, fünftausend Jahren aussieht? Diese Fragen führen weit in die Zukunft und bis hinaus in den Kosmos.

Die dritte Phase bringt die Teilnehmenden in die Gegenwart zurück, und zwar mit der Frage: Was, wenn überhaupt, haben diese Gedanken und Hoffnungen für die Zukunft mit meinem derzeitigen Leben und Arbeiten zu tun?

Auch diese beiden Phasen basieren – wie auch die erste – auf imaginativem Arbeiten und aktivem, urteilsfreiem Zuhören.

Die vierte Phase bietet Gelegenheit für freien Austausch, indem der oder die »verantwortliche Teilnehmende« diese Rolle ablegt. Er oder sie übergibt der Gruppe die Verantwortung für das, was auf dem Tuch liegt, und lädt die Teilnehmenden ein, all dem nachzugehen, was sie nun ansprechen möchten.

Wer selbst »verantwortlicher Teilnehmender« werden will, benötigt dazu ein Training, das in zweierlei Form stattfinden kann: Entweder durch die Teilnahme an fünf Erdforen oder durch eine Ausbildung. Auf der Website der University of the Trees sind die Bedingungen für die Nutzung des Erdforums beschrieben, wozu unter anderem zählt, einen prozentualen Anteil aus daraus gewonnenen Einnahmen zu entrichten:

www.universityofthetrees.org

ANMERKUNGEN

Einführung: Das Terrain erkunden

1 Mit diesem Verständnis von Dialog schließen wir uns dem Philosophen und Physiker David Bohm an. Die von ihm ab den siebziger Jahren entwickelte »Dialog-Methode« hat sich inzwischen in vielen Bereichen – von der Zivilgesellschaft über die Wirtschaft bis zur Politik – als produktiv erwiesen. Siehe David Bohm, Der Dialog. Das offene Gespräch am Ende der Diskussionen, Stuttgart, Klett Cotta 1998, hier S. 32 f.; William Isaacs, Dialog als Kunst, gemeinsam zu denken, Bergisch Gladbach, EHP 2002; www.david-bohm.net

2 Das vorliegende Buch wendet sich an Frauen und Männer gleichermaßen. Um nicht verwirrend oft die männliche und weibliche Form einfügen zu müssen, bitten wir Sie als Leserin, in der Folge etwa beim Wort »Arbeiter« das Wort »Arbeiterin« mitzudenken, und Sie als Leser, wenn von »Entdeckerinnen« die Rede ist, »Entdecker« miteinzubeziehen. Wo möglich, nutzen wir die neutrale Form (»Teilnehmende«). Und bitte ersetzen Sie, wo immer es Ihnen nötig erscheint, ein »man« durch »frau«.

3 Auf dem Feld der Sozialen Plastik ist neben uns selbst eine Reihe von Akteuren tätig, deren Einsichten und Engagement unsere Arbeit nähren und mit ermöglichen. Dazu zählt die so vielseitige und impulsreiche Tätigkeit Johannes Stüttgens, eines Gründungsmitglieds der Social Sculpture Research Unit, insbesondere in den Bereichen Wirtschaft und Geldwesen, der Omnibus für direkte Demokratie, der seine Arbeit 1987 bei der documenta 8 aufnahm und seitdem ununterbrochen fortführt, sowie Volker Harlan mit seinen so wichtigen Büchern, Seminaren und Vorträgen. Auch Rhea Thönges-Stringaris, Caroline Tisdall, Enno Schmidt, der Achberger Kreis um Rainer Rappmann, Peter Schata und Ulrich Rösch, Dieter Koepplin, Anke Löwensprung, Walter Kugler und nicht zuletzt Wolfgang Zumdick haben im Feld der Sozialen Praxis bedeutende Beiträge geleistet und tun dies weiterhin.

4 Diese Frage, sowohl an sich selbst als auch an uns gerichtet, durchzieht Hannah Arendts gesamtes Werk. Ein Teil ihrer Antwort lautet, indem der Mensch handelt und die Verantwortung für dieses Handeln übernimmt, sei er frei. Siehe dies., Vita activa. Vom tätigen Leben, München, Piper 2007[6].

5 Rainer Maria Rilke: »Sie sind so jung, so vor allem Anfang, und ich möchte Sie, so gut ich es kann, bitten, lieber Herr, Geduld zu haben gegen alles Ungelöste in Ihrem Herzen und zu versuchen, die Fragen selbst liebzuhaben wie verschlossene Stuben und wie Bücher, die in einer sehr fremden Sprache geschrieben sind. Forschen Sie jetzt nicht nach den Antworten, die Ihnen nicht gegeben werden können, weil Sie sie nicht leben könnten. Und es handelt sich darum, alles zu leben. Leben Sie jetzt die Fragen. Vielleicht leben Sie dann allmählich, ohne es zu merken, eines fernen Tages in die Antwort hinein.« In: ders., Briefe an einen jungen Dichter, Leipzig, Insel 1950, S. 21.

6 Die Free International University (FIU) wurde Mitte der siebziger Jahre von Joseph Beuys, Mitarbeitern und einem Netzwerk verwandter Initiativen als ein sich selbst tragendes Sozialunternehmen gegründet. Ihr zentrales Ziel war die Förderung eines neuen Denkens und das Hervorbringen neuer sozialer, politischer und ökonomischer Formen. Aber um die FIU langfristig tragfähig zu machen, brauchte es neue Formen des Verbreitens und Austauschens von Ideen sowie Strategien, um die in Beuys' eigener Praxis eingebetteten »kreativen Strategien« anderen zugänglich und breiter verständlich zu machen. Als Beuys 1986 starb, dachten viele Leute, die FIU sei, zumal sie keinen festen Ort und kein Gebäude hatte, mit ihm gestorben. Obwohl Beuys erfolglos versucht hatte, ein Gebäude für die FIU zu erwerben, wo man nicht nur zusammen denken, sondern auch ein Labor schaffen konnte, in dem sich neue Fähigkeiten für andere Arten des Arbeitens in der Welt herausbilden, hing die FIU für ihn nicht von einem Gebäude ab. Das zeigen Aussagen wie »die Mysterien finden im Hauptbahnhof statt« oder »das Atelier ist zwischen den Menschen.« Die FIU bestand aus einer Reihe von Kernideen und war ein Impuls, der weiterentwickelt werden konnte und sollte. Ihre Stärken waren die Form des Sozialunternehmens, ihre embryonale Kampagne für »direkte Demokratie« sowie ihre Idee der »permanenten Konferenz«. Ihre Schwächen hatten mit dem Wie zu tun. So fehlten etwa Formen des Austauschs und der Auseinandersetzung, die ermöglicht hätten, dass die »permanente Konferenz« nicht einfach nur ein weiterer Debattierclub wird. In den späten siebziger Jahren begann eine kleine FIU-Gruppe in Südafrika Wege zu erkunden, um mit den »unsichtbaren Materialien« zu arbeiten, die Beuys als zentral für die Soziale Plastik beschrieb, und um die Beziehung zwischen Imagination und Transformation zu erforschen. Dies war der entfernte Vorläufer des Felds der Sozialen Plastik, das in der Social Sculpture Research Unit an der Oxford Brookes University entwickelt wurde und auch der University of the Trees zugrunde liegt.

7 Siehe Wilfried Heidt, Der dritte Weg. Die notwendige Alternative zu Kapitalismus und Kommunismus, Achberg, FIU 1973. 1980 von Shelley Sacks und Anke Löwensprung für die Free International University Südafrika ins Englische übersetzt.

8 Es ist eine jener merkwürdigen Koinzidenzen, dass, wie ich erst später erfuhr, zur selben Zeit auch der Philosoph Wolfgang Welsch, ein Theoretiker der Postmoderne, Ästhetik neu vom Gegenbegriff der »Anästhesie« her bestimmte. Siehe »Ästhetik und Anästhetik«, in: Wolfgang Welsch, Ästhetisches Denken, Stuttgart, Reclam 1990, S. 9 – 40.

9 Den Begriff »verbindende Ästhetik« hat Suzi Gablik geprägt, siehe dies., »Connective Aesthetics. Art after Individualism«, in: Mapping the Terrain. New Genre Public Art, hrsg. v. Suzanne Lacy, Seattle, Bay Press 1995, S. 74 – 87. Dank gebührt Gablik auch für ihren Mut und ihre Entschlossenheit, ein anderes Verständnis von Kunst zu beschreiben in einer Zeit, in der allenfalls Joseph Beuys und eine kleine Zahl engagierter Akteure in den Bereichen Soziale Plastik und ökologische Kunst eine solche verbindende Ästhetik praktizierten. Denn im Unterschied zu heute genossen diese Ansätze damals kaum Wertschätzung. Sie galten als zu didaktisch, nebulös oder wurden mit ähnlich abschätzigen Begriffen belegt.

10 Der Philosoph und Soziologe Serge Latouche gehört zu den Initiatoren der Bewegung der »Wachstumsrücknahme« *(décroissance)*, siehe ders., Farewell to Growth, Cambridge, Polity Press 2009.

11 Ein Beispiel ist der Aktivist Will McCallum, dessen Promotionsprojekt im Feld der Sozialen Plastik an der Oxford Brookes University die »Praxis autonomer Räume als Katalysatoren für die Verwirklichung einer zukunftsfähigen Welt« erforscht: »Die transformative Bedeutung ›autonomer Räume‹ ist nicht neu. Radikal neu hingegen in einem solchen ökologisch aktivistischen Denken, und worin es sich von post-humanistischen ökologischen Ansätzen unterscheidet, ist der Soziale-Plastik-Fokus auf dem kreativen Potenzial aller Menschen« (ders., unveröffentlichtes Manuskript, 2013).

12 Siehe Shelley Sacks, Exchange Values. Images of Invisible Lives, Wangen, FIU 2007 sowie www.exchange-values.org

13 Siehe Emmanuel Levinas, Zwischen uns. Versuche über das Denken an den Anderen, München, Hanser 2007.

14 Siehe www.universityofthetrees.org

15 Zur Bedeutung des »ätherischen Felds« und formender Kräfte in den sichtbaren und unsichtbaren Feldern sowie deren Beziehung zum Denken siehe Jochen Bockemühl (Hrsg.), Erscheinungsformen des Ätherischen, Stuttgart, Freies Geistesleben 1985[2].

16 Johannes Heimrath, Die Post-Kollaps-Gesellschaft. Wie wir mit viel weniger viel besser leben werden – und wie wir uns heute schon darauf vorbereiten können, München, Scorpio 2012, S. 23 und S. 29; siehe auch Joanna Macy und Molly Young Brown, Die Reise ins

lebendige Leben. Strategien zum Aufbau einer zukunftsfähigen Welt, Paderborn, Junfermann 2011; sowie Edgar Morin, Der Weg. Für die Zukunft der Menschheit, Hamburg, Krämer 2012.

17 Andreas Weber in seinem Vorwort zu: David Abram, Im Bann der sinnlichen Natur. Die Kunst der Wahrnehmung und die mehr-als-menschliche Welt, Klein Jasedow, thinkOya 2012, S. 8.

18 Carl Friedrich von Weizsäcker, Der Garten des Menschlichen. Beiträge zur geschichtlichen Anthropologie, Frankfurt a. M.: Fischer 1987, S. 147. Auf den Unterschied zwischen »Realität« und »Wirklichkeit« macht auch der Physiker Hans-Peter Dürr aufmerksam, siehe ders., Auch die Wissenschaft spricht nur in Gleichnissen. Die neue Beziehung zwischen Religion und Naturwissenschaften, Freiburg, Herder, 2005, S.12.

19 »Die Wiederentdeckung der Wirklichkeit« betitelt Andreas Weber sein Vorwort zu David Abrams Buch »Im Bann der sinnlichen Natur«, S. 8 – 20. Siehe auch Andreas Weber, Enlivenment. Towards a fundamental shift in the concepts of nature, culture and politics, hrsg. v. d. Heinrich-Böll-Stiftung, Berlin 2013.

20 Siehe Hildegard Kurt, Wachsen! Über das Geistige in der Nachhaltigkeit, Stuttgart, Mayer 2010, S. 31 ff.

21 David Bohm, Der Dialog. Das offene Gespräch am Ende der Diskussionen, S. 165 f.

22 Ebd., S. 172 f.

23 Arthur Zajonc, Aufbruch ins Unerwartete, Stuttgart, Freies Geistesleben 2010, S. 236.

24 Hannah Arendt, Über das Böse. Eine Vorlesung zu Fragen der Ethik, München; Zürich, Piper 2007, S. 77.

25 Siehe www.kupoge.de/ifk/tutzinger-manifest sowie Hildegard Kurt und Bernd Wagner, Kultur – Kunst – Nachhaltigkeit, Essen, Klartext 2002.

26 Siehe dazu Hildegard Kurt, Wachsen! Über das Geistige in der Nachhaltigkeit, Stuttgart, Mayer 2008.

27 In: Friedhelm Mennekes, Joseph Beuys: Christus ›denken‹, Stuttgart, Verlag Katholisches Bibelwerk 1996, S. 75.

28 Das »Potsdamer Manifest« knüpft an die Mahnung des »Russell-Einstein-Manifests« von 1955 an, künftig Kriege als Instrument der Konfliktlösung rigoros zu verbannen, und ging noch einen Schritt weiter: Angesichts der »Eskalation von struktureller Gewalt« stellte das »Potsdamer Manifest« unumwunden das »materialistisch-deterministische Weltbild der klassischen Physik« in Frage, das »mit seinen starren Vorstellungen und reduktiven Denkweisen zur vorgeblich wissenschaftlich legitimierten Ideologie für große Bereiche des wissenschaftlich und politisch-strategischen Denkens« geworden sei. Nur eine strategische Ausrichtung am Paradigma des Lebendigen« könne den globalisierten »kalten Krieg gegen alle und alles« überwinden. Hans-Peter Dürr, J. Daniel Dahm und

Rudolf zur Lippe, Potsdamer Manifest 2005, München, oekom 2005, S. 16 f., 21 und 13. Bei seinem Erscheinen löste dieser Appell beträchtliches Erstaunen und ansteckende Aufbruchsstimmung aus. Denn was man da las, kam ja nicht etwa von versprengten Außenseitern, sondern ging vom inneren Zirkel des Wissenschaftsbetriebs aus! Binnen kürzester Zeit wurde der Aufruf von vielen namhaften Persönlichkeiten, darunter zahlreiche Träger des Alternativen Nobelpreises, als Erstunterzeichner unterstützt. Doch ebensorasch geriet der Prozess bald darauf ins Stocken. Heute lässt sich bilanzieren: Es war die wissenschaftliche Welt selbst, die dem Aufruf aus den eigenen Reihen Einhalt gebot. Sie verweigerte sich der eigenen Avantgarde. Dem Appell zu einem »neuen Denken« wurde nahezu ausschließlich mit altem Denken geantwortet. Es kam zu einigen ungewöhnlich scharfen, ja polemischen Reaktionen namhafter wissenschaftlicher Autoritäten. Danach wagte sich kaum jemand mehr aus der Deckung.

29 Ebd., S. 59.

30 In: Volker Harlan (Hrsg.), Soziale Plastik, Achberg, Achberger Verlagsanstalt 1986[3], S. 20.

Kapitel 1: Durch tote Zonen – und darüber hinaus

31 Johann Wolfgang von Goethe, Werke. Gedenkausgabe der Werke, Briefe und Gespräche, Bd. 1, hrsg. v. Ernst Beutler (Zürich), Stuttgart, dtv, S. 515; ders., Werke. Hamburger Ausgabe, Bd. 8, hrsg. v. Erich Trunz, München: Beck (o. J.), S. 302.

32 Joseph Beuys, in: Wolfgang Zumdick, Der Tod hält mich wach. Joseph Beuys – Rudolf Steiner. Grundzüge ihres Denkens, Dornach, Pforte 2001[2], S. 86, 88.

33 Eine gute Einführung in Goethes phänomenologische Betrachtungsweise – mit erhellenden Praxisbeispielen – hat der Wissenschaftsphilosoph Henri Bortoft vorgelegt in: ders., Goethes naturwissenschaftliche Methode, Stuttgart, Freies Geistesleben 1995.

34 Der böhmische Philosoph Comenius identifizierte als Erster die Existenz von mehr als fünf Sinnen. Das wurde in Rudolf Steiners Sinnenlehre weiterentwickelt, siehe: ders., Die zwölf Sinne des Menschen in ihrer Beziehung zu Imagination, Inspiration, Intuition, Basel, Rudolf Steiner Verlag 2012[7].

35 Siehe Arthur Zajonc, Aufbruch ins Unerwartete. Meditation als Erkenntnisweg, Stuttgart, Freies Geistesleben 2010, S. 207.

36 Vortrag von Shelley Sacks im Rahmen der »Radius of Art«-Konferenz der Heinrich-Böll-Stiftung in Berlin, 2012 als Teil des Segments »Aesthetics, community and ecology towards a culture of sustainability«, woran auch Sacha Kagan, Davide Brocchi und Michelangelo Pistolleto mitwirkten. Eine Aufzeichnung davon findet sich unter youtube.com/watch?v=LgdCNrLBQxk

37 Siehe Wolfgang Sachs (Hrsg.), Wie im Westen so auf Erden. Ein polemisches Handbuch

zur Entwicklungspolitik, Reinbeck, Rowohlt 1993; sowie: ders. (Hrsg.), The Development Dictionary. A Guide to Knowledge as Power, London, Zed Books 2009[2].

38 Siehe Ivan Illich, Entschulung der Gesellschaft. Eine Streitschrift, München, Beck 2013[6].

39 Ders, ebd., S. 37 f., S. 236.

40 Siehe Ute Scheub, Haiko Pieplow und Hans-Peter Schmidt, Terra Preta. Die schwarze Revolution aus dem Regenwald, München, oekom 2013.

41 Eine Dokumentation der Heat Generators und ein unveröffentlichtes Interview dazu finden sich auf der Website der Social Sculpture Research Unit unter »History«. Die Broschüre über den dritten Weg – ein Teil jener Arbeit – wurde auf Beuys' Wunsch von Anke Löwensprung und mir für die FIU ins Englische übersetzt. Der englische Titel lautet »Action Third Road: Ideas and a Practical Attempt to Realise an Alternative to the Existing Social Systems of East and West«, hrsg. v. Free International University, Kapstadt 1979.

42 Ursprünglich als Teil des »Art and Healing«-Programms an der Nottingham Trent University, 1993, entwickelt, war dies eine der ersten »kreativen Strategien«, die darauf zielen, im Blick auf verbindende Formen aktiv mit den »unsichtbaren Materialien« zu arbeiten.

43 So eine »Strategie« in einem Workshop von Arthur Zajonc im Merton College, Oxford, April 2010.

44 Siehe Joanna Macy, »Der Umgang mit der Verzweiflung – Psychologische Antworten auf die globale Krise«, in: Franz-Theo Gottwald und Andrea Klepsch (Hrsg.), Tiefenökologie. Wie wir in Zukunft leben wollen, München, Diederichs 1995. Ein praxistaugliches Handbuch zur tiefenökologischen Methode, wie sie inzwischen auf allen Arbeitsfeldern überall auf der Welt praktiziert wird, ist: Joanna Macy und Molly Young Brown, Die Reise ins lebendige Leben. Strategien zum Aufbau einer zukunftsfähigen Welt, Paderborn, Junfermann 2011.

45 David Abram, »Vom Vergessen und Wiedererinnern der Luft«, in: ders., Im Bann der sinnlichen Natur, Klein Jasedow, thinkOya, 2012, S. 233–266.

Kapitel 2: Das Erdforum

46 Siehe www.universityofthetrees.org. Das fünfte Kapitel wird sich eingehender mit der University of the Trees beschäftigen.

47 Die Förderer waren Paul Fentener van Vlissingen und Caroline Tisdall, angeregt durch einen Besuch von Exchange Values im Jahr 1998. Aus diesen Mitteln entstanden zunächst das »Sustaining Life Project«, dann das Erdforum und die University of the Trees. Über die Jahre hinweg organisierten wir eine Reihe von Aktivitäten in Zusammenhang mit »verbindenden Praktiken«, darunter mehrere Symposien zu »verbindender Ästhetik«,

einen dreitägigen »Beratungsprozess«, an dem auch Vertreter des United Nations Development Programme (UNDP) teilnahmen sowie einige Think Tanks der University of the Trees. Caroline und ich hatten vor vielen Jahren in der FIU zusammengearbeitet.

48 Richard Hayward, Architekt und Stadtplaner, beteiligte sich drei Jahre lang am Sustaining Life Project, zusammen mit Dr. Graham van Wyk, Dr. John Colvin und Prof. Caroline Tisdall. Siehe www.social-sculpture.org.

49 Mound: Rethinking the Paradigm of Dominion. City Museum and Art Gallery, Stoke-on-Trent, GB, 1992. Siehe www.social-sculpture.org

50 Siehe www.exchange-values.org

51 Siehe Shelley Sacks, Exchange Values. Images of Invisible Lives, Wangen, FIU 2007. Dieses Büchlein entstand in Zusammenhang mit der Konferenz »Ursache Zukunft« und der Ausstellung »Soziale Plastik heute« am Goetheanum in Dornach. Sechs Monate lang arbeitete ich dort fast täglich mit bis zu dreißig Menschen am Exchange-Values-Tisch in einem Prozess, der die meisten Formen und Praktiken des Erdforums enthielt, namentlich das »aktive Zuhören« und den »Imaginationsraum«. Alex Arteaga unterstützte mich dabei und untersuchte diesen Prozess anschließend in seiner Dissertation, siehe ders., Sensuous framing. Grundzüge einer Strategie zur Konzeption und Verwirklichung von Rahmenbedingungen des Wahrnehmens, Berlin, Humboldt Universität 2010, www.edoc.hu-berlin.de/dissertationen/arteaga-fernandez-alejandro-2010-02-09/PDF/arteaga.pdf

52 Siehe Shelley Sacks und Wolfgang Zumdick, Atlas – Ort des Treffens, Stuttgart, Mayer 2009; sowie: www.ortdestreffens.de

53 Dieser Begriff entstand während des Exchange-Values-Projekts 2007 in einem Austausch mit drei engen Mitarbeitern – Alex Arteaga, James Reed und Nicholas Stronczyk, bei dem es um unsere Rolle in den Exchange-Values-Foren ging. Wir erkannten, dass die Begriffe »Moderator« oder »Leiter« nicht passten. Ich schlug den Begriff »verantwortlicher Teilnehmender« vor – und wir probierten ihn aus. Er bewährte sich. Wie dieser Begriff unsere Arbeit am Exchange-Values-Tisch vertiefte, bestätigt, dass Sprache, Worte und Ideen nicht prinzipiell von nonverbalem Handeln getrennt und als Theorie bezeichnet werden sollten. Sie sind ein integraler Bestandteil der Praxis! Wirkliche Theorie lässt sich nicht von Praxis trennen und umgekehrt.

54 Volker Harlan, Die sieben Substanzen der Sakramente, Stuttgart, Urachhaus 2008, S. 60 f.

55 Der vollständige elfte Spruch dieser Schrift aus altchinesischer Zeit, dessen Bildkraft bis heute unübertrefflich scheint, lautet: Dreißig Speichen umgeben eine Nabe: / In ihrem Nichts besteht des Wagens Werk. / Man höhlet Ton und bildet ihn zu Töpfen: / In ihrem Nichts besteht der Töpfe Werk. / Man gräbt Türen und Fenster, damit die Kammer werde?: / In ihrem Nichts besteht der Kammer Werk. / / Darum: Was ist, dient zum Besitz. / Was nicht ist, dient zum Werk.

56 Martin Buber, »Zwiesprache«, in: ders., Das dialogische Prinzip, Gerlingen, Lambert Schneider 1994[7], S. 185.

Kapitel 3: (R)Evolutionäre werden und einander dabei helfen

57 Das Wechselspiel zwischen Revolutionär und Evolutionär nimmt bei Beuys eine zentrale Stelle ein. »Die Revolution sind wir« lautete der Titel der bislang umfangreichsten Werkschau im Jahr 2008, präsentiert von der Nationalgalerie im Museum Hamburger Bahnhof in Berlin. Wie keine andere zuvor fokussierte diese Ausstellung nicht auf die Objekte – Installationen, Environments, Zeichnungen oder Relikte von Aktionen, die es gleichwohl auch zu sehen gab. Vielmehr war ihr primäres Ziel, das zu vermitteln, was Beuys selbst als seinen wichtigsten Beitrag ansah, nämlich das anthropologisch erweiterte Verständnis von Kunst. Dieses wiederum ließe sich mit dem Satz umschreiben: Die Evolution sind wir. Siehe Volker Harlan, »Evolution«, in: Beuys. Die Revolution sind wir: Katalog zur Ausstellung, hrsg. v. Eugen Blume und Catherine Nichols, Göttingen, Steidl 2008, S. 365 – 367.

58 Daniel Belgrad, The Culture of Spontaneity, Chicago, University of Chicago Press 1999.

59 Zur Vortrags-Aktion in Bristol siehe Shelley Sacks, »Re-membering, Re-envisioning, Renewing«, in: Drawing Fire 1. Journal of the National Association for Fine Art Education, 1997; sowie Hildegard Kurt, Wachsen! Über das Geistige in der Nachhaltigkeit, Stuttgart, Mayer 2010, S. 89 f. Der »Denkkeil«-Prozess *(Thought Wedge process)* ist eines der Bewusstheitsinstrumente der University of the Trees. Er wurde für eine Verwendung in Seminaren und bei Symposien konzipiert als Methode, um »mit Fragen als Kräften zu arbeiten« und »Antworten sich entfalten zu lassen«. Der Titel besagter Konferenz im Mai 2009 war »The Fierce Urgency of Now«.

60 Den Begriff »Richtkräfte« verwendete Beuys für die Werte und ethischen Kräfte, die unser Handeln formen und zum Teil daraus entstehen, dass man »der Zukunft zuhört«, um zu hören, was gebraucht wird. Die Beuys-Installation »Richtkräfte für eine neue Gesellschaft«, inzwischen in der Sammlung der Nationalgalerie in Berlin, entstand aus einem Dialogprozess als Teil der Ausstellung »Art into Society, Society into Art« 1974 im Institute of Contemporary Arts in London. Bei ihrer Präsentation in New York (1975) nahm ich an den täglichen Diskussionen mit Beuys und dem Publikum über die Rolle solcher Richtkräfte bei der Gestaltung eines »freien, demokratischen Sozialismus« teil. Eine Online-Einführung in die Richtkräfte-Installation findet sich unter www.berlininart.com/joseph-beuys-at-the-hamburger-bahnhof

61 Siehe Arthur Koestler, Die Wurzeln des Zufalls, München, Scherz 1984; Ken Wilber, Eros Kosmos Logos. Eine Jahrtausend-Vision, Frankfurt a. M., Fischer 2011[5]; Kosha Anja

Joubert, Die Kraft der kollektiven Weisheit, Bielefeld, Kamphausen 2010, S. 23 – 33 und Joanna Macy und Molly Young Brown, Die Reise ins lebendige Leben, Paderborn, Junfermann 2011, S. 56 – 61.

62 Siehe ders., Positive Disintegration, Boston, Little, Brown & Co. 1964, Joanna Macy und Molly Young Brown, ebd., S. 61 f. sowie Joanna Macy, »Sterbebegleiter für das Alte sein – und Hebammen für das Neue«, in: Zukunft entsteht aus Krise, hrsg. v. Geseko von Lüpke, München, Riemann 2009, S. 161 – 180.
»Es ist keine Schande, in eine Krise zu geraten. Aber es wäre ein Fehler, sie nicht zu nutzen«: Von diesem Gedanken der amerikanischen Ökonomin Hazel Henderson ausgehend, hat Geseko von Lüpke in dem vorstehend genannten Buch mehr als zwanzig wichtige Impulsgeber, die meisten von ihnen aus zivilgesellschaftlichen Initiativen, zu einer Art dialogischer »Zukunftswerkstatt« versammelt.

63 Mehrere meiner Vortrags-Aktionen aus jüngster Zeit handelten davon, unsere »Antennen« zu erkennen und herauszufinden, wie wir sie bewusster einsetzen können, während sie zugleich eine Hommage an die »ungehörten Wesen« beinhalteten. Anlässe dafür waren die Eröffnungs- und Abschlussveranstaltung von »Coyote« in der Galerie Large Glass, London, im Oktober und Dezember 2011 sowie die Symposien-Reihe »Im Bann der sinnlichen Natur« gemeinsam mit Hildegard Kurt, David Abram und Andreas Weber in Deutschland und Tschechien im März 2013, veranstaltet von der Verlagsedition thinkOya in Kooperation mit der Heinrich-Böll-Stiftung Berlin, den Transition-Town-Initiativen Göttingen und Hannover, dem Agenda 21-Büro der Stadt Hannover, der Stiftung Leben & Umwelt/Heinrich-Böll-Stiftung Niedersachsen sowie der Schweisfurth-Stiftung in München.

64 Siehe Projekt Zukunft. 14 Beiträge zur Aktualität von Robert Jungk, hrsg. v. Klaus Firlei und Walter Spielmann, Salzburg, Otto Müller, 2013; Otto Scharmer, Theorie U. Von der Zukunft her führen, Heidelberg, Carl Auer 2009; Michael Braungart, Die nächste industrielle Revolution. Die Cradle to Cradle-Community, Hamburg, Europäische Verlagsanstalt 2011[2].

65 Eine zentrale Idee in Gottfried Wilhelm Leibniz' Monadenlehre. Bei Leibniz jedoch sind »fensterlose Monaden«, obgleich von der Umgebung abgetrennte Einheiten, nicht unbedingt negativ. Siehe Claus J. Rohde, Geisteskörper. Eine Interpretation der Monadenlehre von Leibniz. Osnabrück: Edition Das andere Buch 2002.

66 Siehe hierzu Volker Harlan, Das Bild der Pflanze in Wissenschaft und Kunst. Aristoteles – Goethe – Klee – Beuys, Stuttgart, Mayer 2002; oder auch Matthias Bunge, Zwischen Intuition und Ratio. Pole des bildnerischen Denkens bei Kandinsky, Klee und Beuys, Stuttgart, Franz Steiner 1996.

67 Hildegard Kurt, Wachsen!, S. 179–207.

68 Zum Menschenbild der Moderne haben in jüngerer Zeit der Philosoph Roberto Esposito und der Sozialwissenschaftler Davide Brocchi Erhellendes vorgelegt. In einer Art »Psychoanalyse« moderner Gesellschaften identifizieren sie erstarrte emotionale Strukturen als kulturellen Ursprung und Überbau. Merkmale dieser emotionalen Strukturen seien ein negatives Menschenbild, ein negatives Naturbild und ein Separationsdenken. Maßgeblich hierzu beigetragen haben, so Brocchi, einflussreiche Denker der Moderne wie Niccolò Machiavelli oder Thomas Hobbes. Und im gesellschaftlichen Diskurs noch viel zu wenig reflektiert Brocchis Schlussfolgerung: »Das negative Menschenbild ist nicht die Konsequenz der Erfahrung von Auschwitz, sondern hat vielmehr selbst zu Auschwitz geführt.« Siehe Roberto Esposito, Communitas. Ursprung und Wege der Gemeinschaft, Berlin, Diaphanes 2004; sowie Davide Brocchi, Negatives Menschenbild und Separationsdenken der modernen Gesellschaft. Cultura21 eBooks Reihe zur Kultur der Nachhaltigkeit Bd. 4. http://magazin.cultura21.de, 2011, Zitat S. 8.
Wie das verarmte Menschenbild der frühen Industriemoderne die profitorientierte, heute weltweit etablierte »Bioökonomie« prägt, führt Andreas Weber aus in: ders., Enlivenment. Towards a Fundamental Shift in the Concepts of Nature, Culture and Politics, hrsg. v. d. Heinrich-Böll-Stiftung. Bd. 31 der Publikationsreihe Ökologie, Berlin 2013, S. 24–26.

69 Siehe Margaret Wheatley, Leadership and the New Science, San Francisco, Berrett-Koehler 2005; sowie dies., Turning to One Another. Simple Conversations to Restore Hope to the Future, San Francisco, Berrett-Koehler 2009; Allan Kaplan, Development Practitioners and Social Process. Artists of the Invisible, London, Pluto Press 2002; sowie Jascha Rohr, In unserer Macht, Aufbruch in die kollaborative Demokratie, Klein Jasedow, thinkOya 2013; www.ecovillage.org; www.partizipativgestalten.de; www.proteusinitiative.org

70 Siehe David Bohm, Der Dialog, S. 32 ff.

71 Zitiert nach Chris Desser, »Art and the Commons«, www.greenmuseum.org/generic_content.php?ct_id=300

72 Schillers »Über die ästhetische Erziehung des Menschen« hat einen großen Einfluss auf Denker ausgeübt, die sich mit der ästhetischen Dimension in bezug auf Freiheit auseinandersetzen, darunter Friedrich Nietzsche, Karl Marx, Herbert Read und Herbert Marcuse. Meine Vorträge über Joseph Beuys verbinden dessen dreigegliederte »Plastische Theorie« mit den von Schiller beschrieben »Trieben«. Siehe auch Christian Rittelmeyer, Über die ästhetische Erziehung des Menschen. Eine Einführung in Friedrich Schillers Anthropologie, Weinheim und München, Juventa 2005; sowie: Hildegard Kurt, Wachsen!, S. 79–83.

Kapitel 4: Von ganz unten

73 Erster Tag:

19.00 Begrüßung und Organisatorisches

19.10 Einführung

19.30 Die eigene Erde bringen. Imaginative Vorstellung

Zweiter Tag:

10.00 Auf dem Boden der Tatsachen. Eine Erkundung

11.45 Erde sein
»Metanoia« – Aktion und Impuls
Was sind Eigenschaften und Verhaltensweisen lebendiger Erde?
Wie wäre ein Denken und Handeln beschaffen, das absichtsvoll wie lebendige Erde wirken wollte?

14.00 Mittagspause

15.00 Kompost sein
»Gabe« – Aktion und Impuls
Was muss absterben, damit Lebendigkeit wachsen kann?

Dritter Tag:

10.00 Einander Humus sein

12.30 Abschlussrunde

13.00 Ende

74 Der Begriff »Anthropozän« wurde um die Jahrtausendwende von dem Chemiker und Nobelpreisträger Paul J. Crutzen als Bezeichnung eines neuen geologischen Erdzeitalters – nach dem Holozän – geprägt. Im Kern besagt die inzwischen sehr einflussreiche Anthropozän-These, unsere Vorstellung von Natur sei insofern überholt, als »Natur« heute durchweg vom Menschen geformt werde. Eine kritische Auseinandersetzung damit findet sich bei Wolfgang Sachs, »Den fossilen Öltanker durch viele Segelboote ablösen«, in: Geseko von Lüpke, Zukunft entsteht aus Krise, München, Riemann 2009, S. 245–268, hier S. 248 f. und 255 f.; sowie bei Andreas Weber, Enlivenment, S. 18 f. und S. 68 f.

75 Robert Harrison, Gärten. Ein Versuch über das Wesen des Menschen, München, Hanser 2010, S. 56.

76 Ivan Illich: Celebration of Awareness. A Call for Institutional Revolution. London und New York: Marion Boyars 1971 (dt. Übers.: Klarstellungen. Pamphlete und Polemiken, München, Beck 1996).

77 Siehe Arthur Zajonc, Die Lichtfänger. Die gemeinsame Geschichte von Licht und Bewusstsein, Stuttgart, Freies Geistesleben 2014[2]. Eine wunderbare Heranführung an die

Phänomenologie, wie insbesondere Edmund Husserl und Maurice Merleau-Ponty sie dann prägten, findet sich in David Abram, Im Bann der sinnlichen Natur. Auch Andreas Webers »schöpferische Biologie« folgt dem phänomenologischen Ansatz, siehe ders., Alles fühlt. Mensch, Natur und die Revolution der Lebenswissenschaften, Berlin, Berlin Verlag 2012[4]; sowie ders., Minima Animalia, Klein Jasedow, thinkOya 2012.

78 Die Philosophin Isis Brook befasst sich mit einem ähnlichen Phänomen, siehe dies., »Goethean Science as a Way to Read Landscape«, in: Landscape Research, Journal, Vol. 23, No.1, 1998, S. 51 – 69.

79 Volker Harlan, Was ist Kunst? Werkstattgespräch mit Beuys, Stuttgart, Urachhaus 1992[4], S. 91 – 123; und ders., Das Bild der Pflanze in Wissenschaft und Kunst; Henri Bortoft, Goethes naturwissenschaftliche Methode; Allan Kaplan, Development Practitioners and Social Process. Artists of the Invisible, London, Pluto Press 2002; www.proteusinitiative.org; sowie Craig Holdrege, »Doing Goethean Science«, in: Janus Head, 8(1) 2005, S. 27 – 52. Das von Holdrege geleitete Nature Institute in New York wendet die »zarte Empirie« insbesondere im Blick auf Fragen der Genmanipulation an, siehe www.natureinstitute.org

80 Martin Buber, Ich und Du, S. 41.

Kapitel 5: Ein Bewusstheitsfeld schaffen

81 Die University of the Trees – insbesondere die Notwendigkeit, ein »Bewusstheitsfeld« und eine Arena für ein neues Sehen zu schaffen – begann in Irland zwischen 2000 und 2003. Auslöser war eine Einladung von Gordon Campbell und der Academy of Everything is Possible, die Aktion »Landing Strip for Souls« zusammen mit einer irischen Version von Beuys' »7000 Eichen« durchzuführen. Ein zweijähriger Austausch mit verschiedenen irischen Nachhaltigkeits-Gruppen, darunter Sustainable Ireland in Dublin, bestärkten mich in der Ansicht: Wenn man die Ideen der Sozialen Plastik und die ökologische Krise ernst nimmt, wird man der Bitte, »Beuys und den Planeten zu ehren«, am ehesten nachkommen, indem man einen Rahmen für eine multidimensionale Auseinandersetzung mit Bäumen schafft – was durchaus zum Pflanzen von Bäumen, aber auch zu anderen Handlungen führen könnte, einschließlich der inneren Handlungen, die es für ein Neudenken und Neugestalten unserer Haltung zur Welt braucht. Und so entstand der Vorschlag eines Place for New Vision: einer neuartigen »Wald-Akademie«, was sowohl ein Vorläufer der University of the Trees als auch ein Kind von Beuys' Free International University und seiner Idee einer »permanenten Konferenz« war. Das fiel zeitlich mit den frühen Erdforum-Experimenten 2002 in Südafrika zusammen. Beide Soziale-Plastik-Ansätze erkundeten Antworten auf die ökologische Krise, in denen innere und äußere Arbeit sich miteinander verbinden, was uns befähigen würde, Aussagen

wie »Jeder Mensch ein Künstler« oder auch die Beziehung zwischen der neudefinierten Ästhetik und unserer »response-ability« zu erleben. Siehe www.universityofthetrees.org

82 Interessanterweise hob Beuys die Bedeutung des »Felds« in einem kurzen und ziemlich rätselhaften Manifest zum erweiterten Kunstbegriff mit dem Titel »Ich durchsuche Feldcharakter« hervor, veröffentlicht im Ausstellungskatalog »Kunst im politischen Kampf«, hrsg. v. Kunstverein Hannover 1973, S. 31. Doch erst 2001 wurde diese Betonung des Felds im Rahmen der University of the Trees eine explizite Dimension des sich entfaltenden Soziale-Plastik-Ansatzes und eine spezifische, partizipative ästhetische Praxis.

83 Der englische Physiker, Mathematiker und Nobelpreisträger Sir James Jeans (1877 – 1946) schlug als erster moderner Wissenschaftler die Deutung vor, dass im ganzen Universum fortwährend Materie geschaffen werde. Sein Buch »Physik und Philosophie« von 1944 untersucht die Beziehungen zwischen der Physik seiner Zeit und alten Texten wie Valmikis »Yoga Vasista«. Auf ähnliche Weise erkundet Marco Bischof die Verbindungen zwischen alten Weisheitslehren und der heute zeitgenössischen Wissenschaft, siehe ders., Tachyonen Orgonenergie Skalarwellen. Feinstoffliche Felder zwischen Mythos und Wissenschaft, Aarau, AT Verlag 2002.

84 Die prozesshaft angelegte Arbeit »Ritual Aids for the Impasse« von 1972, ein frühes »Bewusstheitsinstrument«, widmete sich der Schnittstelle zwischen Gedanken und dem Stofflichen, an der Denken oder Geist nicht das Gegenteil von Materie sind und an der wir beginnen, manche Fähigkeiten wiederzubeleben und neue zu entwickeln.

85 In einem ersten unterirdischen Raum, dem »Raum des Erinnerns«, arbeiteten die Leute mit Wasser, das aus einem kleinen See hoch oberhalb der Stadt herbeigebracht worden war. Eine Kupferstange in einem Krug mit von Gedanken und Bildern aufgeladenem Wasser diente als Instrument, um Zugang zu diesen Gedanken und Bildern zu erhalten. Goethe hat den wunderbaren Ausdruck geprägt, Wasser sei »alldurchdringend, alldurchdrungen«. An diesem dunklen, unterirdischen Ort in Edinburgh wurde erfahrbar, wie Bilder vergangener Geschehnisse sich wiederfinden lassen, gehalten in den Wassern, die durch unsere Geschichte und unser Leben fließen. Ich wollte herausbekommen, ob wir durch dieses Wiederfinden von Gedanken und Bildern beginnen könnten zu erfahren, wie jede von Menschen gestaltete Form im Letzten eine Verdichtung von Gedanken, Haltungen und Werten ist. Ob uns dies wiederum befähigen könnte, mehr Verantwortung für das, was wir denken, zu übernehmen. Und ob es uns helfen könnte zu lernen, wie es möglich wird, unsere Gedanken umzukehren: Wie wir das, was in unserem Leben und in der Welt problematisch ist, im Vertrauen auf die Wirkkraft des Denkens neu denken und neu bearbeiten können. »Thought Banks« war von der Demarco European Art Foundation in Auftrag gegeben worden und wurde 1995 ein weiteres Mal, nun unter den Royal Botanic Gardens, installiert. Beide Male setzten sich Hunderte von Menschen

sechs Wochen lang mit dieser Arena für »aktive Imagination« und »Um-denken« auseinander. Siehe »Thought Banks« auf: www.social-sculpture.org

86 In der zweiten Entwicklungsphase der University of the Trees (2006–2009) war Volker Harlan sehr wichtig: als Dialogpartner, Referent und einer der frühesten Workshop-Leiter. Er ermutigte immer wieder, dies als eine richtige Universität anzusehen, zu deren zentralen Zielen eine neue Sinnesschulung zählt. Viele weitere Personen haben eine wichtige Rolle für ihre Entwicklung gespielt: Clive Adams, Leiter des Centre for Contemporary Art and the Natural World (CCANW), der mich einlud, eine Soziale Plastik zu Wald zu entwickeln, und dann zwischen 2006 und 2011 zusammen mit Johanna Korndorfer half, die im Entstehen begriffene University of the Trees in die Praxis zu führen. Johanna war, zusammen mit vielen Gruppen, mit denen wir im CCANW arbeiteten, eine meiner stetigen Dialogpartnerinnen, wobei sie die frühen Prototypen der University of the Trees erkundete und testete. Im Jahr 2006 war auch James Reed ein unschätzbarer Dialogpartner, besonders während unserer wochenlangen Besuche im Wald, bei denen sich die Idee der »Bewusstheitsinstrumente« entwickelte. Caroline Tisdall war ebenfalls eine stetige Partnerin und Muse für die University of the Trees. Seit jener frühen Zeit haben viele weitere zugehört und geholfen, die Ideen durchzuarbeiten, nicht zuletzt Hildegard Kurt, Wolfgang Zumdick, Walter Kugler, Allan Kaplan, Maritta Koch-Weser, Graham van Wyk, Babetin Weber, Rebecca Gasson, Ruth Harvey-Regan, Sophie Millner, Joseph Nash, Rosa van Wyk, Owen Jarvis sowie viele Master- und Promotionsstudenten und natürlich die Gruppen der University of the Trees.

87 Viele Kulturen, Visionärinnen, Wissenschaftlerinnen und Philosophen – darunter Hildegard von Bingen, Juliana von Norwich, Meister Eckhart, Goethe, Aldous Huxley, Anagarika Govinda, Rudolf Steiner, Thich Nhat Hanh oder in jüngerer Zeit Ken Wilber, Starhawk und Arthur Zajonc – haben Wege beschrieben, um die »Tore der Wahrnehmung« zu öffnen. Mit ihrer Betonung eines »Entschulens« und »Neu-Schulens« der Sinne stützt sich die University of the Trees auf verschiedene indigene, zeitgenössische, philosophische und wissenschaftliche Erkenntnisse und Methoden einer erweiterten Wahrnehmung, wobei hier ein Fokus darauf liegt, durch poetische Imagination und verbindendes Denken zu Bewusstheit zu gelangen. Poetische Imagination in Beziehung zur Sozialen Plastik ist auch in Wolfgang Zumdicks Arbeit zentral, siehe Shelley Sacks und Wolfgang Zumdick, Atlas. Ort des Treffens, Stuttgart, Mayer 2009.

88 Ein wichtiger Impulsgeber im Grundeinkommen-Netzwerk ist Enno Schmidt, der gemeinsam mit Daniel Häni den Film »Grundeinkommen – Ein Kulturimpuls« (2008) drehte (online als Creative Commmons verfügbar: http://grundeinkommen.tv). Zwischen 1998 und 2001 wirkte Schmidt als Research Associate aktiv am Aufbau der Social Sculpture Research Unit in Oxford mit, bevor er – besonders in der Schweiz und mit

beträchtlichem Erfolg – seine Energien auf die Verbreitung des Grundeinkommen-Gedankens konzentrierte.

89 1978 gründeten wir eine genossenschaftliche NRO namens »Zakhe«, die bis 1982 in Verbindung mit der Free International University Südafrika daran arbeitete, alternative Formen von Arbeit zu entwickeln. In diesem Kontext schrieb ich für Oxfam ein Papier mit dem Titel »Jenseits der Arbeitseinheit-Mentalität«. Die Schrift zum dritten Weg, die wir auf Beuys' Wunsch hin übersetzten, beeinflusste eine Reihe »geheimer« Diskussionen mit Mitgliedern verschiedener politischer Gruppierungen über eine »Blaupause für Genossenschaftsentwicklung« in einem Südafrika nach der Apartheid. Siehe den Südafrika-Bereich auf www.social-sculpture.org

90 Siehe ders., Theorie U. Von der Zukunft her führen, Heidelberg, Carl-Auer 2009, S. 31 – 34.

91 »Permakultur« meint ursprünglich eine nachhaltige Landwirtschaft – *permanent agricuture*. In den siebziger Jahren von den Australiern Bill Mollison und David Holmgren initiiert, wurde die Bedeutung dieses Begriffs seitdem in seiner weltweiten Anwendung erweitert. Siehe Bill Mollison, Permakultur konkret. Entwürfe für eine ökologische Zukunft, Darmstadt, pala 2009[3]; sowie: David Holmgren, Permakultur. Gestaltungsprinzipien für zukunftsfähige Lebensweisen, Klein Jasedow, Drachen Verlag 2013.

92 Tatsächlich wurde die U-Theorie bereits seit den sechziger Jahren von Bernard Lievegoed, einem Pionier der Organisationsentwicklung, ausgearbeitet. Zu seinen wichtigsten Büchern zäht: Bernard Lievegoed, Das Gute tun. Ankommen im 21. Jahrhundert, Stuttgart, Freies Geistesleben 2012.

93 *»Imagination becomes an organ of perception«*, Henri Bortoft in der Interviewreihe »Dialogue on Leadership« mit Otto Scharmer, 1999, siehe: www.iwp.jku.at/born/mpwfst/02/ sowie www.dialogonleadership.org/interviewBortoft.html

94 Siehe Silke Helfrich, »Von wegen alternativlos!«, in: Böll. Thema 1/2012, S. 30 – 32 (online als Creative Commmons verfügbar: www.boell.de). Weitere wichtige Texte zur Commons-Debatte sind Elinor Ostrom, Die Verfassung der Allmende. Jenseits von Markt und Staat, Tübingen, Mohr Siebeck 1999; Commons. Für eine neue Politik jenseits von Markt und Staat, hrsg. v. Silke Helfrich und Heinrich-Böll-Stiftung, Bielefeld, Transcript 2012 (online als Creative Commmons verfügbar: www.boell.de); Silke Helfrich, »Commons fallen nicht vom Himmel«, in: Oya 20, Mai / Juni 2013, S. 14 – 17 (online als Creative Commmons verfügbar: www.oya-online.de); Andreas Weber, Enlivenment. Towards a Fundamental Shift in the Concepts of Nature, Culture and Politics, hrsg. v. Heinrich-Böll-Stiftung, Bd. 31 der Publikationsreihe Ökologie, Berlin 2013 (online als Creative Commmons verfügbar: www.boell.de); sowie Johannes Heimrath, Die Commonie. Versuchsanordnung für eine Post-Kollaps-Gesellschaft des guten Lebens, Klein Jasedow, thinkOya 2013 (online als Creative Commmons verfügbar: www.think-oya.de).

95 Siehe Joanna Macy, »Der holonische Umschwung und wie man daran teilnehmen kann«, in: Tiefenökologie, hrsg. v. Franz-Theo Gottwald und Andrea Klepsch, München, Diederichs 1995, S. 329 – 334.

96 Initiiert von Rob Hopkins, entstand diese Bewegung 2006 im südenglischen Totnes und breitet sich seitdem über mehrere Kontinente aus. Insbesondere im Blick auf die zur Neige gehenden fossilen Energieressourcen machte Hopkins Tipping-Point-Szenarien zur Grundlage der Initiative. »Tipping Point«, deutsch »Umkipp-Punkt«, bezeichnet jenen Punkt oder Moment, an dem eine zuvor lineare Entwicklung durch bestimmte Rückkopplungen abrupt abbricht, die Richtung wechselt oder stark beschleunigt wird. Vor diesem Hintergrund eines qualitativen Umschlagpunkts entwickelte Hopkins ein Design des Übergangsprozesses, dem Permakultur-Prinzipien zugrunde liegen. Siehe Rob Hopkins, Energiewende. Das Handbuch, Leipzig Zweitausendeins 2008[2]; sowie ders., The Transition Companion, Vermont, Chelsea Green Publishing 2011; www.transition-initiativen.de

97 Zu den wegweisenden Akteuren auf dem Feld der Eco Art zählen Karin Bergdolt und Sam Bower, Jackie Brookner, Timothy Collins, Reiko Goto, Helen und Newton Harrison, Pedi Matthies, Dominique Mazeaud, David Haley, Don Krug, Tricia Phillips, Susan Leibovitz Steinmann, Beverly Naidus, Aviva Rahmani, Ann Rosenthal und Insa Winkler. Ein aktueller Überblick findet sich auf www.greenmuseum.org und www.ecoartnetwork.org. Auch die spanische Gruppe »La Fiambrera« mit ihrem Fokus auf Bürger-Ermächtigung, direkter Demokratie und Selbstorganisation ist eine wichtige Strömung erweiterter ästhetischer Praxis. Dies und die Arbeit ähnlicher Gruppen erforscht Mary Lou Barrett in »Creative Cultural Action. A Revolutionaries' Guide«, Dissertation am Social Sculpture Research Unit der Oxford Brookes University (online verfügbar: www.tabulafortisinpace.eu/uploads/8/1/9/8/8198212/a_revolutionaries_guide.pdf).

98 Hildegard Kurt, »Ästhetik der Nachhaltigkeit«, in Ökologische Ästhetik. Theorie und Praxis künstlerischer Umweltgestaltung, hrgs. v. Heike Strelow, Basel, Berlin, Boston, Birkhäuser 2004, S. 238 – 242; siehe auch dies., »Nachhaltigkeit – eine Herausforderung an die Kunst?«, in: Kulturpolitische Mitteilungen Nr. 97 II/2002, S. 46 – 49 (online verfügbar: www.kupoge.de/kumi/pdf/kumi97/kumi97_46-49.pdf); dies., »Der umgedrehte Spazierstock. Strategien für eine ästhetische Einrichtung der Erde«, Cultura 21 E-Book 2007 (online verfügbar:http://magazin.cultura21.de); sowie dies., »Immer mehr zu Künstlern werden«, in: Oya 09/2011 (online als Creative Commons verfügbar: www.oya-online.de/article/read/426-immer_mehr_zu_kuenstlern_werden.html).

Einen Überblick über die Geschichte und aktuellen Entwicklungen ökologischer Kunst bietet Sacha Kagan, Art and Sustainability. Connective Patterns for a Culture of Complexity, Bielefeld, Transcript 2011; sowie ders., Auf dem Weg zu einem globalen

(Umwelt-) Bewusstseinswandel. Über transformative Kunst und eine geistige Kultur der Nachhaltigkeit, hrsg. v. Heinrich-Böll-Stiftung, Bd. 20 der Schriftenreihe Ökologie, Berlin 2012 (online als Creative Commons verfügbar: www.boell.de). Aktuelle Positionen ökologischer Kunst präsentiert die seit 2012 tourende Wanderausstellung »Zur Nachahmung empfohlen. Expeditionen in Ästhetik und Nachhaltigkeit«, siehe: Adrienne Goehler, Konzeptgedanken zur Errichtung eines Fonds Ästhetik und Nachhaltigkeit, unter Mitarbeit von Jaana Prüss, hrsg. v. Heinrich-Böll-Stiftung, Bd. 10 der Schriftenreihe zur Bildung und Kultur, Berlin 2012 (online als Creative Commons verfügbar: www.boell.de).

99 Siehe Paul Hawken, Wir sind der Wandel. Warum die Rettung der Erde bereits voll im Gang ist – und kaum einer es bemerkt, Emmendingen, Hans Nietsch 2010.

100 Siehe Vandana Shiva, Monocultures of the Mind. Perspectives on Biodiversity, New Delhi, Natraj Publishers 2011.

101 Wolfgang Sachs, »Den fossilen Öltanker durch viele Segelboote ablösen«, in: Zukunft entsteht aus Krise, hrsg. v. Geseko von Lüpke, München, Riemann 2009, S. 245 – 269, hier S. 249 und 264.

102 Rainer Maria Rilke in einem Brief an seinen polnischen Übersetzer Withold Hulewicz vom 13. November 1925, zitiert nach Wilhelm Grenzmann, Deutsche Dichtung der Gegenwart, Frankfurt a. M., Menck 1953, S. 78.

LITERATUR

ABRAM, DAVID: Im Bann der sinnlichen Natur. Die Kunst der Wahrnehmung und die mehr-als-menschliche Welt. Klein Jasedow: thinkOya 2012.

ARENDT, HANNAH: Über das Böse. Eine Vorlesung zu Fragen der Ethik. München: Piper 2007.

– Vita activa. Vom tätigen Leben. München: Piper 2007[6].

ARTEAGA, ALEX: Sensuous framing. Grundzüge einer Strategie zur Konzeption und Verwirklichung von Rahmenbedingungen des Wahrnehmens. Dissertation an der Philosophischen Fakultät der Humboldt Universität zu Berlin 2010. http://edoc.hu-berlin.de/dissertationen/arteaga-fernandez-alejandro-2010-02-09/PDF/arteaga.pdf

BATESON, GREGORY: Steps to an Ecology of Mind. New York: Ballantine 1995.

BELGRAD, DANIEL: The Culture of Spontaneity. Chicago: University of Chicago Press 1999.

BEUYS, JOSEPH: »Ich durchsuche Feldcharakter«. In: Kunst im politischen Kampf, Ausstellungskatalog. Hrsg. v. Christos M. Joachimides. Hannover: Schäfer 1973.

BISCHOF, MARCO: Tachyonen, Orgonenergie, Skalarwellen: Feinstoffliche Felder zwischen Mythos und Wissenschaft. Aarau: AT Verlag 2002.

BLUME, EUGEN / CATHERINE NICHOLS (Hrsg.): Beuys. Die Revolution sind wir. Katalog zur Ausstellung. Göttingen: Steidl 2008.

BOCKEMÜHL, JOCHEN (Hrsg.): Erscheinungsformen des Ätherischen. Stuttgart: Freies Geistesleben 1985[2].

BOHM, DAVID: Der Dialog. Das offene Gespräch am Ende der Diskussionen. Stuttgart: Klett-Cotta 2002[3].

– Thought as a System. New York: Routledge 1994.

BORTOFT, HENRI: Goethes naturwissenschaftliche Methode. Stuttgart: Freies Geistesleben 1995.

BRAUNGART, MICHAEL: Die nächste industrielle Revolution. Die Cradle to Cradle-Community. Hamburg: Europäische Verlagsanstalt 2011[2].

BROCCHI, DAVIDE: Negatives Menschenbild und Separationsdenken der modernen Gesellschaft. Cultura 21 eBooks-Reihe zur Kultur der Nachhaltigkeit Bd. 4. (Online als Creative Commmons verfügbar: http://magazin.cultura21.de)

BROOK, ISIS: »Goethean Science as a Way to Read Landscape«. In: Landscape Research, Journal, Vol. 23, No. 1, 1998, S. 51 – 69.

BUNGE, MATTHIAS: Zwischen Intuition und Ratio. Pole des bildnerischen Denkens bei Kandinsky, Klee und Beuys. Stuttgart: Franz Steiner 1996.

BUBER, MARTIN: Das dialogische Prinzip. Zur Geschichte des dialogischen Prinzips. Gerlingen: Lambert Schneider 1994[7].

DABROWSKI, KAZIMIERZ: Positive Disintegration. Boston: Little, Brown & Co. 1964.

DÜRR, HANS-PETER: Auch die Wissenschaft spricht nur in Gleichnissen. Freiburg: Herder 2005.

DÜRR, HANS-PETER/J. DANIEL DAHM/RUDOLF ZUR LIPPE: Potsdamer Manifest. München: oekom 2005.

ESPOSITO, ROBERTO: Communitas. Ursprung und Wege der Gemeinschaft. Berlin und Zürich: Diaphanes 2004.

FIRLEI, KLAUS/WALTER SPIELMANN (Hrsg.): Projekt Zukunft. 14 Beiträge zur Aktualität von Robert Jungk. Salzburg: Otto Müller 2013.

GABLIK, SUZI: »Connective Aesthetics. Art after Individualism«. In: Mapping the Terrain. New Genre Public Art. Hrsg. v. Suzanne Lacy. Seattle: Bay Press 1995, S. 74 – 87.

GEBSER, JEAN: Ursprung und Gegenwart. Erster Teil. Schaffhausen: Novalis 2007[4].

– Ursprung und Gegenwart. Zweiter Teil. Schaffhausen: Novalis 2011[5].

GOETHE, JOHANN WOLFGANG: Werke. Gedenkausgabe der Werke. Bd. 1: Briefe und Gespräche. Hrsg. v. Ernst Beutler (Zürich), Stuttgart: dtv 1961[2].

– Werke. Hamburger Ausgabe. Bd. 8. Hrsg. v. Erich Trunz, München: Beck (o. J.)

GOEHLER, ADRIENNE: Konzeptgedanken zur Errichtung eines Fonds Ästhetik & Nachhaltigkeit (unter Mitarbeit von Jaana Prüss). Hrsg. v. Heinrich-Böll-Stiftung. Bd. 10 der Schriftenreihe zur Bildung und Kultur. Berlin 2010. (Online als Creative Commmons verfügbar: www.boell.de)

GROBER, ULRICH: Die Entdeckung der Nachhaltigkeit. Kulturgeschichte eines Begriffs. München: Kunstmann 2010.

HARLAN, VOLKER (Hrsg.): Soziale Plastik. Achberg: Achberger Verlagsanstalt 1986[3].

– Was ist Kunst? Werkstattgespräch mit Beuys. Stuttgart: Urachhaus 1992[4].

– Das Bild der Pflanze in Wissenschaft und Kunst. Aristoteles – Goethe – Klee – Beuys. Stuttgart: Mayer 2002.

– Die sieben Substanzen der Sakramente. Wasser, Salz und Asche – Brot und Wein – Weihrauch – Öl. Stuttgart: Urachhaus 2008.

– »Evolution«. In: Beuys. Die Revolution sind wir: Katalog zur Ausstellung. Hrsg. v. Eugen Blume und Catherine Nichols. Göttingen: Steidl 2008, S. 365 – 367.

HARRISON, ROBERT: Gärten. Ein Versuch über das Wesen des Menschen. München: Hanser 2008.

HAWKEN, PAUL: Wir sind der Wandel. Warum die Rettung der Erde bereits voll im Gang ist – und kaum einer es bemerkt. Emmendingen: Hans Nietsch 2010.

HEIDT, WILFRIED: Der dritte Weg. Die notwendige Alternative zu Kapitalismus und Kommunismus. Achberg: FIU 1973.

HEIMRATH, JOHANNES: Die Post-Kollaps-Gesellschaft. Wie wir mit viel weniger viel besser leben werden – und wie wir uns heute schon darauf vorbereiten können. München: Scorpio 2012.

– Die Commonie. Versuchsanordnung für eine Post-Kollaps-Gesellschaft des guten Lebens. Klein Jasedow: thinkOya 2013. (Online als Creative Commons verfügbar: www.think-oya.de)

HEINBERG, RICHARD: Peak Everything. Waking Up to the Century of Declines. Gabriola Island, Canada: New Society Publishers 2007.

HELFRICH, SILKE/HEINRICH-BÖLL-STIFTUNG (Hrsg.): Commons. Für eine neue Politik jenseits von Markt und Staat. Bielefeld: Transcript 2012. (Online als Creative Commmons verfügbar: www.boell.de)

– »Von wegen alternativlos! « In: Böll. Thema 1/2012, S. 30 – 32. (Online als Creative Commmons verfügbar: www.boell.de)

– »Commons fallen nicht vom Himmel«. In: Oya 20, Mai/Juni 2013, S. 14 – 17. (Online als Creative Commmons verfügbar: www.oya-online.de)

HILLMAN, JAMES/MICHAEL VENTURO: Hundert Jahre Psychoanalyse – und der Welt geht's immer schlechter. Solothurn und Düsseldorf: Walter 1993.

– The Thought of the Heart and the Soul of the World. New York: Spring Publications 2007[5].

HOLDREGE, CRAIG: »Doing Goethean Science.« In: Janus Head, 8(1) 2005, S. 27 – 52.

HOLMGREN, DAVID: Permakultur. Gestaltungsprinzipien für zukunftsfähige Lebensweisen, Klein Jasedow, Drachen Verlag 2013.

HOPKINS, ROB: Energiewende. Das Handbuch. Anleitung für zukunftsfähige Lebensweisen, Leipzig: Zweitausendeins 2008[2].

– The Transition Companion. Vermont: Chelsea Green Publishing 2011.

HUBENTHAL, CHRISTINE: Einfach mal anfangen ...! Resilienz am Beispiel zukunftsfähiger Landwirtschaft. München: oekom 2012.

HÜTHER, GERALD: Was wir sind und was wir sein könnten. Ein neurobiologischer Mutmacher. Frankfurt a. M.: Fischer 2011.

ILLICH, IVAN: Celebration of Awareness. A Call for Institutional Revolution. London und New

York: Marion Boyars 1971 (dt. Übers.: Klarstellungen. Pamphlete und Polemiken, München, Beck 1996).

– Entschulung der Gesellschaft. Eine Streitschrift. München: Beck 2013[6].

ISAACS, WILLIAM: Dialog als Kunst, gemeinsam zu denken. Bergisch Gladbach: EHP 2002.

JEANS, JAMES: Physik und Philosophie. Zürich: Rascher 1944.

JOUBERT, KOSHA ANJA: Die Kraft der Kollektiven Weisheit. Wie wir gemeinsam schaffen, was einer allein nicht kann. Bielefeld: Kamphausen 2010.

KAGAN, SACHA: Auf dem Weg zu einem globalen (Umwelt-)Bewusstseinswandel. Über transformative Kunst und eine geistige Kultur der Nachhaltigkeit. Hrsg. v. Heinrich-Böll-Stiftung. Bd. 20 der Schriftenreihe Ökologie, Berlin 2012. (Online als Creative Commmons verfügbar: www.boell.de)

KAPLAN, ALLAN: Development Practitioners and Social Process. Artists of the Invisible. London: Pluto Press 2002.

KOESTLER, ARTHUR: Die Wurzeln des Zufalls. München: Scherz 1984.

KUGLER, WALTER: Notizbücher von Rudolf Steiner. The Notebooks of Rudolf Steiner. Basel: Rudolf Steiner Verlag 2001.

KURT, HILDEGARD: Wachsen! Über das Geistige in der Nachhaltigkeit. Stuttgart: Mayer 2010.

– Leicht auftreten. Unterwegs zu einer anderen Welt. Ein Tagebuch. Bad Homburg: VAS 2011.

– »Nachhaltigkeit – eine Herausforderung an die Kunst?« In: Kulturpolitische Mitteilungen Nr. 97 II/2002, S. 46 – 49. www.kupoge.de/kumi/pdf/kumi97/kumi97_46-49.pdf

– Der umgedrehte Spazierstock. Strategien für eine ästhetische Einrichtung der Erde. Cultura 21 E-Book 2007. (Online als Creative Commmons verfügbar: http://magazin.cultura21.de)

– »Immer mehr zu Künstlern werden«. In: Oya 09/2011. (Online als Creative Commmons verfügbar: www.oya-online.de)

– »Nachhaltig wachsen!« In: Projekt Zukunft. 14 Beiträge zur Aktualität von Robert Jungk. Hrsg. v. Klaus Firlei und Walter Spielmann. Salzburg: Otto Müller 2013, S. 259 – 282.

KURT, HILDEGARD/BERND WAGNER: Kultur – Kunst – Nachhaltigkeit. Essen: Klartext 2002.

LASZLO, ERVIN: Macroshift. Die Herausforderung. Frankfurt a. M.; Leipzig: Insel 2003.

LATOUCHE, SERGE: Farewell to Growth. Cambridge: Polity Press 2009.

LEVINAS, EMMANUEL: Zwischen uns. Versuche über das Denken an den Anderen. München: Hanser 2007.

LIEVEGOOD, BERNARD: Das Gute tun. Ankommen im 21. Jahrhundert. Stuttgart: Freies Geistesleben 2012.

MACY, JOANNA: Die Wiederentdeckung der sinnlichen Erde. Wege zum Ökologischen Selbst. Zürich; München: Theseus 1994.

– »Der Umgang mit der Verzweiflung. Psychologische Antworten auf die globale Krise«. In: Tiefenökologie. Wie wir in Zukunft leben wollen. Hrsg. v. Franz-Theo Gottwald und Andrea Klepsch. München: Diederichs 1995.

– »Sterbebegleiter für das Alte sein – und Hebammen für das Neue.« In: Zukunft entsteht aus Krise. Hrsg. v. Geseko von Lüpke. München: Riemann 2009, S. 161 – 180.

Macy, Joanna/Molly Young Brown: Die Reise ins lebendige Leben. Strategien zum Aufbau einer zukunftsfähigen Welt. Paderborn: Junfermann 2011.

McIntosh, Alastair: Soil and Soul. People Versus Corporate Power. London: Aurum 2001.

Mennekes, Friedhelm: Joseph Beuys: Christus ›denken‹. Stuttgart: Verlag Katholisches Bibelwerk 1996.

Mollison, Bill: Permakultur konkret. Entwürfe für eine ökologische Zukunft. Darmstadt: pala 2009[3].

Morin, Edgar: Der Weg. Für die Zukunft der Menschheit. Hamburg: Krämer 2012.

Ostrom, Elinor: Die Verfassung der Allmende. Tübingen: Mohr Siebeck 1999.

Perlas, Nicanor: »Die globale Zivilgesellschaft als kulturelle Kraft des Wandels.« In: Zukunft entsteht aus Krise. Hrsg. v. Geseko von Lüpke. München: Riemann 2009, S. 200 – 244.

Phillips, Patricia C.: »Social Sculpture. The Nexus of Human Action and Ecological Principles.« In: The New Earthwork. Art – Action – Agency. Hrsg. v. Twylene Moyer und Glenn Harper. Washington: University of Washington Press 2012, S. 234 – 238.

Regel, Günther (Hrsg.): Paul Klee. Kunst – Lehre. Leipzig: Reclam 1995[3].

Rilke, Rainer Maria: Briefe an einen jungen Dichter. Leipzig: Insel 1950.

Rittelmeyer, Christian: Über die ästhetische Erziehung des Menschen. Eine Einführung in Friedrich Schillers pädagogische Anthropologie. Weinheim und München: Juventa 2005.

Rohde, Claus J.: Geisteskörper. Eine Interpretation der Monadenlehre von Leibniz. Osnabrück: Edition Das andere Buch 2002.

Sachs, Wolfgang: Nach uns die Zukunft. Der globale Konflikt um Gerechtigkeit und Ökologie. Frankfurt a. M.: Brandes & Apsel 2003[2].

– The Development Dictionary. A Guide to Knowledge as Power. (Hrsg.). London: Zed Books 2009[2].

– »Den fossilen Öltanker durch viele Segelboote ablösen«. In: Zukunft entsteht aus Krise. Hrsg. v. Geseko von Lüpke. München: Riemann 2009, S. 245 – 269.

Sacks, Shelley: Exchange Values. Images of Invisible Lives. Wangen: FIU 2007.

– »Social Sculpture and New Organs of Perception. New practices and new pedagogy for a humane and ecologically viable future«. In: Beuysian Legacies in Ireland and Beyond: Art, Culture and Politics. Hrsg. v. Victoria Walters und Christa-Maria Lerm-Hayes. Münster: LIT 2011.

– »Geben und ökologische Bürgerschaft«. In: Da hilft nur Schenken. Mit Schenken und Stiften die Gesellschaft gestalten. Hrsg. v. GLS Treuhand. Frankfurt a. M.: Info 3-Verlag 2011, S. 44 – 48.

SACKS, SHELLEY/WOLFGANG ZUMDICK: Atlas. Ort des Treffens. Stuttgart: Mayer 2009.

– Atlas of the Poetic Continent. Pathways in Ecological Citizenship. East Sussex: Temple Lodge 2013.

SCHARMER, OTTO: Theorie U. Von der Zukunft her führen. Heidelberg: Carl-Auer 2009.

SCHEUB, UTE/HAIKO PIEPLOW/HANS-PETER SCHMIDT: Terra Preta. Die schwarze Revolution aus dem Regenwald. München: oekom 2013.

SCHILLER, FRIEDRICH: Über die ästhetische Erziehung des Menschen. Stuttgart: Reclam 2000.

SCHUMACHER, ERNST FRIEDRICH: Es geht auch anders. Technik und Wirtschaft nach Menschenmaß. Jenseits des Wachstums: München: Desch 1974.

SHIVA, VANDANA: Erd-Demokratie. Alternativen zur neoliberalen Globalisierung. Zürich: Rotpunkt 2006.

– Monocultures of the Mind. Perspectives on Biodiversity. New Delhi: Natraj 2011.

STEINER, RUDOLF: Die zwölf Sinne des Menschen in ihrer Beziehung zu Imagination, Inspiration, Intuition. Basel: Rudolf Steiner Verlag 2012[7].

STRELOW, HEIKE (Hrsg.): Ökologische Ästhetik. Theorie und Praxis künstlerischer Umweltgestaltung. Basel; Berlin; Boston: Birkhäuser 2004.

STÜTTGEN, JOHANNES: Zeitstau. Im Kraftfeld des erweiterten Kunstbegriffs von Joseph Beuys. Sieben Vorträge im Todesjahr von Joseph Beuys. Wangen: FIU 1998[2].

– Demokratie in Bewegung. Köln: Walter König 2010.

WEBER, ANDREAS: »Von der Ideologie des Toten zu den Gesetzen der Lebendigkeit«. In: Zukunft entsteht aus Krise. Hrsg. v. Geseko von Lüpke. München: Riemann 2009, S. 110 – 133.

– Alles fühlt. Mensch, Natur und die Revolution der Lebenswissenschaften. Berlin: Bloomsbury 2012[4].

– Mehr Matsch. Kinder brauchen Natur. Berlin: Ullstein 2012.

– Minima Animalia. Ein Stundenbuch der Natur. Klein Jasedow: thinkOya 2012.

– Enlivenment. Towards a Fundamental Shift in the Concepts of Nature, Culture and Politics. Hrsg. v. Heinrich-Böll-Stiftung. Bd. 31 der Publikationsreihe Ökologie, Berlin 2013. (Online als Creative Commmons verfügbar: www.boell.de)

WEIZSÄCKER, CARL FRIEDRICH: Der Garten des Menschlichen. Beiträge zur geschichtlichen Anthropologie. Frankfurt a. M.: Fischer 1987.

WELSCH, WOLFGANG: Ästhetisches Denken. Stuttgart: Reclam 2010[7].

WHEATLEY, MARGARET: Leadership and the New Science. San Francisco: Berrett-Koehler 2005.

– Turning to One Another. Simple Conversations to Restore Hope to the Future. San Francisco: Berrett-Koehler 2009.

WILBER, KEN: Eros Kosmos Logos. Eine Jahrtausend-Vision. Frankfurt a. M.: Fischer 2011[5].

WILBER, KEN/TERRY PATTEN/ADAM LEONARD/MARCO MORELLI: Integrale Lebenspraxis. Körperliche Gesundheit – emotionale Balance – geistige Klarheit – spirituelles Erwachen. München: Kösel 2011[2].

ZAJONC, ARTHUR: Aufbruch ins Unerwartete. Meditation als Erkenntnisweg. Stuttgart: Freies Geistesleben 2010.

– Die Lichtfänger. Die gemeinsame Geschichte von Licht und Bewusstsein. Stuttgart: Freies Geistesleben 2014[2].

ZUMDICK, WOLFGANG: Das Geheimnis des Tauchbads. Zur Geschichte der abendländischen Metaphysik von Platon bis Beuys. Stuttgart: Mayer 1999.

– Der Tod hält mich wach. Joseph Beuys – Rudolf Steiner. Grundzüge ihres Denkens. Dornach: Pforte 2001[2]. (Überarbeitete englische Ausgabe mit einem Vorwort von Shelley Sacks: Death Keeps Me Awake. Baunach: Spurbuch 2013.)

– PAN XXX ttt. Joseph Beuys als Denker. Stuttgart: Mayer 2002.

Bildnachweis

7 Johannes Stüttgen
8–10 Rebecca Gasson
11 Markus Altmann
12 Joseph Beuys/VG Bild-Kunst, Bonn 2013
alle übrigen: Shelley Sacks

INDEX

B

C

D

T

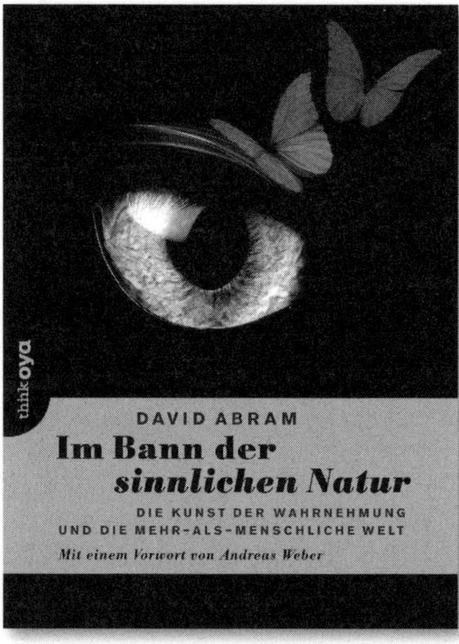

David Abram

IM BANN DER SINNLICHEN NATUR

Die Kunst der Wahrnehmung und die mehr-als-menschliche Welt

»Erst der Kontakt und das lebendige Miteinander mit dem Nicht-Menschlichen macht uns zu Menschen.«

Mit einem Vorwort von Andreas Weber
320 Seiten, Klappenbroschur
ISBN 978-3927369-45-0

Über Jahrzehntausende erfuhr sich die menschliche Spezies als Teil der Natur. Wie kam es, dass der »aufgeklärte« Mensch sich aus dem Wechselspiel mit der mehr-als-menschlichen Welt herausgenommen hat? Und wie können wir heute wieder eine Beziehung mit der belebten Erde eingehen? Diesen Fragen spürt David Abram in seinem wegweisenden Buch nach, poetisch und brillant. Inspiriert durch die Phänomenologie Maurice Merleau-Pontys und seine langjährigen Reisen als Taschentrickkünstler durch Südostasien, auf denen ihn Begegnungen mit indigenen Schamanen und intensive Naturerfahrungen prägten, entwirft er eine vollständig im Körper verankerte ökologische Philosophie. Der Körper ist für ihn keine mechanistisch-biologische Maschine, sondern das mit allen Sinnen wahrnehmende Selbst. Ein preisgekröntes Buch, das die Ökologie-Bewegung in den USA wesentlich geprägt hat. Wer es gelesen hat, sieht die Welt mit anderen Augen.

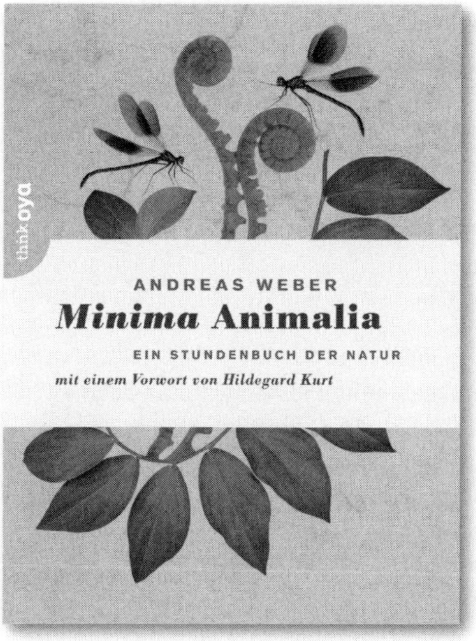

Andreas Weber

MINIMA ANIMALIA

Ein Stundenbuch der Natur

»Das wäre bereits die Definition des Poetischen: Ein beliebig kleiner Teil des Ganzen, der dieses Ganze vollständig enthält.«

Mit einem Vorwort von Hildegard Kurt
144 Seiten, Klappenbroschur
ISBN 978-3927369-68-9

In knapp einhundert poetischen Miniaturen, erlebt auf Streifzügen durch die Natur zwischen Ligurien und Berlin, aufgezeichnet über den Lauf eines Jahres und gegliedert in Kapitel, die den natürlichen Wachstumsperioden von Aussaat über Blüte und Fruchtwachstum bis zur Reife und Auflösung folgen, leiht Andreas Weber der mehr-als-menschlichen Welt seine Stimme. Seine Prosastücke sind funkelnde Kleinode, geschliffene Bachkiesel, Splitter poetischer Findlinge, die zusammen ein Mosaik der belebten Welt ergeben – jede Zeile atmet Ehrfurcht vor dem Wunder des Lebendigen, und trägt zugleich Trauer um dessen tagtägliche Zerstörung durch die moderne Zivilisation. Meditationen über Schneeglöcken, Kraniche, Farne, Libellen, Kastanien, Erdkröten machen unser Eingebundensein in die Natur erfahrbar und lassen uns erneut heimisch werden in einer Welt, in der alles lebendig, beseelt und zu Gefühl und Ausdruck begabt ist.

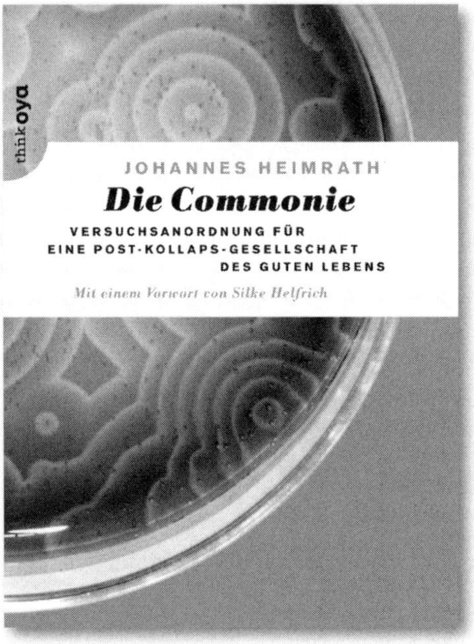

Johannes Heimrath

DIE COMMONIE

Versuchsanordnung für eine Post-Kollaps-Gesellschaft des guten Lebens

»Während das Alte dem Desaster entgegeneilt, müssen wir eine neue – lebensfördernde – Kultur aus dem Keimstadium in die Frühlingsbereitschaft hineinführen.«

Mit einem Vorwort von Silke Helfrich
ca. 200 Seiten, Klappenbroschur
ISBN 978-3927369-73-3

Die »Commonie« ist das Modell einer nachhaltigen und egalitären Allmende-Gesellschaft, die sich radikal von unseren gegenwärtigen von Konkurrenz und Ausbeutung geprägten Waren- und Konsumgesellschaften unterscheidet: Die Commonie basiert auf der Ökonomie der Gabe, auf Konsensentscheidungen und auf dem symbiotischen Miteinander des Menschen und seiner Mitwelt. Nach seinem Buch »Die Post-Kollaps-Gesellschaft« entwirft Johannes Heimrath, selbst ein Pionier gemeinschaftlicher Lebensmodelle, hier eine ermutigende und ganz und gar bodenständige Vision für eine enkeltaugliche Gesellschaft, in der die Fülle des Lebens als Ganzem im Mittelpunkt steht. Dabei betont er: Es gibt keine Patentrezepte – Commonien sind so individuell organisiert, wie die ihnen zugeeigneten Menschen und Orte eigenartig sind. Und: Commonien sind keine ferne Utopie – ihre Prinzipien werden bereits heute an vielen Orten erprobt.

thinkOya
Am See 1
17440 Klein Jasedow
Telefon +49 (03 83 74) 7 52 24
Fax +49 (03 83 74) 7 52 23
info@think-oya.de
www.think-oya.de